四訂

Q&Aで簡潔・明快な解説！

信用金庫法の実務相談

経済法令研究会編

経済法令研究会

四訂はしがき

本書は、会員資格の判断・員外貸付の可否のほか、役員の義務と責任など信用金庫法に関するさまざまな疑問を取り上げ、Q＆A形式で簡潔まとめたものです。出版にあたっては、実務に役立つよう以下の点に留意して編集・制作しています。

① 現場のニーズに合った事例の設定

本書で取り上げている事例の多くは信用金庫職員の方々からの照会・質問をもとに作成しており、現場の疑問・悩みに応える内容となっています。

② 実務の視点で具体的かつ簡潔な解説

単なる法律の条文解説ではなく、現場で判断する際の参考となるよう具体的結論を提示するとともに、その根拠を簡潔に解説しています。

③ 信用金庫実務に精通した実務家・弁護士による執筆

信用金庫法および現場の実情を踏まえた的確な解説で業務の実践的手引書といえます。

本書は、1991年に弊社で発刊された『信用金庫法の相談事例』（立原幸雄著）を前身としており、同書については改訂・増刷を重ね、17年の長きにわたって読者の皆様にご愛用いただいてきました。その後、法改正や実務の変化への対応等から全面的に刷新する必要が生じ、2008年、『信用金庫法の実務相談』としてリニューアルしました。

四訂にあたっては、民法（債権関係、相続関係等）、会社法、信用金庫法の改正を踏まえて全体の記述内容を見直すとともに、新たな事例を24追加しました。

本書が信用金庫役職員の日常業務の座右の書として実務の一助となれば望外の喜びです。

2023年4月　　　　　　　　　　　　　　　　　㈱経済法令研究会

目　　　次

1　金庫の性格

2　会員資格

(1)　総　論

(2)　個人の会員資格

3 員外貸付

4 加入・脱退

(1) 加 入

5 出資持分

6　役員の定数・報酬・義務等、役員等の責任

7　理事会

8 総代および総代会

9 その他

凡　例

【用語の略記】

・金庫⇒信用金庫

・信金⇒信用金庫

・信組⇒信用組合

【法令等の略記】

・法⇒信用金庫法

・信金法⇒信用金庫法

・施行令⇒信用金庫法施行令

・施行規則⇒信用金庫法施行規則

・定款例⇒信用金庫定款例

・平成10年告示⇒信用金庫が会員以外のものに対して行なう資金の貸付け等に関する期間及び金額を指定する件（平成10年12月14日告示第54号）

・独禁法⇒私的独占の禁止及び公正取引の確保に関する法律

・中企法⇒中小企業等協同組合法

・生協法⇒消費生活協同組合法

・農協法⇒農業協同組合法

・水産協法⇒水産業協同組合法

【文献の略記】

　① 書　籍

・信金法研究会編⇒信用金庫法研究会編『最新信用金庫法の解説』（大成出版社・1972年）

・全信協編『法務基礎』⇒全国信用金庫協会編『会員法務基礎解説』（全国信用金庫協会・2013年）

・全信協『金融法務』⇒全国信用金庫協会『信用金庫職員のための身近な金融法務〔改訂版〕』（全国信用金庫協会・2002年）

・立原⇒立原幸雄『信用金庫法の相談事例〔改訂版〕』（経済法令研究会・1995年）

・立原＝森井⇒立原幸雄＝森井英雄『三訂 信用金庫法の相談事例』（経済法令研究会・1999 年）

・森井編⇒森井英雄編『四訂 信用金庫法の相談事例』（経済法令研究会・2003 年）

・逐条解説⇒内藤加代子・陣内久美子・仲江武史編著『逐条解説信用金庫法』（金融財政事情研究会・2007 年）

・上柳⇒上柳克郎『協同組合法』〔法律学全集〕（有斐閣・1960 年）

・法令用語研究会編⇒法令用語研究会編『法律用語辞典〔第 3 版〕』（有斐閣・2006 年）

・我妻ほか『民法①』⇒我妻榮・有泉亨・川井健『民法①〔第三版〕総則・物権法』（勁草書房・2008 年）

・我妻ほか『民法②』⇒我妻榮・有泉亨・川井健『民法②〔第三版〕債権法』（勁草書房・2009 年）

・我妻『民法総則』⇒我妻榮『新訂民法総則（民法講義 I）』（岩波書店・1965 年）

・我妻『債権総論』⇒我妻榮『新訂債権総論（民法講義 IV）』（岩波書店・1964 年）

・内田『民法 I』⇒内田貴『民法 I 総則・物権総論〔第 4 版〕』（東京大学出版会・2008 年）

・内田『民法 III』⇒内田貴『民法 III 債権総論・担保物権〔第 3 版〕』（東京大学出版会・2005 年）

・江頭⇒江頭憲治郎『株式会社法 第 8 版』（有斐閣・2021 年）

・吉原⇒吉原省三『銀行取引法の諸問題』（金融財政事情研究会・1973 年）

・注釈(5)⇒上柳克郎・鴻常夫・竹内昭夫編集代表『新版注釈会社法(5)株式会社の機関(1)』（有斐閣・1991 年）

・注釈(6)⇒上柳克郎・鴻常夫・竹内昭夫編集代表『新版注釈会社法(6)株式会社の機関(2)』（有斐閣・2010 年）

・佐藤監修⇒佐藤正謙『シンジケートローンの実務』（金融財政事情研究会・2003 年）

・第一勧銀編⇒第一勧業銀行国際金融部編『PFI とプロジェクトファイナンス』（東洋経済社・1999 年）

・小山＝二宮編集⇒小山稔＝二宮昭興編集『改訂版 利益相反行為の判断と処理の実際』（新日本法規・2010 年）

・西村総合法律事務所編⇒西村総合法律事務所編『ファイナンス法大全（下）』（商事法務・2003 年）

・雨宮・和田編著⇒雨宮眞也・和田好史編著『金融取引ルールブック〔第 6 版〕』（銀行研修社・2007 年）

　②　雑　誌

・金判⇒金融・商事判例

・銀法⇒銀行法務 21

・金法⇒金融法務事情

・判タ⇒判例タイムズ

・判時⇒判例時報

・手研⇒手形研究

　③　通信講座

・全信協編『法務講座』⇒全国信用金庫協会編『金融法務講座』第 6 分冊（全国信用金庫協会・2009 年版）

1

金庫の性格

Question & Answer

Q1

金庫の非商人性

金庫は商法上の商人に該当しますか。また、商人に該当しないとした場合、金庫はどのような点に留意して取引すべきですか。

A 金庫は商法上の商人に該当しません。したがって、金庫は非商人性を前提として取引をする必要があります。具体的な留意点としては、平成29年の民法改正前は、貸金債権の消滅時効管理、商事留置権の成否および損害賠償請求における遅延損害金の法定利率などがありました。しかし、平成29年の民法改正に伴い、商事法定利率に関する改正前商法514条の規定、および商事消滅時効に関する改正前商法522条が削除されたため、現在の主な留意点は、商法521条の商事留置権の成否です。

解説

　これまで、協同組織金融機関たる金庫や信組の商人性が争われた事案に関する最高裁判決としては、信組の貸金債権の消滅時効期間に関するもの（最判昭和48・10・5金判392号11頁、以下「昭和48年判決」という）および金庫の商事留置権の成否に関するもの（最判昭和63・10・18民集42巻8号575頁、以下「昭和63年判決」という）の2つがあり、いずれも「商法上の商人には当たらないとするのが相当である」と判断しています。

　また、比較的最近になって、最高裁は信組の商人性を否定し、その預金払戻債務の履行遅滞に伴う遅延損害金につき、民事法定利率である年5分を適用すべきであると判断しました（最判平成18・6・23金判1252号16頁、以下「平成18年判決」という。この判決を簡潔に紹介するものとして、平野英則「協同組織金融機関の非商人性と遅延損害金の法定利率」銀法664号1頁）。

　上記最高裁判決のうち、昭和63年判決のみが金庫に関するものであり、昭和48年および平成18年の両判決は信組に関するものですが、金庫および信組はともに協同組織金融機関とされており（通説。上柳19頁）、信組に関する最高裁判決も金庫の実務を考えるうえで参考になります。

　これらの一連の最高裁判決は、協同組織金融機関の非商人性を認定しており、平成29年の民法改正前は、金庫業界全般の金融実務、特に、貸金債権消滅時効の管理、有価証券担保権取得の要否に関する判断および法定利率の計算等の実務に影響を及ぼしていましたが（平野・前掲1頁）、現在では、そのうち、主に民法改正後も削除されずに残っている商法521条の商事留置権の成否に関する判決が、実務上、重要な判決となりました。

（平野英則）

Q 2

金庫の非商人性と貸金債権の消滅時効の管理

　　金庫は、その非商人性との関係で、貸金債権の消滅時効の管理に際し、どのような点に留意すべきですか。

A　　協同組織金融機関たる金庫は非商人ですが、平成29年の民法改正前は、その貸金債権は常に民事債権として10年の消滅時効期間（改正前民法167条1項）が適用されるわけではなく、顧客の商人性および金庫と顧客との取引の商行為性により、民事消滅時効期間の10年が適用される場合と商事消滅時効期間の5年間（改正前商法522条1項本文）が適用される場合がありました。

　　したがって、平成29年の民法改正前は、顧客の商人性および金庫と顧客との取引の商行為性を見極めたうえで、貸付債権の消滅時効管理をする必要がありましたが、平成29年の民法改正により、商事債権の消滅時効に関する改正前商法522条が削除され、民事債権および商事債権の両者に改正民法166条が適用されることとなったため、債権者である金庫は、貸付債権を行使することができることを知った時から5年間（同条1項）、または、貸付債権を行使できる時から10年間で消滅時効が完成するものとして時効管理をすることが必要となりました（同条2項）。

💡 解 説

　　昭和48年判決は、信組の商人性は否定したものの、借入人の商人性を通じて貸付取引の商行為性を認定することにより、改正前商法522条の商事消滅時効期間の5年間を適用したものであり、平成29年の民法改正前は、協同組織金融機関の債権（消滅時効）管理上非常に重要な判決でした。

　　平成29年の民法改正前に、協同組織金融機関の債権に商事消滅時効が

適用されていたのは、協同組織金融機関または顧客の双方またはいずれか一方にとって商行為となる場合でした。

⑴　顧客が商人である場合

　平成29年の民法改正前は、協同組織金融機関は非商人ですが、顧客が商行為をすることを業とする商人である場合には（商法4条1項）、その間の取引（商行為）から生じる債務には商事消滅時効が適用されていました（改正前商法522条）。

⑵　協同組織金融機関の行為および／または顧客の行為が商行為である場合

　平成29年の民法改正前は、協同組織金融機関の行為および顧客の行為の双方が商行為である場合はもちろんのこと、協同組織金融機関の行為または顧客の行為のいずれか一方が商行為である場合にも（注）、その間の取引（商行為）から生じる債務には、商事消滅時効が適用されていました（改正前商法522条）。

　また、平成29年の民法改正前は、協同組織金融機関と顧客の商人性および商行為性の観点から2段階的に検討し、下記のマトリックスのように、その債務（権）に商行為性がない場合にのみ民事消滅時効が適用され、それ以外の場合はすべて商事消滅時効が適用されていました。

（○：あり、×：なし）

商人性／商行為性	協同組織金融機関	顧客	債務の商行為性	消滅時効
商人性	×	○	○	商事（5年）
	×	×	×	民事（10年）
商行為性	○	○	○	商事（5年）
	○	×	○	商事（5年）
	×	○	○	商事（5年）
	×	×	×	民事（10年）

　したがって、平成29年の民法改正前は、顧客（借入人）の商人性と取引の商行為性を分析したうえで、その取引から発生した債権に適用される消滅時効が商事・民事のいずれであるかを見極めて、時効期間の管理をすることが肝要でした（同旨、平野・銀法664号1頁（Q1））。

　しかしながら、平成29年の民法改正に際し、たとえば、商人である銀

行の貸付債権には商事消滅時効である5年（改正前商法522条）が適用され、商人でない信用金庫の貸付債権には民法の消滅時効である10年（改正前民法167条1項）が適用されるなど、いずれの時効期間が適用されるのか判断が容易でない事案が少なくなく、Q1に掲げた最高裁判決の事案のように、この点が争われることも多かったことから、商事債権の消滅時効に関する改正前商法522条は削除されました（筒井＝松井『一問一答』54頁）。

　平成29年の民法改正により、民事債権および商事債権の両者に改正民法166条が適用されることとなったため、債権者である金庫は、貸付債権を行使することができることを知った時から5年間（同条1項）、または、貸付債権を行使できる時から10年間で消滅時効が完成するものとして時効管理をすることが必要となりました（同条2項）。

　したがって、債権者である金庫は、主観的に貸付債権を行使することができることを知った時から5年間（同条1項）、または、客観的に貸付債権を行使できる時から10年間で消滅時効が完成するものとして、時効管理をすることが必要です（同条2項）。

　なお、実務的には、債権者である金庫は、貸付債権を行使することができることを知っているのが通常ですから、上記改正前のマトリックスのすべての場合において、主観的起算点から5年で時効消滅するという前提で時効期間の管理をするのが堅実な手法といえます（主観的起算点および客観的起算点については、筒井＝松井・前掲55頁～56頁参照）。

（注）　通説・判例は、本条にいう商行為により生じた債権とは、債権者または債務者の一方のために商行為となる行為により発生すれば足りるとしています。判例として、大審院明治44年3月24日判決（民録17輯159頁）があります。

（平野英則）

Q3

金庫の非商人性と商事留置権

金庫は、その非商人性との関係で、取立を委任された手形について、商事留置権が成立するのですか。

A 　　商事留置権は、商行為の当事者双方が商人であることを要件としていますので（商法521条）、協同組織金融機関たる金庫の商人性が否定される以上、金庫が商事留置権を取得することはありません。

 解説

　昭和63年判決（Q1参照）は、金庫の商事留置権の成否が争われた事案において、金庫の商人性を否定することにより、商人間で双方のために商行為である場合に適用される商事留置権（商法521条）の成立を否定したものです。

　この判決を前提に、金庫の商事留置権の成否を表すと、下記の表のようになります。

（○：あり、×：なし）

商人性	協同組織金融機関	取引先	商事留置権
商人性	×	○	不成立
	×	×	不成立

　したがって、金庫は、平成29年の民法改正後も、従来と同様に商事留置権の成立を前提としない融資実務対応が必要であり、取引先の信用状態に応じ、必要があれば、取立手形を担保として徴求することが肝要です（同旨、平野・前掲銀法664号1頁（Q1））。

（平野英則）

Q4

金庫の非商人性と遅延損害金の法定利率

金庫の非商人性との関係で、金庫が負担する金銭債務についての遅延損害金の法定利率は、どのように決定されるのですか。

A 平成29年の民法改正前は、協同組織金融機関たる金庫は非商人ですが、金庫が負担する金銭債務についての遅延損害金の法定利率は、顧客の商人性の有無および金庫と顧客との取引の商行為性の有無により、民事法定利率である年5分（改正前民法404条）と商事法定利率である年6分（改正前商法514条）のいずれが適用されるかが決まっていました。

しかし、平成29年の民法改正により、商事法定利率に関する改正前商法514条が削除されたため、改正民法404条1項の原則に従い、法定利率は、民事債権または商事債権を問わず、一律に年3％（同条1項）が適用されることとなりました。

解説

平成18年判決（Q1参照）は、信組および顧客の商人性を否定したうえで、預金取引の商行為性も否定し、預金払戻債務の履行遅滞による遅延損害金につき、改正前民法404条に従い民事法定利率である年5分を適用すべきであると判断したものです。

平成29年の民法改正前は、改正前商法514条により、協同組織金融機関の債務に商事法定利率が適用される局面は、協同組織金融機関または顧客のいずれか一方にとって商行為となる場合であり、具体的には、次の場合でした。

(1) 顧客が商人である場合

平成29年の民法改正前は、協同組織金融機関は非商人ですが、顧客が商行為をすることを業とする商人である場合には（商法4条1項）、その

間の取引（商行為）から生じる債務の法定利息には、商事法定利率が適用されていました（改正前商法514条）。

(2) **協同組織金融機関の行為および／または顧客の行為が商行為である場合**

平成29年の民法改正前は、協同組織金融機関の行為および顧客の行為の双方が商行為である場合はもちろんのこと、協同組織金融機関の行為または顧客の行為のいずれか一方が商行為である場合にも（注）、その間の取引（商行為）から生じる債務の法定利息には、商事法定利率が適用されていました（改正前商法514条）

平成29年の民法改正前は、協同組織金融機関と顧客の商人性および商行為性の観点から2段階的に検討すると、下記のマトリックスのように、その債務（権）に商行為性がない場合にのみ民事法定利率が適用され、それ以外の場合はすべて商事法定利率が適用されていました。

（○：あり、×：なし）

商人性／商行為性	協同組織金融機関	顧客	債務の商行為性	法定利率
商人性	×	○	○	商事（6％）
	×	×	×	民事（5％）
商行為性	○	○	○	商事（6％）
	○	×	○	商事（6％）
	×	○	○	商事（6％）
	×	×	×	民事（5％）

したがって、平成29年の民法改正前は、金庫は、顧客の商人性と取引の商行為性を分析し、自金庫の遅延利息に適用される法定利率が商事・民事のいずれであるかを見極めたうえで対応することが肝要でした（同旨、平野・前掲銀法664号1頁（Q1））。

しかし、平成29年の民法改正に際し、改正前民法404条が定める民事法定利率の年5％は、昨今では市中金利を大きく上回る状態が続いているため、改正民法404条2項を新設し、年3％に引き下げました（筒井＝松井『一問一答』78頁）。

また、商人はより有利に資金を運用できるはずであるという前提で、改

正前商法514条は、改正前民法404条が定める民事法定利率の年5％よりも、1％高い年6％の商事法定利率を定めていましたが、改正民法404条3項〜5項において法定利率について後述の「緩やかな変動制」を採用したことから、合理性に乏しいものとして、削除されました（筒井＝松井・前掲82頁）。

　その結果、平成29年の民法改正により、法定利率は、民事債権または商事債権を問わず、一律に年3％となったため（同条2項）、改正前の上記マトリックスのすべての場合に、金庫は3％が適用されることを前提に、実務処理をする必要があります。

　さらに、改正民法404条は、法定利率について「緩やかな変動制」を採用し、金利の一般的動向を示す数値を指標とし、その数値が大きく変動した場合に、法定利率をその変動に合わせて緩やかに上下させる旨を定めています（同条3項〜5項、附則15条。詳細は、筒井＝松井81頁〜82頁を参照）。

　したがって、金庫は、法定利率の適用に際しては、変動の有無に留意する必要があります。

　なお、いったん適用された法定利率は、その後に法定利率に変動が生じても変動しませんので、注意を要します（改正民法404条1項・419条1項。筒井＝松井・前掲86頁参照）。

（注）　通説・判例は、債務が債権者または債務者の一方のために商行為となる行為により発生すれば足りるとしています。判例として、最高裁昭和30年9月8日判決（民集9巻10号1222頁）があります。

（平野英則）

Q5

金庫への独禁法の適用

....

金庫にも独禁法が適用されるのですか

A 金庫には、原則として、独禁法が適用されませんが、例外的に、金庫が不公正な取引方法を用いる場合および不当な取引制限を行う場合には、独禁法が適用されますので、注意しなければなりません。

 解 説

　周知のように、独禁法は、私的独占、不公正な取引方法等を禁止して、公正かつ自由な競争と経済の健全な発達を促進することを目的としています（独禁法1条）。

　金庫に独禁法が適用されるか否かについて、信金法は以下のように規定しています。

　常時使用する従業員の数が300人を超えず、または資本金もしくは出資の総額が9億円を超えない（施行令3条）事業者を会員とする金庫は、独禁法22条1号に掲げられる「小規模の事業者……の相互扶助を目的とすること」という要件を備え、かつ信金法という法律に基づいて設立された「組合」（注1）とみなされ（法7条1項1号）、原則として、その行為は独禁法の適用を受けません（独禁法22条柱書本文）。

　しかし、不公正な取引方法を用いる場合（同法2条9項）、または一定の取引分野における競争を実質的に制限することにより不当に対価を引き上げることとなる場合には、法7条の要件を充たす金庫も独禁法の適用を受けることになりますので（同法22条柱書ただし書）、注意が必要です（同旨、平野英則「信用金庫の法務入門 第2回 信用金庫の法的性質と定款、業務方法書」金法1679号53頁）。

　したがって、当然のことながら、金庫は、不公正な取引方法の1つであ

る「優越的地位の濫用」（独禁法2条9項5号）に該当する行為（注2）、あるいは独禁法2条6項が定義し、同法3条が禁止する「不当な取引制限」の1つであるカルテルを締結する行為（注3）を行ってはいけません。

(注1) 本条にいう「組合」は、独禁法の適用除外例として生活協同組合などがあるために「組合」という用語を使用しているにすぎず、金庫の法的性質が組合であることを意味するものでないことはもちろんです。

(注2) 過去において、金融機関の行為が優越的地位の濫用に当たるとされたものとしては、金融機関が協調融資に際し役員の選任については、あらかじめ自己の指示に従うべきことを条件とする行為は、金融機関の債権保全の見地からする正当な行為とは認められず、優越的地位の濫用に当たるとされた事件（公取勧審昭和28・11・6審決集5巻61頁）、金融機関が、自己の優越的地位を利用して、顧客が現実に必要とする金額を超える金額の借受けを要求して、超過貸付額を預金として預け入れさせる場合には、実質貸付額についての契約、超過貸付額についての契約、即時両建預金契約は、本条の適用上、一体不可分のものとして総合的に評価し、不当に高い金利を得る目的で超過貸付をしたものと認められるので、優越的地位の濫用に当たるとされた事件（最判昭和52・6・20民集31巻4号449頁）、および、金融機関が借り手企業に対し、要請に応じなければ融資等に関し不利な取扱いをする旨を示唆して、顧客に自己の提供する金利スワップの購入を強要したことが、優越的地位の濫用に当たるとして、公取委が排除勧告を行った事件があります。

(注3) これまで、金融機関の行為が不当な取引制限に当たるとされたものとしては、銀行、金庫、県信連および農業協同組合が、共同して、学費システムによる口座振替サービスに係る手数料を学校等から徴収することで合意したうえで、学校等と交渉し、実際に学校等から徴収した行為が不当な取引制限に当たるとされ、公取委が排除勧告を行った事件があります（公取勧審平成16・7・27審決集51巻476頁）。

（平野英則）

2

会員資格

Question & Answer

⑴ 総　論

Q6

金庫の会員制度

⋯⋯⋯⋯⋯⋯⋯⋯⋯⋯⋯⋯⋯⋯⋯⋯⋯⋯⋯⋯⋯⋯⋯⋯⋯⋯⋯⋯⋯⋯⋯⋯⋯

　金庫の「会員」とは何ですか。また、「会員たる資格」およびその「範囲」について教えてください。

A　　　「会員」とは金庫の人的な構成員をいいます。また、「会員たる資格」とは、金庫の会員となり、または会員としての地位を存続するための資格です。

 解　説

　金庫は業務面では、銀行とほぼ同一の機能を付与されていますが、組織面では、人と人との結合によって成立する協同組織形態で運営される金融機関であり（法1条）、その人的な構成員を信金法では「会員」と呼んでいます。

　また、信金法は、「会員たる資格」を2つの意味で用いています。1つは、金庫の会員となり、または会員であるための資格を有する者という意味であり、すでに会員となっているか否かを問いません。法10条（会員たる資格）の用例がこれに該当します。

　もう1つは、会員となる資格はあるがまだ会員となっていない者という意味で、相続加入（法14条1項）、持分の譲渡（法15条1項・2項）および小口員外貸出（法53条2項、施行令8条1項3号）の場合がこれに該当します（この分類は、信金法研究会編95頁・96頁による。同旨、平野英則「信用金庫の法務入門　第3回　信用金庫の会員制度」金法1682号183頁）。

　会員となるためには、一定の手続に従って金庫に出資することが必要で

す。金庫の会員たる資格を有する者の範囲は、法10条1項に規定されており、定款の絶対的必要記載事項となっています（法23条3項5号、定款例5条）。

（平野英則）

Q7

会員資格における地区

会員資格と深い関係があるとされる「地区」とは何を意味するのですか。

A 「地区」とは、それを基礎として金庫が事業を行う地域であり、個人会員および法人会員に共通の資格を決める基準の1つとされています。

💡 解説

信金法は、「地区」について、金庫が事業活動を行うことができる地域という規定の仕方をしていませんが、金庫は協同組織という性格から、その事業は会員を主たる対象としており、地区とは、金庫がそれを基礎として事業を行う地域であると解されています（信金法研究会編78頁）。

会員となるためには、何らかの形で「地区」との関連が必要であるとする地域的制限があり、これは、金庫が地域金融機関である特徴を表すものです。

地区の範囲について、信金法による制限はないものの、地区は定款の絶対的必要記載事項であり（法23条3項3号、定款例3条）、その範囲は必然的に限定されます（全信協編『法務基礎』6頁。同旨、平野・前掲金法1682号183頁（Q6））。

（平野英則）

Q 8

会員制度の趣旨

信金法上、金庫が貸付や手形の割引を行うことができる顧客を「会員」に限定していますが、その趣旨は何ですか。

A　金庫は、中小企業専門金融機関、協同組織金融機関（注）、地域金融機関の３つの特色を兼ね備えています（信金法研究会編 78 頁）。信金法は、受信業務（預金の受入）については会員・非会員を問わず取引できることとしていますが、与信業務（貸付や手形の割引等）について、会員との取引を原則としているのは（法 53 条）、金庫がこれらの３つの特色（役割）を十分発揮しうるようにするためです（同旨、平野英則「信用金庫の法務入門第 1 回信用金庫法の目的」金法 1677 号 66 頁・67 頁）。

 解 説

　金庫は、中小企業専門金融機関、協同組織金融機関、地域金融機関の３つの役割を担っており、その会員となるための資格について、地区内に住所（居所）または事業所を有する者に限定し、かつ事業者については、一定規模以下の中小企業者に限定しています（法 10 条１項）。

　金庫は、会員制度を採用していること自体により、協同組織金融機関としての性格を有していますが、そのほかにも、会員資格を金庫の地区内に住所（居所）または事業所を有する者に限定することにより、地域金融機関であることの特質を、事業者については、一定規模以下の中小企業者に限定することにより、金庫が中小企業専門金融機関であることの特質を、それぞれ示しています。

　このように、金庫の場合には、信金法が、金庫の事業地区ならびに会員資格を限定することにより、会員組織性を維持し、その機能が十分に発揮されるように制度化されています（全信協編『法務講座』64 頁、同旨、

平野英則「信用金庫の法務入門 第1回 信用金庫法の目的」金法1677号66頁）。

（注）「協同組織」とは、協同組合形式の組織をいい、その特徴として、①小規模の事業者または消費者の相互扶助を目的としていること、②組合員が任意に加入または脱退できること、③各組合員が、出資の多寡にかかわらず、平等の議決権を有すること、④組合員に剰余金の配当を行うときは、その限度が法令等で定められていることなどが挙げられます（独禁法22条、中企法5条1項、生協法2条1項参照）（信金法研究会編37頁・38頁）。

（平野英則）

(2) 個人の会員資格

Q9

個人の会員

　Aさんは、甲金庫の地区外に住所を有していますが、地区内に所在する〇〇市役所に勤務する公務員です。今般、Aさんから甲金庫に対し、住宅取得資金の借入申込がありました。甲金庫は、Aさんに対して住宅貸付をすることができますか。

A　　　Aさんは、甲金庫の地区内に所在する〇〇市役所に勤務する公務員であり、甲金庫の地区内において勤労に従事する者（法10条1項3号）に該当し、会員たる資格がありますので、甲金庫はAさんへの住宅貸付をすることができます。

 解 説

　個人会員とは、次の4つのカテゴリーに属する者をいいます（法10条1項）。

①　その金庫の地区内に住所または居所を有する者（同項1号）

②　その金庫の地区内に事業所を有する者（同項2号）

③　その金庫の地区内において勤労に従事する者（同項3号）

④　前3号に掲げる者に準ずる者として内閣府令で定める者（同項4号）

　このうち、1号または2号に該当する個人が事業者の場合は、常時使用する従業員の数が300人を超えてはならないとされています（法10条1項ただし書）。

　ここに「事業者」とは、自己の名において事業を行う者をいいますが、営利を目的とするか否かを問いません（信金法研究会編97頁。全信協編『法務基礎』8頁）。3号の「勤労に従事する者」とは、給料生活者というほ

どの意味であり、工場労働者のみならず、広く商店の店員、公務員も含まれます（信金法研究会編98頁）。したがって、事例の公務員であるＡさんは、個人会員資格の要件である「勤労に従事する者」に該当します。

　４号は、平成14年4月の信金法の改正により追加された規定であり、内閣府令で「その信用金庫の地区内に事業所を有する者の役員及びその金庫の役員」と定められました（施行規則1条）。なお、その後の改正により、現在では、「その信用金庫の地区内に事業所を有する者の役員」が同条1号となり、「その信用金庫の地区内において自己の居住の用に供する宅地若しくは住宅の売買契約……を締結し、当該地区内に転居することが確実と見込まれる者」（同条2号）が追加され、「その信用金庫の役員」は同条3号となりました。

（平野英則）

Q10

未成年者の会員資格

Aさんは、甲金庫の地区内に居住する未成年者ですが、甲金庫の会員となることができますか。

A 未成年者のAさんも会員となる資格があります。しかし、実務上は、未成年者は制限行為能力者であるため慎重な対応が必要です。

 解 説

　民法上の成年年齢は、平成30年の民法改正により、満20歳から満18歳に引き下げられました（民法4条）。

　満18歳に達しない未成年者の会員資格について、信金法は何も規定していません。

　しかし、信金法は未成年者の会員たる資格を認めないわけではなく、未成年者の会員たる資格の有無は信用金庫制度の趣旨から考察する必要があります。すでに述べたように、金庫は国民大衆のための地域金融機関としての機能を担っています。

　そして、この金庫の機能を勘案すると、法10条1項1号の「その金庫の地区内に住所又は居所を有する者」には未成年者も当然含まれると考えられます（森井編8頁、同旨、全信協編『法務基礎』12頁、平野英則「信用金庫の法務入門 第5回 個人会員資格（その2）」金法1687号58頁）。

　また、同様の観点から、法10条1項3号の「その信用金庫の地区内において勤労に従事する者」とは、金庫の地区内に勤務する者のすべてを指し、会員たる資格を判断するに際して成年と未成年を区別する合理的な理由はないものと考えられ、満15歳に達した日以後の最初の3月31日が終了すれば勤労に従事することができるため（労働基準法56条1項）、未成年者であっても、金庫の地区内に勤務する者であれば、当然に会員た

る資格があります（森井編9頁、全信協編『法務基礎』12頁、平野・前掲金法1687号58頁）。

　しかし、未成年者は単に権利を取得し、義務を免れる行為、つまり実質的に自己に何らの不利益もない行為は単独に行うことができますが（民法5条1項ただし書）、その他の行為についてはそのつど原則として法定代理人たる親権者（同法818条1項、親権を行う者がないとき、または親権を行う者が財産管理権を有しないときは、未成年後見人が法定代理人となる（同法838条1号））が同意をするか（同法5条1項本文）、あるいは未成年者を代理して行為することが必要であるため（同法824条本文）、慎重な対応が必要です。

　したがって、実務上は、未成年者からの加入申込の受付はやむを得ない限度にとどめるのがよいといわれています（森井編9頁。同旨、平野・前掲金法1687号58頁）。実際に、金庫が未成年者の加入申込を受け付ける場合には、未成年者自身が法定代理人の同意を得て申込をするか、法定代理人が未成年者を代理して申込をすることになりますので（全信協編『法務基礎』12頁。同旨、平野・前掲金法1687号58頁）、法定代理人の同意や法定代理人の権限の確認を行う必要があります。

　なお、未成年者が一種または数種の営業の許可を受け、その営業に関しては成年とみなされている場合（民法6条）には、未成年者であっても、単独で会員となることができます（全信協編『法務基礎』12頁。同旨、平野・前掲金法1687号58頁）。

　なお、平成30年の民法改正により、婚姻適齢が、男18歳、女16歳から、男女を問わず一律に18歳に変更され（民法731条）、成年年齢と同じになったことから、婚姻により成年に達したものとみなされる婚姻による成年擬制の規定（改正前民法753条）は、その存在意義がなくなったため削除されました。

（平野英則）

Q11

地区内勤務者（単身赴任者）の会員資格

・・・・・・・・・・・・・・・・・・・・・・・・・・・・・・・・・・・

　Ａさんは、甲金庫の地区内にある会社（資本金 300 億円、従業員の数２万５千人）の事業所に勤務していますが、甲金庫の地区外のＸ市に住民票を残したままであり、家族はＸ市に住んでいます。

　今般、Ａさんから、賃貸物件建築資金の借入の申込がありました。甲金庫は、Ａさんの会員たる資格を認定し、本件貸付を行うことができますか。

A　　Ａさんは甲金庫の地区内の事業所に勤務していますので、甲金庫はその会員たる資格を認定し、本件貸付を行うことができます。

解説

　信金法は、個人について、自金庫の地区内において勤労に従事する者であれば会員たる資格を認めています（法 10 条１項３号）。

　したがって、Ａさんは実際に甲金庫の地区内の事業所に勤務していますので、甲金庫はその会員たる資格を認定し（同項同号）、本件貸付を行うことができます。

　Ａさんが、甲金庫の地区外のＸ市に住民票を残したままであり、家族もＸ市に住んでいることは、その会員たる資格を認定する妨げとなるものではありません（全信協編『法務基礎』７頁）。

　また、Ａさんが勤務する会社の資本金が９億円を超え、従業員の数が 300 人を超える場合であっても、Ａさんの会員たる資格を認定するに際しての阻害要因となるものではありません。

（平野英則）

Q12

海外在住の非居住者の会員資格

$\cdots\cdots\cdots\cdots\cdots\cdots\cdots\cdots\cdots\cdots\cdots\cdots\cdots\cdots$

　甲金庫は、海外に在住する非居住者の外国人であるＡさんから、日本にある賃貸不動産の購入資金を借り入れたい旨の相談を受けました。なお、Ａさんは、日本に住所がなく居住もしておらず、事業所があるわけではありません。甲金庫は、Ａさんの会員たる資格を認定し、相談のあった貸付を行うことができますか。

A 　甲金庫は、Ａさんには甲金庫の会員たる資格がありませんので、本件借入の相談を応諾することはできません。

 解 説

　Ａさんは、海外に住所を有し居住しており、日本に住所がなく居住もしていません。また、当然のことながら、甲金庫の地区内において勤労に従事していません。さらに、Ａさんは、地区内に事業所を有しているわけでもありません。

　したがって、Ａさんは、地区の要件（法10条1項1号・2号・3号）を満たしていませんので、甲金庫は、Ａさんの会員たる資格を認定することも、本件借入の相談を応諾して貸付を行うこともできません。

（平野英則）

Q13

外国人の会員資格

· ·

　外国人のＡさんは、甲金庫の地区内に居住し、外国語学校で講師として勤務するかたわら、個人で翻訳の仕事をしています。

　今般、甲金庫は、Ａさんから乗用車取得のための個人ローンの申込を受けましたが、Ａさんは、甲金庫の会員となる資格がありますか。

A　　Ａさんは、甲金庫の会員となる資格があります。しかし、地区内に居住する外国人のすべてが会員たる資格を有するわけではなく、在留の実態により判断する必要があります。

 解 説

　外国人とは日本の国籍を有しない者をいいますが（外国の国籍を有する者と無国籍の者とが含まれる（法令用語研究会編 102 頁。同旨、平野・前掲金法 1687 号 58 頁（Q 10））、外国人であっても法令または条約により禁止されない限り、内外人平等原則により、日本人と同様に私権を享有することができます（民法 3 条 2 項）。

　また、金庫制度の趣旨が金庫をして地区内に居住する住民、事業者あるいはそこで勤労に従事する者等の資金調達と金融の円滑化を図るという地域金融機関、あるいは国民大衆の金融機関としての機能を担わせようとすることにありますので、これらの者は外国人であっても、法 10 条 1 項 1 号〜 4 号までの要件を充たせば会員たる資格があります（森井編 10 頁。同旨、平野・前掲金法 1687 号 58 頁（Q 10））。

　この場合、外国人であることや住所・居所等の確認は、加入申込者の在留カードまたは特別永住者証明書等により行います（全信協編『法務基礎』15 頁）。

　しかし、観光のためなどきわめて短い期間しか在留しない者は、その在

留の実態からみて、金庫の構成員としては不適切であるとされています（全信協編『法務基礎』15 頁、同旨、平野・前掲金法 1687 号 58 頁（Q 10））。

（平野英則）

Q14

地区外の隣県に居住する個人商店主の会員資格

....

　甲金庫は、自金庫の地区内において商店街の賃貸物件を賃借し、妻と２人で個人商店を営むＡさんから、運転資金の借入の申出を受けました。しかし、Ａさんは、甲金庫の地区外である隣県に住所があり、住民票上の住所も隣県にあります。また、Ａさんは個人事業者として商店を経営しているため、当該商店について主たる事業所としての商業登記がなされていません。

　このような状況のもとで、甲金庫は、Ａさんの会員たる資格を認定し、今回の借入の申出に応じることができますか。

A　　　甲金庫は、Ａさんが、自金庫の地区内において事業所たる個人商店を有し、かつ、従業員も妻１名であることから、Ａさんの会員たる資格を認定し、その借入の申出に応じることができます。

 解説

　法10条１項２号は、「その金庫の地区内に事業所を有する者」に会員たる資格を認めています。これは、金庫の地区内に事業所を有する者が法人であるか個人であるかを問いません。したがって、Ａさんは、甲金庫の地区外である隣県に住所がありますので、法10条１項１号の「その信用金庫の地区内に住所又は居所を有する者」には該当しませんが、同条同項２号の「その信用金庫の地区内において事業所を有する者」に該当しますので、甲金庫は、同号に基づきＡさんの会員たる資格を認定することができます。

　また、Ａさんの商店が甲金庫の地区内にある以上、個人事業者であるために事業を営んでいる商店の所在地が本店である旨の商業登記がないことは、甲金庫がＡさんの会員たる資格を認定する妨げとなるものではありま

せん。

　なお、個人事業者の場合、法人のように資本金や出資がありませんので、会員たる資格の認定における規模の要件は従業員の数のみであり、300人以下であることが必要です（法10条1項ただし書・1号・2号）（全信協編『法務基礎』2頁）。事例では、従業員が妻1名のみであることから、甲金庫はAさんの会員たる資格を認定し、その借入の申出に応じることができます。

（平野英則）

Q15

住所は地区外であるが、地区内にアパートを所有している者の会員資格

Ａさんは、甲金庫の地区内に賃貸アパートを所有していますが、地区外に住所と勤務先を有する会社員です。今般、甲金庫はＡさんから当該アパートの修繕資金の借入申込を受けました。

甲金庫は、Ａさんについて、自金庫の会員たる資格を認定し、同人からの借入申込を応諾することができますか。

A Ａさんは、甲金庫の地区外に住所と勤務先を有し、また、その地区内にある賃貸アパートも事業所と認定することはできませんので、甲金庫の会員たる資格はなく、甲金庫は、今般、申込のあった貸付を行うことはできません。

解 説

事例では、Ａさんは、甲金庫の地区外に住所と勤務先を有する会社員であり、この点においては、甲金庫の会員たる資格はありません（法10条1項1号・3号）。

また、Ａさんは、地区内に賃貸アパートを所有していますが、Ａさんが当該アパートに常駐し管理・運営業務を行っているような場合を除き、当該アパートそれ自体を事業所と認定することはできませんので（同項2号）、それが甲金庫の地区内に所在することのみをもって、Ａさんの会員たる資格を認定することはできません。

したがって、甲金庫はＡさんの借入申込を応諾することはできないということになります。

（平野英則）

Q16

地区外に住民票を残したまま地区内の会社に勤務する者の会員資格

　甲金庫は、自金庫の地区内の会社に勤務しているＡさんから賃貸用不動産の建築資金の借入の申込を受けました。現在、Ａさんは、地区外に家族と住民票を残したまま、単身赴任をしています。甲金庫は、Ａさんの申込を応諾することができますか。

A　　甲金庫は、Ａさんの勤務先が自金庫の地区内にありますので、自金庫の地区内で勤労に従事する者として（法10条1項3号）その会員たる資格を認定し、Ａさんの本件申出を応諾して貸付を行うことができます。

解説

　このケースでは、Ａさんの住民票が地区外に残っていますが、それは会員たる資格を認定するうえで阻害要因とはなりません。つまり、会員たる資格の認定に関しては、実際に地区内の会社に勤務していればよく（法10条1項3号）、住民票がどこにあるかが問題となることはありません。

（平野英則）

Q17

地区内の大学に通学する学生の会員資格

・・

　甲金庫は、自金庫の地区内に所在する大学の学生に対する貸付を検討しています。当該大学の学生には、甲金庫の地区内に住所を有する者と地区外に住所を有する者とが含まれています。甲金庫は、学生が自金庫の地区内に所在する大学に通学していることをもって、地区外に住所を有する学生についてもその会員たる資格を認定し、貸付を行うことができますか。

A　　甲金庫は、学生が自金庫の地区内に所在する大学に通学している場合であっても、地区外に住所または居所を有する学生については、その会員たる資格を認定し、貸付を行うことはできません。

 解 説

　金庫が会員たる資格を認定することができる個人は、原則として、自金庫の地区内に住所もしくは居所を有する者または自金庫の地区内において勤労に従事する者です（法10条1項1号・3号）（例外的に金庫が会員たる資格を認定することができる者は、法10条1項4号の「内閣府令で定める者」として施行規則1条1号から3号に規定する、自金庫の地区内に事業所を有する者の役員（施行規則1条1号）、自金庫の地区内に自己の居住用の住宅を購入するなどして転居することが確実と見込まれる者（同条2号）、および自金庫の役員（同条3号）である）。

　したがって、上記事例のような地区内に住所または居所を有しない学生については会員たる資格を認定することはできません（法10条1項1号）。また、この学生は、甲金庫の地区内に所在する大学に「通学している」のみであり、大学において「勤労に従事している」（同項3号）わけではありませんので、この面からも、会員たる資格を認定することはできません。

また、甲金庫が自金庫の地区内に住所または居所を有する学生に対して貸付を行うこと自体に信金法上の問題はありませんが、後日、学生が卒業とともに自金庫の地区外に就職し、転居したときは、事後地区外貸付となる可能性があります。さらに、甲金庫は、事後地区外貸付となった場合には、与信管理が難しくなるということも勘案して、自金庫の地区内に所在する大学の学生に対する貸付を慎重に検討する必要があります。

（平野英則）

Q18

地区内転居予定者の会員資格

‥‥‥‥‥‥‥‥‥‥‥‥‥‥‥‥‥‥‥‥‥‥‥‥‥‥‥‥‥‥‥‥‥

Ａさんは、現在、甲金庫の地区外に住所があり、そこに住んでいますが、今般、甲金庫の地区内に自己の居住用の土地・建物を購入することとし、その住宅分譲会社と売買契約を締結し、そこに転居することが確実です。

今般、Ａさんから、土地・建物の購入資金の借入の申込がありました。甲金庫は、Ａさんの会員たる資格を認定し、本件土地・建物の購入資金の貸付を行うことができますか。

A 甲金庫は、Ａさんの会員たる資格を認定し、本件土地・建物の購入資金の貸付を行うことができます。

 解 説

信金法10条1項4号は、「前3号に掲げる者（筆者注：会員たる資格を有する個人）に準ずる者として内閣府令で定める者」と規定し、内閣府令（施行規則）はその1つとして、「その信用金庫の地区内において自己の居住の用に供する宅地若しくは住宅の売買契約……を締結し、当該地区内に転居することが確実と見込まれる者」（施行規則1条2号）を掲げています。

したがって、甲金庫は、Ａさんの会員たる資格を認定し、本件土地・建物の購入資金の貸付を行うことができます。

なお、購入物件は、「自己の居住の用に供する宅地若しくは住宅」である必要があり（全信協編『法務基礎』10頁・11頁）、別荘などの一時利用目的の物件は含まれませんので、注意が必要です。

（平野英則）

Q19

地区内に住居を有するアルバイターの会員資格

Aさんは、現在、甲金庫の地区外に住民票があり、農繁期にはそこで農業に従事していますが、農閑期には、甲金庫の地区内に居所を移し、地区内のガソリンスタンドでアルバイターとして働いています。Aさんは、このようなことを約20年間にわたり半年ごとに反復してきました。

今般、甲金庫は、Aさんから借入の申込を受けました。甲金庫は、Aさんの会員たる資格を認定し、本件貸付を行うことができますか

A 甲金庫は、Aさんの会員たる資格を認定し、本件貸付を行うことができます。

解説

信金法10条1項は、個人の会員資格について、自金庫の地区内に居所を有する者（同項1号）および自金庫の地区内において勤労に従事する者（同項3号）を掲げています。

Aさんは、甲金庫の地区内に居所を有しており（同項1号）、甲金庫の地区内において勤労に従事していますので（同項3号）、甲金庫は、Aさんの会員たる資格を認定し、本件貸付を行うことができます。

なお、Aさんの住民票が地区外にあり、農繁期にはそこで農業に従事していることは、地区内にAさんの居所があり、地区内で勤労に従事しているという実態があれば、甲金庫がAさんの会員たる資格を認定するに際し、阻害要因となるものではありません。

（平野英則）

Q20

カウンセラーの会員資格

　甲金庫は、カウンセリング業を営んでいるＡさんから借入の申込を受けました。

　Ａさんの住所は甲金庫の地区外にありますが、カウンセリング先（複数の学校）は、その地区内および地区外にあります。

　このような場合に、甲金庫の地区内にある学校を勤務先と見なし、会員たる資格があるものとして取り扱い、貸付を行ってもよいですか。

A　　Ａさんのカウンセリング業務が、甲金庫の地区内にある学校の１つでも継続的な雇用契約に基づくものであれば、Ａさんは会員たる資格がありますが、単に、地区内の学校との間における委託契約に基づいてカウンセリングの業務を行っている場合には、会員たる資格はなく、甲金庫は貸付を行うことはできません。

解 説

　法10条１項３号は「その信用金庫の地区内において勤労に従事する者」と規定しており、それは、金庫の地区内において使用者との間の継続的な雇用契約に基づいて給料等を得ている者と解されています（信用金庫実務研究会「金庫取引の再検討」金法916号12頁・13頁、同旨、信用金庫実務研究会「研究会報告Ⅰ　会員資格（その２）」金法1218号18頁）。

　したがって、照会の件については、カウンセラーのＡさんが甲金庫の地区内の学校との間における継続的な雇用契約に基づいて給料等を得ている者であるか否かにより決せられ、単に、地区内の学校との間における委託契約に基づいてカウンセリングの業務を行い、受託報酬を得ているのみでは足りないものと思われます。

（平野英則）

Q21

地区外居住の法人役員の会員資格

Aさんは、甲金庫の地区内にある資本金50億円、常時使用する従業員数600人のX株式会社の取締役ですが、その住所は甲金庫の地区外にあります。今般、甲金庫は、Aさんから住宅ローンの申出を受けましたが、Aさんは、甲金庫の会員となることができますか。

A 平成14年4月の信金法改正により、会員たる資格について規定する法10条1項に4号として「前3号に揚げる者に準ずる者として内閣府令で定める者」が追加され、施行規則1条柱書は「……内閣府令で定める者は、次に掲げる者とする。」と規定し、その1号で「その信用金庫の地区内に事業所を有する者の役員」を掲げています。この改正により、Aさんも甲金庫の会員となることができるようになりました。

解 説

法人の役員は、法人の経営者として重い責任を負い、また役員が職員を兼務しているとしても、その活動を「勤労」という概念に含めるには無理があること等を勘案し、法10条1項3号の「その信用金庫の地区内において勤労に従事する者」には、法人の役員が含まれないと解されていました（全信協編『法務講座』（2002年版）第6分冊72頁）。また、従来、法人の役員については、役員本人の住所または居所が地区内にある場合（法10条1項1号）に限り個人会員の資格を有するものとされていました（立原＝森井14頁）。

しかし、上記平成14年の信金法改正により、金庫の地区内に事業所を有する中小企業の役員、会員たる資格を有しない卒業会員企業や事例のX株式会社のような大企業等の役員についても会員となることが可能になり

ました（全国信用金庫協会「業務通信 369 号」2 頁・33 頁〔全国信用金庫協会業務推進部・2002 年〕）。

　すなわち、地区内に事業所を有する法人が法人会員たる資格を有すると否とを問わず、当該法人の役員は会員たる資格を有することになりました（平野英則「信用金庫の法務入門 第 4 回 個人会員資格（その 1）」金法 1685 号 69 頁）。

（平野英則）

Q22

地区内に事業所を有する上場会社の取締役
（住所・居所が地区外の場合）の会員資格

・・・・・・・・・・・・・・・・・・・・・・・・・・・・・・・・・・・・・

　Ａさんは、甲金庫の地区内に事業所を有する上場会社（資本金の額1,850億円、常時使用する従業員の数4,500人）の取締役ですが、自金庫の地区内には住所も居所もなく、地区外の自宅から地区内の事業所へ通勤しています。

　今般、甲金庫は、Ａさんから、自宅の改修資金の借入の申出を受けました。Ａさんは上場会社の役員ですが、甲金庫は、Ａさんの会員資格を認定し、当該改修資金の貸付を行うことができますか。

A　　甲金庫は、Ａさんの会員たる資格を認定し、自宅改修資金の貸付を行うことができます。なぜなら、施行規則1条1号は「その信用金庫の地区内に事業所を有する者の役員」と規定するのみであり、「地区内に事業所を有する者」が会員たる資格を有するか否か上場しているか否かを問わないからです。

💡 解説

　Q21で述べたように、平成14年4月の信金法改正で、会員たる資格について規定する法10条1項に4号として「前3号に揚げる者に準ずる者として内閣府令で定める者」が追加され、施行規則1条柱書は「……内閣府令で定める者は、次に掲げる者とする。」と規定し、その1号で「その信用金庫の地区内に事業所を有する者の役員」を掲げています。

　そして、同規則1条1号は「その信用金庫の地区内に事業所を有する者の役員」と規定するのみであり、金庫は、「地区内に事業所を有する者」が会員たる資格を有しない場合または上場している場合であっても、当該役員の会員たる資格を認定し、貸付を行うことができるからです。

　したがって、上記平成14年の信金法改正により、金庫の地区内に事業

所を有する中小企業の役員はもちろんのこと、会員たる資格を有しない卒業会員企業や大企業等の役員も会員となることが可能になりました（全信協「業務通信（第369号）」2頁・33頁）。この考え方を前提にすると、「地区内に事業所を有する者」が会員たる資格を有しない上場企業であっても同様であると考えることができます。

（平野英則）

Q23

地区内に本社がある会社の取締役（地区外の事業所に常駐し住所・居所が地区外にある場合）の会員資格

　　甲金庫の地区内に本社がある会社の取締役であるＡさんは、地区外の事業所に常駐しており、その住所も居所も甲金庫の地区外にあります。今般、甲金庫は、Ａさんから、自宅の改築資金の借入を打診されました。

　　甲金庫は、Ａさんの会員たる資格を認定し、当該改築資金の貸付を行うことができますか。

A　　甲金庫は、法10条1項4号および施行規則1条1号に基づいて、Ａさんの会員たる資格を認定し、打診のあった自宅の改築資金の貸付を行うことができます。

解 説

　Ｑ21で述べたように、平成14年4月の信金法改正により、会員たる資格について規定する法10条1項に4号として「前3号に揚げる者に準ずる者として内閣府令で定める者」が追加されました。

　これを受けて規定された現行の施行規則1条1号は、「……地区内に事業所を有する者の役員」と規定するのみであり、「地区内に事業所を有する者の役員」が当該金庫の地区内に勤務しているか否か、また、住所または居所を有しているか否かに関係なく、金庫は、当該役員の会員たる資格を認定し、貸付を行うことができると考えられます。

　したがって、事例におけるＡさんのように、甲金庫の地区内に本社がある会社の取締役であれば、その地区外の事業所に常駐し、その住所や居所も地区外にある場合であっても、甲金庫は、法10条1項4号および施行規則1条1号に基づき、Ａさんの会員たる資格を認定し、打診のあった自宅の改築資金の貸付を行うことができます。

（平野英則）

Q24

地区内にある会社の社長の会員資格

··

甲金庫の地区内にある会社のA社長は、地区外に住所があります。今般、A社長から、甲金庫の地区外に賃貸アパートを建築するための資金の借入申込がありました。甲金庫は、当該物件を担保にA社長に貸付を行うことができますか。

A 　　甲金庫は、A社長の会員たる資格を認定し、地区外の物件を担保に本件貸付を行うことができます。

 解 説

　この事例では、甲金庫の地区内に所在する会社のA社長の会員たる資格の有無、および地区外の物件を担保として取得することの可否が問題となっています。

　まず、地区内にある会社の役員は会員たる資格がありますので（法10条1項4号、施行規則1条1号）、金庫はA社長の会員たる資格を認定し、貸付を行うことができます。また、その会社の規模は問いません。したがって、A社長の会社の資本金が9億円超で、かつ従業員数が300人超であってもかまいません（同旨、全信協編『法務基礎』10頁）。

　次に、地区外の物件を担保として取得することの可否についてですが、この点については与信管理上の問題から融資規定等で担保取得を禁止している金庫もあると思われますが、信金法は担保物件の所在地について何らの制限を設けていませんので、地区外の物件を担保として取得することは法的には可能です。

（平野英則）

共同相続人による借入金の相続と会員資格

．．．

　甲金庫は、Ｘさんに対する貸付をしていましたが、Ｘさんが死亡し、法定相続人たるＡさんとＢさんがＸさんの借入金を半分ずつ相続することとなりました。

　ＡさんとＢさんは、ともに甲金庫の地区内に住所があり、甲金庫の会員たる資格を有していますが、両者の合意によりＡさんがＸさんの出資を相続することとなりました。

　甲金庫は、ＡさんおよびＢさんが相続した借入金について、会員に対する貸付として取り扱うことができますか。

A　　甲金庫は、Ａさんについては、相続加入により、Ａさんが相続した借入金について、会員に対する貸付として取り扱うことができます。

　また、Ｂさんについては、Ａさんが相続したＸさんの出資口数が複数ある場合には、Ａさんからその一部の譲受けによる加入をすることで、また、Ａさんが相続した出資が１口である場合には、Ｂさんが原始加入することで、甲金庫は、Ｂさんが相続した借入金について、会員に対する貸付として取り扱うことができます

解説

　信金法では、会員たる資格を有する者が会員となる加入について、原始加入、相続加入および持分譲受けによる加入の３つの方法を定めています。

　まず、Ｘさんの出資を相続したＡさんは、甲金庫の会員たる資格を有していますので、相続加入が可能です。すなわち、Ａさんは、甲金庫の定款に定める方法により、Ｘさんの死亡の日から定款で定める期間内（通常は３か月以内）に加入の申込をすれば、相続開始の時に遡って会員になったものとみなされ、Ｘさんの持分を承継することとなります（法14条１項、

定款例 11 条 1 項）。この場合、A さんの相続加入については、甲金庫の承諾は不要です（全信協『法務基礎』34 頁）。

　しかし、A さんは、相続加入の申込にあたっては、X さんの持分の一部を相続することはできません。その理由は、持分の共有が禁止されていることと（法 15 条 4 項）、法律関係の簡明化を図るための措置であるといわれています（全信協『法務基礎』35 頁）。その結果、A さんと B さんといったように相続人が数人あるときは、相続人全員（A さんと B さん）の同意により選定された 1 人の相続人（A さん）だけが、相続加入することができます（法 14 条 2 項、定款例 11 条 2 項）。

　したがって、X さんの出資口数が複数ある場合でも、B さんは、X さんの出資口数の一部について、A さんとともに相続加入することはできません。

　それでは、B さんは、どうすれば甲金庫の会員資格を取得し、甲金庫の会員として貸付を受けることができるのでしょうか。

　この問題を考察するにあたっては、A さんが相続した出資が複数口数ある場合と 1 口でのみである場合に分けて考察する必要があります。

　まず、A さんが相続した出資が複数口数ある場合には、B さんは、A さんが X さんから相続した持分の一部を譲り受けることにより、譲受けによる加入をすることができます。つまり、会員たる資格を有する B さんは、A さんが X さんから相続した複数口数の出資の一部を譲り受け、会員となることができます（法 15 条 1 項）。この場合、A さんが甲金庫の会員となるためには、甲金庫の承諾が必要となります（同条 2 項）。これにより、B さんは、A さんの会員としての権利・義務を承継することとなります（同条 3 項）。

　次に、A さんが相続した出資が 1 口である場合には、B さんは譲受けによる加入をすることはできませんが、原始加入をすることができます。

　つまり、B さんは定款の定めるところにより加入の申込をし、加入について甲金庫の承諾を得て、引受出資口数に応じた金額を払込み、原始加入をすることができますので（法 13 条、定款例 10 条）、甲金庫は、B さんが相続した借入金について、会員に対する貸付として取り扱うことができ

ます。

　したがって、Ｂさんは会員たる資格を有しており、譲受けによる加入または原始加入により、甲金庫の会員資格を取得することが可能であるため、甲金庫は、Ｂさんに対する員外貸付として存続させることはできません。

　なお、この事例と異なり、Ｂさんが甲金庫の地区外に住所を有する場合には、会員たる資格がないので、原始加入、相続加入および譲受けによる加入もできませんので、事後員外貸付として存続させることができます。

　ちなみに、ＢさんがＸさんの借入債務を相続した後、譲受けによる加入または原始加入するまでの間に生じる員外貸付は、共同相続により持分を相続しなかった者に不可避的に生じるものであり、信用金庫の業務の範囲内に属するものとして許容されると考えて差し支えありません。

（平野英則）

Q26

地区外相続人によるアパートローンの存続の可否

‥‥

　甲金庫は、Xさんに対するアパートローンを融資していたところ、Xさんが死亡しました。Xさんには、法定相続人の長男Aさんと次男Bさんがいます。

　遺産分割については、AさんがXさんのアパートローンおよびアパート物件を単独相続することになりました。

　Bさんは甲金庫の地区内に在住していますが、Aさんは地区外のS県に在住し、そこに所在する会社に勤務しています。

　このような状況の下で、甲金庫は、Aさんが相続したXさんのアパートローンを存続させることができますか。

A　　甲金庫は、Aさんが相続したXさんのアパートローンを相続による事後員外貸付として、存続させることができます。

 解　説

　信金法の下では、原則として、資金の貸付は会員に対するものに限定されています（法53条1項2号）。

　その例外として、信金法53条2項は、施行令8条に掲げる資金の員外貸付等を掲げていますが、本事例のような相続による事後員外貸付については、明示的に定めていません。

　しかし、金庫が業務を行う中では、本事例における甲金庫の会員たる資格のないAさんのように、相続によりXさんのアパートローンを承継するようなことが生起します。このような事態は、相続に際して不可避的に生じる可能性があり、金庫の業務の範囲内に属するものとして、事後員外貸付として存続させることは許容されるものと考えて差し支えありません（同旨、信用金庫実務研究会「信用金庫取引実務の再検討」金法916号14頁、平野英則「信用金庫の法務入門　第10回　員外貸出・員外保証（そ

の4)」金法 1700 号 132 頁・133 頁）。

　ただし、事後員外貸付として存続させることは許容されますが、当初の約定通り返済してもらうとともに、貸増しや更改をすることは許されません（この点に関し、金融庁（旧大蔵省）検査での取扱いを記載するものとして、信用金庫実務研究会「I　会員資格等（その3）」金法 1226 号 22 頁、森井編 73 頁、および平野・前掲金法 1700 号 133 頁）。

　また、この考え方は、相続人が海外に居住する場合にもあてはまると考えてよいでしょう。

（平野英則）

⑶　法人・団体の会員資格

Q27

株式会社の会員資格の認定時期

　A株式会社は、甲金庫の地区内に本社（住所）があり、資本金の額は 22 億円、常時使用する従業員の数は 250 人から 300 人前後で推移しています。

　このような状況の下で、甲金庫は、A株式会社の会員たる資格を認定し、新規の貸付を行うことができますか。

A　　A株式会社は、甲金庫の地区内に本社があり、資本金の額は 22 億円ですが、常時使用する従業員の数が 250 人から 300 人前後で推移していますので、甲金庫がその会員たる資格を認定する時点、および初回の貸付実行の時点において従業員の数が 300 人以下であれば、その会員たる資格を認定し、新規の貸付を行うことができます。

解 説

　信金法は、法人について、自金庫の地区内に住所がある場合で（法 10 条 1 項 1 号）、常時使用する従業員の数が 300 人以下、または、資本金の額（または出資の総額）が 9 億円以下であれば（同項ただし書、施行令 4 条）、その会員たる資格を認めています。

　A株式会社は、甲金庫の地区内に住所がありますが（法 10 条 1 項 1 号）、資本金の額が 9 億円を超える 22 億円であるため（施行令 4 条）、常時使用する従業員の数が 300 人以下であれば（法 10 条 1 項ただし書）、甲金庫は、その会員たる資格を認定し、新規の貸付を行うことができます。

　A株式会社の場合、従業員の数は 250 人から 300 人前後で推移してい

ますが、甲金庫がその会員たる資格を認定する時点、および、初回の貸付実行の時点において従業員の数が 300 人以下であれば、甲金庫は、その会員たる資格を認定し、新規の貸付を行うことができます。

　なお、甲金庫が、Ａ株式会社の会員たる資格を認定し、新規の貸付取引を開始した後、その従業員の数が 300 人超となった場合に、卒業会員としての貸付の存続の可否が問題となります。しかし、甲金庫がその会員たる資格を認定する時点、および初回の貸付実行の時点において従業員の数が 300 人以下であれば、その会員たる資格を認定する阻害要因となるものではありません。

（平野英則）

Q28

法人事業者の従業員数と資本金

‥‥‥‥‥‥‥‥‥‥‥‥‥‥‥‥‥‥‥‥‥‥‥‥‥‥‥‥‥‥‥‥‥‥‥‥

　次のＡからＤまでの４社は、いずれも甲金庫の地区内に住所と事業所を有する株式会社です。この４社のうち、会員たる資格を有するのはどれですか。

　Ａ社：資本金８億円、常時使用する従業員数 250 人

　Ｂ社：資本金 10 億円、常時使用する従業員数 150 人

　Ｃ社：資本金５億円、常時使用する従業員数 350 人

　Ｄ社：資本金 12 億円、常時使用する従業員数 500 人

A　　　　法人が金庫の会員となるためには、当該金庫の地区内に住所または事業所を有すること、および常時使用する従業員の数が 300 人以下または資本金の額（または出資の総額）が９億円以下であれば足ります。したがって、上記事例では、Ａ、ＢおよびＣの３社が会員たる資格を有することになります。

　なお、Ｄ社は、資本金の額および常時使用する従業員の数が上限を超えるために、会員たる資格がありません。

 解 説

　法人会員は、次の①または②に属する者をいいます（法 10 条１項）。

①　その金庫の地区内に住所を有する者（同項１号）

②　その金庫の地区内に事業所を有する者（同項２号）

　ただし、①または②に該当する法人は、常時使用する従業員の数が 300 人を超え、かつ、資本金の額または出資の総額が政令で定める９億円（施行令４条）を超える事業者は除かれます（法 10 条１項ただし書）。

　法 10 条１項ただし書は、常時使用する従業員の数と、資本金の額または出資の総額に上限を設け、両者を「かつ」という接続詞で結んでいますので、上記事例のＤ社のように、法人がこの２つの上限をいずれも超える

場合にのみ、会員たる資格がないということになります。

　つまり、上記事例のＡ社のように、従業員数が300人以下、または資本金の額または出資の総額が9億円以下という2つの要件のすべて、または上記事例のＢ社およびＣ社のように、そのうちの1つでも満たしていれば、会員たる資格を有することになります（同旨、信金法研究会編96頁、平野・前掲金法1682号183頁（Ｑ6））。

　この要件は規模による制限であり、金庫が中小企業専門金融機関であることを根拠としています（平野・前掲金法1682号183頁（Ｑ6））。

　なお、従業員数は、「労働保険概算・増加概算・確定保険料申告書」の写しの提出を受けることによって確認することができます。

（平野英則）

Q29

上場会社の会員資格

・・・

　甲金庫は、自金庫の地区内に事業所を有する上場会社のＡ社から借入の可否について打診を受けました。Ａ社およびその連結子会社であるＢ社の資本金の額および常時使用する従業員の数は、以下のとおりです。

　　1　Ａ社の資本金の額は９億円を超えていますが、常時使用する従業員の数は 300 人以下です。

　　2　Ａ社の資本金の額および常時使用する従業員の数を連結子会社のＢ社のそれらに合算すると、資本金は９億円を超え、かつ、常時使用する従業員の数も 300 人を超えます。

　このように、親会社と連結子会社の資本金の額と従業員の数を合算すると、法 10 条１項２号および施行令４条の会員たる資格の要件を充足しない場合であっても、会員たる資格を認定し、貸付を行うことに問題はありませんか。

A　　　甲金庫は、Ａ社が自金庫の地区内に事業所を有し、かつ、その常時使用する従業員の数が 300 人以下ですので、自金庫の会員たる資格を認定し、貸付を行うことができます（法 10 条１項２号、施行令４条）。

 解説

　金庫は、会社が単体で法 10 条１項２号および施行令４条の要件を充足する場合、当該会社が上場会社であっても会員たる資格を認定することができます。これは、上場会社が連結子社を有する場合も同様であり、当該上場会社が単体で上記要件を充足すれば会員たる資格を認定し貸付を行うことができます。

　したがって、会員たる資格の認定に際しては、事例２のように、上場会

社の資本金の額と常時使用する従業員の数を連結子会社のそれらに合算して検討する必要はありません。つまり、会員たる資格は、1法人格ごとに、法10条1項2号および施行令4条の要件を充足するか否かを基準に判断されるべきであり、それは上場会社が連結子会社を有する場合であっても同様です。

　A社は単体でみる限り法人の会員たる資格を有しており（法10条1項2号、施行令4条)、その認定に問題はありません。

（平野英則)

Q30

子会社の会員資格

$\cdots\cdots\cdots\cdots\cdots\cdots\cdots\cdots\cdots\cdots\cdots\cdots\cdots\cdots\cdots$

　甲金庫は、A社の子会社であるB社から借入の打診を受けました。B社の資本金の額、従業員の数、事業所の所在地、甲金庫の貸付取引における保全方法およびA社のB社に対する出資状況は、以下のとおりです。

　　1　B社単体での資本金の額は3億円、常時使用する従業員の数は250人および甲金庫の地区内に事業所があり、法10条1項2号および施行令4条の会員たる資格の要件を充足しています。

　　2　甲金庫は、B社に対する貸付につき、会員たる資格のないA社の連帯保証を取り付ける予定です。

　　3　会員たる資格のないA社は、B社に65%を出資しています。

　このような状況のもとで、甲金庫は、B社の会員たる資格を認定し、同社に対する貸付を行うことができますか。

A　　B社は法10条1項2号および施行令4条の会員たる資格の要件を充足していますので、甲金庫は、その会員たる資格を認定し、同社に対する貸付を行うことができます。

解説

　子会社のB社が単体で、資本金の額または常時使用する従業員の数および事業所の所在地について、法10条1項2号および施行令4条に定める会員たる資格の要件を充足していれば、甲金庫は、B社の会員資格を認定し、貸付を行うことができます。

　そして、この原則は、冒頭の事例のように、甲金庫が、B社に対する貸付について、会員たる資格のないA社（親会社）の連帯保証や物上保証を取得して行う場合であっても、B社の会員たる資格の認定に影響を及ぼす

ものではありません。

　また、冒頭の事例と異なり、会員たる資格のない親会社が全額を出資した子会社であっても、当該子会社が単体で上記要件を充足する場合には、金庫は、その会員たる資格を認定しても差し支えありません。

　さらに、当該子会社が親会社の連結子会社である場合も同様の考え方により、その会員たる資格を認定することができます。

　なお、連結子会社である場合にも、資本金の額や常時使用する従業員の数を親会社のそれらと合算する必要がないことは、Q 29 で述べたとおりです。

　上記の考え方は、親会社が上場会社で、自金庫の地区の要件および規模の要件を充足しない場合も同様であり、子会社が自金庫の地区の要件（法10条1項1号・2号）および資本金の額と常時使用する従業員の数の規模の要件（法10条1項ただし書、施行令4条）を充足するときは、甲金庫は、その会員たる資格を認定し、貸付を行うことができます。

（平野英則）

Q31

外国法人の会員資格

‥‥‥‥‥‥‥‥‥‥‥‥‥‥‥‥‥‥‥‥‥‥‥‥‥‥‥‥‥‥

　甲金庫は、米国に本社のある外国法人の日本支社から借入の打診されたため、その可否について検討しています（ここでいう「日本支社」とは、日本における米国法人の子会社ではなく、あくまでも日本における米国法人の支社である）。当該日本支社は、甲金庫の地区内に事業所を有し、当該米国法人はわが国における外国会社として登記済みであり、印鑑登録もしています。

　また、当該米国法人は日米両国においてＩＴ関連の事業を営み、資本金の額は5万米ドルであり、常時使用する従業員の数は日米合計で25人です。甲金庫は、当該日本支社から打診を受けた貸付の相手方となるべき当該外国法人について、自金庫の会員たる資格を認定し、貸付を行うことができますか。

A　　当該外国法人は法10条1項2号および施行令4条の要件を満たしており、甲金庫は、会員たる資格を認定し、貸付を行うことができます。

解説

　信金法は、会員たる資格の要件について、日本法に準拠して設立された日本法人であるか外国法に準拠して設立された外国法人であるかにより区別していませんので、外国法人の会員たる資格についても、日本法人の一般の事業法人たる株式会社と同様に考えて判定してよいものと思われます。

　つまり、上記事例の米国法人の資本金の額は5万米ドル（仮に、1米ドル150円で換算すれば750万円）、常時使用する従業員の数は25人とのことですから、規模の要件は充足しています（法10条1項ただし書、施行令4条）。

残るのは、法10条1項2号が規定する会員たる資格の地区の要件であり、上記の事例では、米国法人の日本支社は、甲金庫の地区内に事業所がありますので、当該米国法人は地区の要件も充足しています。

　したがって、当該米国法人は会員たる資格の規模の要件および地区の要件を充足していますので、甲金庫は、その会員たる資格を認定し、当該米国法人の日本支社から打診された貸付を実行することができます。

（平野英則）

Q32

新規設立会社の会員資格

　Aさんは、住所も勤務先も甲金庫の地区外にありますが、甲金庫の地区内に資本金3,000万円で新たに会社を設立し、事業所を構えて従業員1名を雇い、不動産賃貸業を営むことを検討しています。今般、甲金庫は、Aさんから、この新規設立会社に対する賃貸不動産購入資金の貸付の可否について相談を受けました。甲金庫は、新規設立会社に対して貸付を行うことは可能ですか。

A　甲金庫は、自金庫の地区内に住所と事業所がある資本金3,000万円・従業員数1名の新規設立会社の会員たる資格を認定のうえ、貸付を行うことができます。

 解 説

　信金法は、自金庫の地区内に法人の住所がある場合（法10条1項1号）または事業所がある場合で（同項2号）、常時使用する従業員の数が300人以下であるか、資本金の額（または出資の総額）が9億円以下であれば（同項ただし書、施行令4条）、その法人の会員たる資格を認めています。

　この要件を満たしていれば、会社の設立者の住所や勤務先が自金庫の地区外にあることは、設立された会社の会員たる資格を認定することの妨げとなるものではありません。

（平野英則）

Q33

複数の事業所の従業員の数

　　個人事業者のＡさんは、甲金庫の地区内に住所があり、複数の業種にわたる事業を営み、かつ複数の事業所を有しています。

　　Ａさんは、甲金庫の地区内に５か所の事業所を有しており、そこで常時使用する従業員の数は250人です。また、Ａさんは、甲金庫の地区外に３か所の事業所を有しており、そこで常時使用する従業員の数は100人です。

　　今般、甲金庫は、Ａさんから手形の割引を打診されましたが、Ａさんは甲金庫の会員たる資格がありますか。

A　　Ａさんの会員資格は、すべての事業所で常時使用する従業員の合計によって決せられます。この事例で、Ａさんが常時使用する従業員は、甲金庫の地区内の事業所で250人、その地区外の事業所で100人います。したがって、その合計の350人が、従業員数の上限である300人を超えるため、Ａさんは甲金庫の会員たる資格がないということになります。

解説

　　金庫の地区内に住所または居所を有する個人（法10条1項1号）または事業所を有する個人（同項2号）が事業者の場合は、その「常時使用する従業員」が300人以下であることが会員たる資格の要件です（同項ただし書）。

　　この事例では、個人事業者が、複数の業種にわたる事業を営み、かつ複数の事業所を有する場合、従業員の数はどのようにして計算するかが問題となっています。

　　従業員数の計算にあたっては、一事業者がいくつかの種類の事業を営み、複数の事業所を有する場合には、その全業種の全事業所の従業員で計算す

る必要があります（全信協編『法務基礎』9頁）。

　Aさんは甲金庫の地区内に住所があり、法10条1項1号の個人事業者に該当しますので、自己の事業所が甲金庫の地区内にあるか否かを問いません（全信協編『法務基礎』7頁。同旨、平野英則「信用金庫の法務入門第4回 個人会員資格（その1）」金法1685号68頁）。

　したがって、仮に、Aさんの有する事業所のすべてが甲金庫の地区外にある場合であっても、その常時使用する従業員の数の合計が300人以下であれば、甲金庫の会員たる資格があります。

　また、Aさんは、甲金庫の地区内に事業所を有しており、法10条1項2号の個人事業者にも該当しますので、甲金庫の地区内に1つでも事業所があれば、仮に、他の事業所はすべて地区外にあってもかまいません（信金法研究会編87頁。同旨、平野・前掲68頁）。その場合も、地区内外のすべての事業所で常時使用する従業員の数の合計が300人以下であれば、Aさんは甲金庫の会員たる資格があるということになります。

（平野英則）

Q34

パート社員の数と会員資格

....

甲金庫の地区内に住所を有するＡさんは、乾物加工業を営む個人事業者です。

原材料の仕入や加工に季節的要因があり、その従業員の数は、パートの従業員も含め、多いときで320人、少ないときで280人（正規の従業員数100人、通年雇用のパート従業員数180人）です。その差の40人は、仕入や加工の繁忙期に限り、雇用期間限定で、近隣農家の主婦をパートで臨時的に雇用することから生じているものです。

今般、甲金庫は、Ａさんから季節資金の借入の申出を受けましたが、Ａさんは、甲金庫の会員たる資格がありますか。

A　この事例では、個人が事業者の場合は、常時使用する従業員が300人を超えてはならない（法10条1項ただし書）とされていますので、Ａさんの会員たる資格の認定に際しては、繁忙期に雇用期間限定で臨時的に雇用するパートの従業員の40名も「常時使用する従業員」に含めて計算すべきか否かが問題となります。

この問題に関しては、パートの従業員であっても、その実態が常時雇用する者であれば「常時使用する従業員」と解されています（全信協編『法務基礎』9頁）。

したがって、上記事例の通年雇用のパート従業員180人は「常時使用する従業員」に含め、臨時雇用のパート従業員の40名は「常時使用する従業員」から除外して計算すべきであり、Ａさんは、甲金庫の会員たる資格があるということになります。

解説

　金庫の地区内に住所または居所を有する個人（法 10 条 1 項 1 号）、あるいは事業所を有する個人（同項 2 号）が事業者の場合は、その「常時使用する従業員」が 300 人以下であることが会員たる資格の要件です（同項ただし書）。

　ここに、「常時使用する従業員」とは、事業者が常時雇用する者をいい、臨時的に雇用する者は含まれません（信金法研究会編 87 頁。同旨、平野・前掲金法 1685 号 69 頁（Q 33））。したがって、パートの従業員が常時雇用する者であれば、「常時使用する従業員」に含めて計算する必要があります。しかし、臨時的に雇用するパートの従業員であれば、「常時使用する従業員」に含まれませんので、除外して計算します。

　つまり、パートの従業員であることのみをもって、「常時使用する従業員」であるか否かを一律に決することはできず、その雇用の実態に則して判断する必要があります（平野・前掲金法 1685 号 68 頁（Q 33）。全信協編『法務基礎』9 頁）。

（平野英則）

Q35

本社が地区外にあり工場が地区内にある株式会社の会員資格

••

A株式会社は、甲金庫の地区内に工場を有していますが、本社は甲金庫の地区外にあります。また、当該工場は登記されていませんが、A株式会社の資本金の額は1億円で、常時使用する従業員数の合計は250人です。

今般、甲金庫は、A株式会社の本社から当該工場の増加設備資金の借入の打診を受けましたが、これを応諾することは可能ですか。

A 法10条1項2号の「事業所」とは、本店（本社）、支店（支社）、営業所、出張所または工場など事業を行う場所をいい、およそある事業の内容たる活動が行われる一定の場所を意味します（全信協編『法務基礎』7頁）。

また、当該事業所が登記されていることは必要ではありません（森井編17頁、同旨、平野英則「信用金庫の法務入門 第6回 法人の会員資格」金法1690号118頁）。

したがって、A株式会社は甲金庫の会員たる資格を有しており、甲金庫はA株式会社から打診された増加設備資金の借入を応諾することが可能です。

解 説

法10条1項2号は法人の会員資格につき「その信用金庫の地区内に事業所を有する者」と規定していますが、本事例では、甲金庫の地区内にあるA株式会社の工場がこの「事業所」に該当するか否かが問題となっています。

法人の会員たる資格は、当該法人の事業所が複数ある場合であっても、その1つが金庫の地区内にあれば足ります。

また、法10条1項2号は、事業所が登記されていることを要件として

いませんので、法人の登記の対象とならない工場、営業所、出張所等であっても、それが当該金庫の地区内にあれば当該法人は、会員たる資格を有しているということができます（全信協編『法務基礎』7頁～8頁、同旨、森井編17頁。同旨、平野・前掲金法1690号118頁）。この場合、取引の相手方となるのはあくまでもその法人自体であり、会員加入の申込書には、本店の名称と住所を記載し、これに地区内の事業所の名称と住所を併記してもらいます（森井編17頁）。

（平野英則）

Q36

医療法人の会員資格

甲金庫は、自金庫の地区内にある医療法人のＡ病院から医療機器設備資金の借入の打診を受けました。

甲金庫がＡ病院の貸借対照表を調べたところ、資本金または出資金に相当する勘定科目は存在しませんでした。この場合、甲金庫は、Ａ病院の会員たる資格をどのように判定したらよいのでしょうか。

A 　甲金庫は、Ａ病院の会員たる資格を従業員の数のみによりその有無を判定することになります。したがって、Ａ病院の常時使用する従業員の数が 300 人以下であれば、Ａ病院は、甲金庫の会員たる資格を有し、甲金庫は、本件借入申込を応諾することができます。

解説

会員たる資格について規定する法 10 条 1 項ただし書の法人たる「事業者」には、当然のことながら公益法人も含まれます。

しかし、財団たる医療法人および出資持分のない社団たる医療法人、学校法人ならびに宗教法人については、資本金または出資に当たるものが存在しませんので、その常時使用する従業員の数のみにより会員たる資格の有無を判定することになります（全信協編『法務基礎』18 頁。同旨、平野・前掲金法 1690 号 119 頁（Q 35）、逐条解説 37 頁）。

法人会員資格の有無について、従業員数と資本金または出資との関係を表で示すと、次のようになります。

＜法人の会員資格＞ 　　　　　　　　（会員資格の有無 ○：あり ×：なし）

資本金＊	9億円超		9億円以下		なし＊＊	
従業員の数	300人超	300人以下	300人超	300人以下	300人超	300人以下
資格の有無	×	○	○	○	×	○

＊資本金の額または出資の総額、＊＊資本金または出資に相当するものがない場合

＜医療法人の会員たる資格の規模の要件について＞

　医療法人とは、医療法39条に基づき設立された法人です。

　医療法人には、「財団たる医療法人」と「社団たる医療法人」があり、さらに、「社団たる医療法人」は、出資持分の有無により「出資持分の定めのある医療法人」と「出資持分の定めのない医療法人」があります。

　これらの医療法人の規模の要件については、以下のように判定します。

　資本金や出資に相当するものがない「財団たる医療法人」と「社団たる医療法人」のうち「出資持分の定めのない医療法人」については、従業員の数のみにより、その会員たる資格の有無を判定します。

　これに対して、「社団たる医療法人」のうち「出資持分の定めのある医療法人」については、出資の総額および従業員の数により、その会員たる資格の有無を判定します（全信協『法務基礎』18頁・19頁）。

　これをマトリックスにすると、以下のようになります。

（従業員の数・出資の総額について、○：該当する ×：該当しない）

医療法人の種類		従業員の数300人		出資の総額9億円		会員たる資格の有無 ○：あり、×：なし
		以下	超	以下	超	
財団たる医療法人		○	×	—	—	○
		×	○	—	—	×
社団たる医療法人	出資持分の定めなし	○	×	—	—	○
		×	○	—	—	×
	出資持分の定めあり	○	×	○	×	○
		○	×	×	○	○
		×	○	○	×	○
		×	○	×	○	×

65

＜「出資持分の定めのある医療法人」の見分け方＞

① 定款に「出資持分」に関する定め（社員は、退社に伴う出資持分の払戻しや医療法人の解散に伴う残余財産の分配を請求できる旨の規定）があります（厚生労働省の社団法人医療法人モデル定款9条・34条）。

② 貸借対照表の純資産の部において「出資金」の表示があります（医療法人会計基準13条）。

＜「出資持分の定めのある医療法人」に関する留意点＞

① 2007年（平成19年）の医療法の改正により、新たに「出資持分の定めのある医療法人」を設立することはできなくなりました。

② 従来の「出資持分の定めのある医療法人」は、当分の間、「経過措置型医療法人」として存続することが経過措置により認められています。

③ 従来の「出資持分の定めのある医療法人」は、移行や合併等により、「出資持分の定めのない医療法人」に組織変更されることがありますので、留意が必要です。組織変更された場合は、出資に相当するものがなくなりますので、従業員の数のみによりその会員たる資格の有無を判定することになります。

（平野英則）

Q37

社会福祉法人である老人ホームの会員資格

A社会福祉法人は、甲金庫の地区外に主たる事務所（住所）があり、そこで老人ホーム、グループホームおよびディケアサービスを行っており、事業収入の大部分を得ています。一方、A社会福祉法人は、甲金庫の地区内でも小規模な老人ホーム1棟を所有し、事業を行っていますが、その事業収入はわずかであり、A社会福祉法人全体の事業収入に占めるシェアはきわめて小さい。

なお、A社会福祉法人の常時使用する従業員の数は250人です。

このような状況の下で、甲金庫は、A社会福祉法人の会員たる資格を認定し、貸付を行うことができますか。

A A社会福祉法人は、甲金庫の地区内に事業所を有し、常時使用する従業員の数が250人であるため、甲金庫はその会員たる資格を認定し、貸付を行うことができます。

解説

社会福祉法人は、社会福祉事業を行うことを目的として、社会福祉法によって設立された法人です（同法22条）。なお、社会福祉法人には、資本金または出資に相当するものがありません。

信金法は、法人の会員たる資格について、自金庫の地区内に事業所がある場合で（法10条1項2号）、常時使用する従業員の数が300人以下であるか、資本金の額（または出資の総額）が9億円以下であれば（同項ただし書、施行令4条）、その法人の会員たる資格を認めています。

しかし、社会福祉法人には、資本金または出資に相当するものがありませんので、その会員たる資格は、地区および従業員数の要件を充足するか否かにより判定することになります（全信協編『法務基礎』9頁・18頁）。

A社会福祉法人は、甲金庫の地区内に事業所を有しており（法10条1

項2号)、その常時使用する従業員の数は300人以下の250人であるために(同項ただし書)、甲金庫は、その会員たる資格を認定し、貸付を行うことができます。

　なお、A社会福祉法人が甲金庫の地区内に事業所を有していれば、そこでの事業収入がわずかであり、A社会福祉法人全体の事業収入に占めるシェアがきわめて小さい場合であっても、甲金庫がその会員たる資格を認定する阻害要因となるものではありません。

(平野英則)

Q38

介護業務と医療業務を行う医療法人の会員資格

· ·

甲金庫の地区内に所在する出資持分のない社団たるＡ医療法人は、医療業務部門と介護業務部門を有しており、今後、介護業務部門を拡充する予定であり、現在 280 人の従業員が 50 人増加し、330 人となる見込みです。

甲金庫は、現在、Ａ医療法人とは貸付取引がありませんが、今般の介護業務部門拡充のための所要資金の借入申込がありました。このような状況下でＡ医療法人に対して、貸付を行うことができますか。

A 　学校法人や出資持分のない社団たる医療法人は、資本金や出資が存在しないため、従業員数のみにより会員たる資格の有無が決せられます（同旨、全信協編『法務基礎』18 頁・19 頁）。したがって、甲金庫は、貸付実行の時点でＡ医療法人の従業員数が 300 人を超える場合には、その会員たる資格がありませんので、貸付を行うことはできません。

しかし、Ａ医療法人とは別の出資持分のない社団たる医療法人が設立され、その新設医療法人の従業員数が 300 人以下の場合には、従業員要件はクリアされますので、甲金庫は、新設医療法人の会員たる資格を認定し、貸付を行うことができます。

解 説

本件ケースのＡ医療法人のように、近い将来従業員数が 300 人を超えることが明らかな場合には、貸付実行時点において従業員数が 300 人以下であっても、実行直後に事後員外貸付となってしまいます。したがって、甲金庫は、別の出資持分のない社団たる医療法人が設立され、その後もＡ医療法人の従業員数が 300 人以下を維持しているのであれば、Ａ医療法

人に貸付を行うという方法をとるか、または、別に設立された出資持分の
ない社団たる医療法人の従業員数が 300 人以下であれば、新設医療法人
に対する貸付を行うのが無難な取扱いといえるでしょう。

（平野英則）

Q39

地区内にある宗教法人の従たる事務所の会員資格

••

甲金庫は、地区内にある宗教法人の従たる事務所から、資金の借入が可能かとの相談を受けました。この宗教法人の本部は、甲金庫の地区外に住所があります。

A 甲金庫は、この宗教法人の従たる事務所が自金庫の地区内にありますので、その常時使用する従業員の数が300人以下である場合には、貸付を行うことができます。

 解説

法人は、金庫の地区内に事業所があることが会員たる資格の要件の1つです（法10条1項2号）。そして、その事業所は、本店・本社・本部といった主たる事務所であるか、または、支店・支社・支部といった従たる事務所であるかを問わず、その1つでも地区内にあれば、問題はありません（平野・前掲金法1690号118頁・119頁（Q35））。したがって、このケースの宗教法人は、甲金庫の地区外に本部がありますが、地区内に従たる事務所がありますので、会員たる資格を認定する妨げとはなることはありません。

金庫が会員資格を認定するためには、この地区の要件のほかに規模の要件を満たす必要があります。規模の要件には、資本金の額（または出資の総額）と常時使用する従業員数があります（法10条1項ただし書、施行令4条）。しかし、宗教法人には資本金（または出資）に相当するものがありませんので（平野・前掲119頁）、常時使用する従業員数のみが問題となります。

本件のケースでは、この宗教法人の常時使用する従業員の数が300人以下であれば（法10条1項ただし書）、甲金庫はその会員たる資格を認定し、借入の申込を応諾することができます。 （平野英則）

Q40

地方公共団体の会員資格

....

甲金庫は、Ａ市から借入の申出を受けましたが、これを応諾することができますか。

A 地方公共団体は、金庫の会員となることはできませんが、地域金融機関としての金庫の使命から、施行令８条１項７号により員外貸付の対象とされています。

 解 説

　ここにいう「地方公共団体」とは、地方自治法１条の３の「普通地方公共団体」および「特別地方公共団体」を指し、都道府県、市町村が前者に、特別区、地方公共団体の組合および財産区が後者にそれぞれ該当します。

　地方公共団体は、その統治団体としての性格ならびに法１条の趣旨から金庫の会員となることはできませんが、地方公共団体との取引を通じ地域経済の発展に寄与することも地域金融機関としての金庫の重要な使命であることから、地方公共団体に対する貸付は員外貸付と位置づけられています（法53条２項、施行令８条１項７号）（全信協編『法務講座』135頁、同旨、平野英則「信用金庫の法務入門 第９回 員外貸出・員外保証（その３）」金法1697号60頁）。

（平野英則）

Q41

国立大学法人の会員資格

....

甲金庫は、自金庫の地区内にある国立大学（国立大学法人法2条1項に規定する国立大学法人）に対して貸付をすることができますか。なお、この国立大学法人は、資本金とみなされる額が9億円を超え、常時使用する従業員の数も300人を超えています。

A　　甲金庫は、員外貸付としてこの国立大学法人に対する貸付を行うことができます（施行令8条1項5号）。

解 説

　この国立大学法人は、甲金庫の地区内にあり、地区の要件は満たしていますが、資本金とみなされる額が9億円を超え、常時使用する従業員の数も300人を超えていますので、会員たる資格のうち規模の要件を満たしていません（法10条1項ただし書、施行令4条）。したがって、この国立大学法人は会員たる資格がありませんので、これに対する貸付は員外貸付の可否が問題となります。

　この点に関して、法53条2項は、例外的に、政令が定める一定の員外貸付を認めており、政令は、国立大学法人法2条1項に規定する国立大学法人に対する員外貸付を認めていますので（施行令8条1項5号）、甲金庫は、この国立大学法人に対し員外貸付としての貸付を行うことができます。

（平野英則）

Q42

公立大学法人の会員資格

....

甲金庫は、「公立大学法人」から借入の打診を受けましたが、当該公立大学法人の会員たる資格を認定し、貸付を行うことができますか。

A 公立大学法人は、地方独立行政法人法2条1項の地方独立行政法人に該当し、甲金庫は、施行令8条1項5号に基づく員外貸付を行うことがきます。

解説

　公立大学法人は地方独立行政法人法2条1項の地方独立行政法人であり、甲金庫は、次の1～3の条文を根拠に員外貸付が可能です。

1　施行令8条1項は員外貸付の対象先について規定し、その5号は地方独立行政法人法2条1項に規定する「地方独立行政法人」を掲げています。

2　地方独立行政法人法21条は、地方独立行政法人が定款で定めることにより行うことができる業務について規定し、その2号は、大学の設置および管理を行うことを掲げています。

3　また、地方独立行政法人法68条は、一般地方独立行政法人で同法21条2号に掲げる業務を行うものを「公立大学法人」としています。

　したがって、公立大学法人は、地方独立行政法人法2条1項の地方独立行政法人に該当しますので、甲金庫は、当該地方独立行政法人の定款に、大学の設置および管理を行う旨の定めがあることを確認したうえで、施行令8条1項5号の員外貸付として貸付を行うことができます。

　そして、公立大学法人に対する貸付は員外貸付となりますので、金庫は、当該公立大学法人が自金庫の地区外に住所を有する場合または常時使用する従業員の数が300人を超える場合であっても、貸付を行うことができ

ます。

　なお、公立大学法人が「国立大学法人」でないことはもちろんですが、国立大学法人の会員たる資格については、別途の検討が必要です（Q 41参照）。

（平野英則）

Q43

一般社団法人の会員資格

障害者介護事業を営んでいるＡ一般社団法人は、甲金庫の地区内に事業所があり、常時使用する従業員の数が 50 人です。甲金庫は、Ａ一般社団法人の会員たる資格を認定し、貸付を行うことができますか。

A 一般社団法人は、甲金庫の地区内に事業所があり、常時使用する従業員の数が 50 人なので、甲金庫は、その会員たる資格を認定し、貸付を行うことができます。

解説

　一般社団法人は、「一般社団法人及び一般財団法人に関する法律」に基づき法人格を付与された社団法人です（同法 3 条）。なお、一般社団法人には資本金または出資に相当するものがありません。

　信金法は、法人について、自金庫の地区内に住所がある場合（法 10 条 1 項 1 号）または自金庫の地区内に事業所がある場合で（同項 2 号）、常時使用する従業員の数が 300 人以下であるか、資本金の額（または出資の総額）が 9 億円以下であれば（同項ただし書、施行令 4 条）、その会員たる資格を認めています。

　しかし、一般社団法人には、資本金または出資に相当するものがありませんので、その会員たる資格は、地区および従業員数の要件を充足すれば認定することができます（全信協編『法務基礎』9 頁・18 頁）。

　したがって、Ａ一般社団法人の場合、甲金庫の地区内に事業所があり（法 10 条 1 項 2 号）、常時使用する従業員の数が 300 人以下の 50 人なので（同項ただし書）、甲金庫は、その会員たる資格を認定し、貸付を行うことができます。

（平野英則）

Q44

市街地再開発組合の会員資格

・・

　甲金庫の地区内において、市街地開発事業が行われることとなり、県知事の認可を受け市街地再開発組合が設立されました。市街地再開発組合の主たる事務所は、甲金庫の地区内にあり、その常時使用する従業員の数は 50 人です。今般、甲金庫は、この市街地再開発組合の代表者から、組合運営資金の借入の申込を受けました。

　このような状況の下で、甲金庫は、この市街地再開発組合の会員たる資格を認定し、組合運営資金の貸付を行うことができますか。

A　　甲金庫は、この市街地再開発組合の住所が自金庫の地区内にあり、常時使用する従業員の数は 50 人ですので、その会員たる資格を認定し、組合運営資金の貸付を行うことができます。

 解説

　市街地再開発組合とは、市街地再開発事業が行われる区域内の全ての地権者で組織される法人であり、その住所は主たる事務所の所在地です（都市再開発法 8 条 1 項・2 項。一般社団法人及び一般財団に関する法律 4 条準用）。市街地再開発事業の施行者となる地権者は、都道府県知事の認可を受け市街地再開発組合を設立することができます（都市再開発法 11 条）。なお、市街地再開発組合には資本金や出資に相当するものがありませんので、会員たる資格は、地区および従業員数の要件を充足するか否かにより判断することになります（全信協編『法務基礎』9 頁・18 頁）。

　この市街地再開発組合は、法人としての住所すなわち主たる事務所が甲金庫の地区内にあり（法 10 条 1 項 2 号）、常時使用する従業員の数が 50 人なので（同項ただし書）、甲金庫は、その会員たる資格を認定し、組合運営資金の貸付を行うことができます（法 53 条 1 項 2 号）。　（平野英則）

Q45

NPO法人の会員資格

甲金庫は、自金庫の地区内に事務所があり、常時使用する従業員の数が35人のNPO法人から、非営利活動を目的とする運転資金の貸付の可否について、打診を受けました。

甲金庫が当該NPO法人の会員たる資格を認定し運転資金の貸付を行うことは、信金法上問題ありませんか。

A 信金法は、会員資格について、いかなる法人であるかにより格別の制限を設けていません。したがって、同法10条1項1号・2号および施行令4条に定める会員たる資格の要件を充足するのであれば、金庫が当該NPO法人について会員たる資格を認定しても、信金法上の問題はないと考えられます。

解説

　法人が金庫の会員となるためには、当該金庫の地区内に住所または事業所を有することおよび常時使用する従業員の数が300人以下であることまたは資本金の額もしくは出資の総額が9億円以下であれば足ります（法10条1項1号・2号、施行令4条）。

　NPO（特定非営利活動を行う団体）は、「特定非営利活動促進法」（以下「NPO法」という）の規制を受け、登記をしなければならず（同法7条1項）、登記により法人格を取得します（同法1条・7条2項）。

　NPO法人は、その根拠法であるNPO法に資本金や出資に関する規定がありません（同法第2章、特に10条・11条を参照）。

　出資については、法律に根拠となる定めがないのに、事業を営むための資本として、事実上、法人に出資されるものもあります。しかし、法律に定めがないことの結果として、どの範囲のものを出資とするのかその外延が明らかではありません。

　このように外延の明らかでない不明確な概念を、金庫の会員資格の判定基準である「出資の総額」の要件に持ち込むことは相当でない（同旨、飯島悟「法人の信用金庫の会員としての欠格事由」銀法 701 号 37 頁）、といわれています。

　したがって、NPO 法人は、資本金の額や出資の総額の定めのない法人とされ（同旨、飯島・前掲同頁）、金庫の会員たる資格の判定は、当該 NPO 法人の住所または事業所が当該金庫の地区内にあることおよび常時使用する従業員の数が 300 人以下であることが必要であり、事例の NPO 法人は、甲金庫の会員たる資格を有するということになります（結論同旨、全信協編『法務基礎』21 頁）。

（平野英則）

Q46

権利能力なき社団の会員資格

　甲金庫は、自金庫の地区内のＡ学会やＢ同窓会などの「権利能力なき社団」を自金庫の法人会員たる資格があるものとして取り扱うことができますか。

A　権利能力なき社団は、判例が示す要件を充足するものであれば、その団体が自金庫の地区内に所在する限り法人の会員たる資格があります。

解説

　権利能力なき社団とは、社団としての実体を有しながら法人格を有しない団体をいいます。

　判例は、①団体としての組織を備え、②多数決の原則が行われ、③構成員の変更にかかわらず団体が存続し、④その組織において代表の方法、総会の運営、財産の管理等団体としての主要な点が確定していることを要件として権利能力なき社団を認め（最判昭和39・10・15民集18巻8号1671頁）、学説の多くはその法律上の取扱いはできる限り社団法人に準ずべきものとしています（我妻ほか『民法①』68頁〜70頁、我妻『民法総則』133頁・134頁）。

　したがって、そのような実体を有する団体には会員たる資格が認められるべきであると考えられています（全信協編『法務基礎』24頁。同旨、平野・前掲金法1690号118頁（Q35））。

　なお、これらの権利能力なき社団についても、平成18年の制度改革の結果、一般社団法人及び一般財団法人に関する法律（一般法人法）により準則主義が採用され、法律に適合した定款を作成し、公証人の認証を受け、設立の登記をすることによって一般社団法人を設立し（同法10条・13条・15条）、法人格を取得することができます（同法3条）。

　しかし、これらの権利能力なき社団が法人の設立手続をとっていない場合には、今後も権利能力なき社団の問題は残ります（我妻ほか『民法①』68頁～69頁、同旨・内田『民法Ⅰ』226頁）。

　したがって、これらの権利能力なき社団が上記のような要件を充足する場合には、会員たる資格が認められるべきです。

（平野英則）

地縁団体の会員資格

　甲金庫は、自金庫の地区内のＡ町内会やＢ自治会などの「地縁による団体」について、自金庫の法人会員たる資格があるものとして取り扱うことができますか。

A　　Ａ町内会やＢ自治会などの地縁による団体も、権利能力なき社団としての実体を有し、または特別法により法人格を有するものと認められる場合には、甲金庫の地区内に所在する限り法人の会員たる資格があります。

解 説

　地縁による団体とは、市町村内の一定の区域に住所を有する者の地縁に基づき形成された団体をいい、町内会や自治会がこれに該当します。

　地縁団体は、地方自治法260条の2第1項・2項の要件を満たし、地域的な共同活動のための不動産または不動産に関する権利等を保有するため市町村長の認可を受けたときは、その規約の目的の範囲内で法人格を有する団体になります。この場合、当該地縁団体が法人の会員たる資格を有することはもちろんです（全信協編『法務基礎』22頁、平野・前掲金法1690号118頁（Q35））。

　また、法人の資格を取得していない地縁団体であっても、前述（Q45）の権利能力なき社団としての実体を有するものであれば、会員たる資格があるものと考えられます（平野・前掲金法1690号118頁（Q35））。

　なお、これらの権利能力なき社団も、一般社団法人及び一般財団法人に関する法律（一般法人法）に基づき一定の手続をすることにより法人格を取得することができます（Q45参照）。

（平野英則）

⑷ 卒業会員

Q48

卒業会員資格取得前の既往貸付が卒業会員期間を超過する場合の対応

甲金庫は、資本金が 10 億円、従業員の数が 280 名の A 社に対し、5 年前に返済期間 20 年の超長期の設備資金貸付を実行しました。

今般、A 社は将来の事業拡大を展望し、30 人の新規採用を行ったため、従業員の数が 310 名となり、卒業会員となりましたが、設備資金の残存返済期間が 15 年あります。

甲金庫は、この貸付を存続させることができますか。

A 甲金庫は、卒業生金融として、A 社に対する本件超長期貸付を存続させることができるものと考えられます。

解 説

卒業生金融とは、「金融庁長官の定める期間会員であった事業者で法第10条第1項ただし書に規定する事業者となったことにより脱退したもの（以下この条において「卒業会員」という。）に対し、金融庁長官の定める期間内に行う資金の貸付け（償還期限が当該期間内に到来するものに限る。）及び手形の割引」をいいます（施行令8条1項2号）。

これは、永年にわたり金庫の会員として取引のあった事業者が、会員資格の範囲を超えて成長したことにより直ちに会員としての融資を受けられなくなるのは適当でないという趣旨で、昭和43年6月の信金法改正により認められたものです（信金法研究会編220頁）。

本条の「法第10条第1項ただし書に規定する事業者」とは、事業拡大により、個人事業者にあっては従業員が300人を超え、法人にあっては従業員が300人を超え、かつ資本金の額または出資の総額が9億円を超

える事業者となったため（法10条1項ただし書、施行令4条）、会員資格を喪失し、脱退した者を指します（法17条1項1号）。

　そして、事業者が会員であった期間とは「3年以上」であり、資金の貸付や手形の割引を行う期間は、会員であった期間が「3年以上5年未満の場合」は「脱退の時から5年」間、会員であった期間が「5年以上の場合」は「脱退の時から10年」間です（平成25年告示第20号第2号）。資金の貸付はこの期間内に償還期限が到来するものに限られますが（施行令8条1項2号）、手形割引についてはこの期間内に割引が実行されれば足ります（信金法研究会編221頁、同旨、平野英則「信用金庫の法務入門　第7回　員外貸出・員外保証（その1）」金法1692号68頁）。

　これを表で示すと、次のようになります。

会員であった期間	貸付および手形割引のできる期間
3年以上5年未満	脱退の時から5年
5年以上	脱退の時から10年

　A社に対する本件超長期貸付は、形式的には、施行令8条1項2号および平成25年告示第20号第2号に違反しますが、次の理由によりこれを存続させることができるものと考えられます。

　この問題の検討にあたっては、取引の実態面を重視して、金庫が有する会員の人的結合体としての協同組織金融機関とは別の側面、すなわち「……国民大衆のために金融の円滑を図（る）……」（法1条）という中小企業者や勤労者その他の一般庶民大衆のための専門金融機関としての側面を前面に押し出し、会員資格喪失者の資金面におけるソフトランディングのために、金庫は合理的な範囲内で員外貸付を存続させることが許されると考えられます（「平野英則「信用金庫の法務入門　第10回　員外貸出・員外保証（その4）」金法1700号132頁）。

　また、卒業生金融で卒業会員資格喪失後に残存する貸付についての金融庁（旧大蔵省）検査での取扱いも、一定の要件のもとにこれを許容しています（その要件については、Q62参照）（金融庁（旧大蔵省）検査での取扱いを記載するものとして、信用金庫実務研究会「研究会報告Ⅰ　会員資格等（その3）」金法1226号22頁、森井編73頁）。　　　　　（平野英則）

Q49

卒業会員の会員資格の再取得

••

　甲金庫は、Ａ社（資本金 10 億円）との間で５年前に貸付取引を開始し、４年間会員として貸付取引を行ってきましたが、ちょうど１年前に常時使用する従業員数が 300 人超えたため、卒業生金融により取引を続け今日に至っています。今般、Ａ社はリストラによりその従業員数を 290 人に減員しました。

　甲金庫は、Ａ社を再度会員として貸付取引を継続することができますか。

　また、将来、従業員数が再度 300 人を超えた場合には、卒業生金融を再び行うことができますか。

A　　　甲金庫は、再度Ａ社を会員として貸付取引をすることができ、また、将来、Ａ社の常時使用する従業員数が 300 人を超えた場合には、Ａ社に対し再度卒業生金融を供与することができると思われます。

 解 説

　甲金庫は、再度Ａ社を会員として貸付取引をすることができると思われます。なぜなら、信金法は、常時使用する従業員数が 300 人以下、または資本金の額もしくは出資の総額が９億円以下の法人について会員資格を認める旨を規定しているのみであり（法 10 条１項ただし書、施行令４条）、従来会員であった者がこの基準を超えたために、いったん卒業会員となった場合でも、再度この要件を充足する状況になったときには、会員資格を再取得することができるとしたほうが、従業員数と資本金の額（または出資の総額）という基準で中小企業金融を促進しようとする協同組織金融機関の趣旨に適合し、会員制度との関係で問題がないと考えられるからです。

　また、将来、Ａ社の常時使用する従業員数が 300 人を超えた場合には、

甲金庫は、Ａ社に対し再度卒業生金融を供与することができると思われます。

　なぜなら、信金法は、その条文上、かつて卒業生金融を受けた者が再度卒業生金融を受けることを禁じてはいないからです。

　さらに、卒業生金融は、永年にわたり金庫の会員として取引のあった事業者が、会員資格の範囲を超えて成長したことにより直ちに会員としての融資を受けられなくなるのは適当でないという理由で（信金法研究会編220頁）、昭和43年6月の信金法改正により認められた趣旨にも沿う解釈であると思われるからです（平野英則「信用金庫の法務入門第22回完・事例研究（その2）」金法1732号76頁・77頁）。

（平野英則）

Q50

卒業会員資格の再取得と会員期間の通算

Q 49 の事例で、A 社が卒業会員資格を再取得することができると解した場合、甲金庫は、A 社のこれまでの会員期間を通算して、卒業生金融を供与できる期間を決めてもよいですか。

A 甲金庫は、A 社のこれまでの会員期間を通算して、卒業生金融を供与できる期間を決めてもよいと思われます。

 解 説

　卒業生金融の期間は、会員であった期間が 3 年以上 5 年未満と 5 年以上とで分かれ、前者は脱退の時から 5 年間、後者は脱退の時から 10 年間ですが（平成 25 年告示第 20 号第 2 号）（詳細は、平野・前掲金法 1692 号 68 頁参照（Q 48））、将来、甲金庫が卒業生金融の供与可能期間の算出基準となる A 社が会員であった期間をどう計算するかという問題があります。

　Q 49 の事例で、たとえば、今後、2 年目に A 社の従業員が 300 人を超えた場合には、その会員であった期間の算出基準を①今後の 2 年間のみとする方法、②今後の 2 年間にかつて会員であった 4 年間を通算し 6 年間とする方法、および③かつて会員であった 4 年間のみとする方法とが考えられます。

　卒業生金融は、①の場合は認められませんが、②および③の場合はそれぞれ 10 年間、5 年間が認められます。そして、③の場合は A 社が基準となる会員資格を脱退により喪失したのは 1 年前ですから、その時から起算して 5 年間、すなわち今後 2 年目からさらに 2 年間のみ卒業生金融を行うことができます。これに対し、②の場合は A 社がそれを喪失するのは今後 2 年目ですから、その時から 10 年間の卒業生金融を行うことができます。

　筆者が知る限り、この点に関し解説した文献は見当たりませんが、②の

方法によるべきと思われます。なぜなら、卒業生金融制度の趣旨は、永年にわたり金庫の会員として取引のあった事業者が、会員資格の範囲を超えて成長したことにより直ちに会員としての融資を受けられなくなるのは適当でないというところにあり（信金法研究会編220頁）、この意味から①および③はソフトランディング期間が十分与えられないまま、事後員外貸付となるため妥当性を欠くものと思われるからです（平野・前掲金法1732号77頁（Q 49））。

　また、昭和48年に当時の大蔵省銀行局中小金融課が、施行令の改正により再度会員資格を取得した者が再度卒業会員資格を取得しうるかという問題について、「このような事例については、卒業生（筆者注：「卒業会員」と同じ）として取り扱っても差し支えない」との見解を示しており（森井編228頁〜230頁）、これは会員期間の通算を前提としていると思われること（平野英則「信用金庫の法務入門　第8回　員外貸出・員外保証（その2）」金法1695号118頁）、さらに、施行令8条1項2号および上述した平成25年告示第20号はその文言上「継続して」会員であったことを卒業会員の要件としておらず通算して判断しても差し支えない（同旨、平野・前掲金法1695号118頁）と考えられるからです（平野・前掲金法1732号76頁（Q 49））。

（平野英則）

Q51

卒業会員の会員資格の再取得と再出資

....

　甲金庫は、Ａ社が３年前に卒業会員となったため、その出資を払い戻したうえで、卒業生としての員外貸付を行っています。今般、Ａ社が社内合理化の一環としてリストラを実施した結果、その従業員の数が 280 人になりました。甲金庫は、Ａ社から、今後も甲金庫との永続的な関係を望んでいるので、再度、会員としての取引をしたい旨の申出を受けました。

　このような場合、再度、Ａ社に出資をしてもらう必要がありますか。

A　　　甲金庫は、Ａ社との間の取引を卒業会員として行うのではなく、会員との取引として行うのであれば、再度、Ａ社に出資をしてもらう必要があります。なお、卒業会員が再度会員資格を取得することができると解されることについては、Ｑ 49 を参照してください。

解 説

　金庫の会員となるためには、一定の手続に従って、当該金庫に出資することが必要です（法 13 条）。この原則は、会員たる資格を有する者が新規に会員になろうとする場合および会員たる資格を再取得した卒業会員が再度会員になろうとする場合の両方に適用されます。したがって、卒業会員が再度会員になろうとする場合にも、金庫に対し改めて出資をする必要があります。

　また、当該卒業会員が資本金の額や常時使用する従業員の数といった会員たる資格の規模の要件を充足する場合であっても（法 10 条１項本文、施行令４条）、卒業会員となった後、事業所のすべてを金庫の地区外に移転し、現在では、当該金庫の地区内に事業所がまったくなくなってしまっ

た場合には、会員たる資格のうち地区の要件を充足しませんので、会員たる資格はありません（法10条1項1号・2号）。したがって、この場合は、卒業会員であっても、再度会員となることができないことはもちろんですが、卒業生金融としての貸付取引を存続させることは可能です。なぜなら、卒業生金融は員外貸付として行われるものであり、会員たる資格の規模の要件や地区の要件を充足する必要がないと考えられるからです。

（平野英則）

Q52

融資取引の存続と卒業会員資格の取得

　甲金庫の融資取引先であったＡ株式会社は、今から７年前には、資本金の額が９億円以下、常時使用する従業員の数300人以下であったことから、甲金庫に出資して会員となり、資金の貸付を受けていました。

　しかし、今から２年前に、Ａ株式会社は、甲金庫からの借入金を完済しました。

　その後、Ａ株式会社は事業が拡大し、今から１年前に、資本金の額が９億円を超え、常時使用する従業員の数も300人を超えたことから会員資格を喪失し、資本金の額と従業員の数は、今も変わっていません。

　今般、甲金庫は、Ａ社から事業の拡大に伴う増加運転資金の借入の申込を受けました。

　このような状況の下で、甲金庫は、Ａ株式会社の卒業会員資格を認定し、この借入の申込を受けることができますか。

A　　甲金庫は、Ａ株式会社の卒業会員資格を認定し、施行令８条１項２号の員外貸付として、この借入の申込を受けることができます。

解説

　信金法の下では、原則として、資金の貸付は会員に対するものに限定されています（法53条１項２号）。

　その例外として、信金法は、施行令８条１項２号で、卒業会員に対する資金の貸付を認めています。

　本事例の場合、Ａ株式会社は、２年前に甲金庫からの借入金を完済し、１年前に事業規模の拡大により会員たる資格を喪失しています。このよう

に、甲金庫のA株式会社に対する貸付が完済された後に、A株式会社が規模の拡大により会員たる資格を喪失した場合であっても、甲金庫は、その卒業会員資格を認定することができるかが問題となっています。

　本来、卒業会員制度は、会員たる資格を有していた者が、事業規模の拡大により、信金法10条1項ただし書の事業者となった場合であっても、その融資の存続を認めるための制度です。しかし、施行令8条1項2号は、その文言上、会員たる資格喪失時に融資取引が存在していることを要件とはしていません。また、実質的にも、会員資格喪失時に融資取引が存続していたか否かにより、卒業会員制度を利用することができるか否かを決することは、公平を失するものといえるでしょう。

　したがって、甲金庫は、施行令8条1項2号に基づいて、A株式会社の卒業会員資格を認定し、員外貸付として、この借入の申込を受けることができます。

　施行令8条1項2号は、融資期間が卒業会員期間内のものであれば、資金の貸付を認めており、本事例では、A株式会社は、1年前に、6年間（5年以上）有していた会員たる資格を喪失していますので、甲金庫は、その時から10年間、つまり、会員たる資格を喪失した時から9年間は卒業会員に対する融資として、新たな融資を行うことができます（昭和43年6月1日告示第71号、最終改正平成25年3月29日告示第20号第2号）。

　この場合、甲金庫が卒業会員たるA株式会社に対して融資可能な期間の起算点は、A株式会社が会員たる資格を喪失した時、すなわち、1年前になることに注意する必要があります。

（平野英則）

(5) 貸 付

① 個 人

Q53

地区外へ住民票を移した借入人の会員資格の維持・喪失

・・

　甲金庫の貸付取引先であるＡさんは、夫のＢさんの転勤に伴い夫とともに甲金庫の地区外に転居し、住民票を移しました。しかしながら、Ａさんは実父の介護のために月の半分以上は甲金庫の地区内で生活しており、かつ、甲金庫の地区内で実兄の経営する不動産会社に勤務しています。

　このような実態がある場合、Ａさんが依然として甲金庫の会員資格を維持しているとして、Ａさんに対する貸付を会員に対する貸付として存続させることができますか。それとも、Ａさんが住民票を移した事実に着眼し会員資格を喪失したものとして、今後、事後地区外貸付として取り扱うべきですか。

A　Ａさんは、実父の介護のために月の半分以上は甲金庫の地区内で生活しており、かつ、甲金庫の地区内で実兄の経営する不動産会社に勤務していますので、甲金庫はその実態に沿って、Ａさんに対する貸付を会員に対する貸付として存続させることができます。

 解 説

　地区外へ住民票を移した借入人の会員資格の維持・喪失については、住民票を移した事実のみならず、その後の生活実態を勘案する必要があります。

本件のケースでは、Aさんは月の半分以上を甲金庫の地区内で生活し、かつ、甲金庫の地区内で実兄の経営する不動産会社に勤務しています。したがって、甲金庫の地区内に生活の実態があり、かつ、地区内の事業所に勤務している実態があります。

　この実態に着目すれば、Aさんが住民票を甲金庫の地区外に移した後であっても、その住所または居所が地区内にあり、かつ、勤務先が地区内にあるといえますので（法10条1項1号・3号）、Aさんは会員資格を喪失せずに維持していると考えられます。したがって、甲金庫はAさんに対する貸付を会員に対する貸付として存続させることができます。

（平野英則）

Q54

地区外に住所と勤務先がある単身赴任者に対する
住宅リフォーム資金の貸付

　甲金庫の地区内に自宅を所有するＡさんは、現在、地区外に単身赴任中で、そこに住所と勤務先がありますが、家族は地区内に定住しています。

　今般、甲金庫は、Ａさんから自宅のリフォーム資金の借入申込を受けましたが、Ａさんの会員たる資格を認定し、この借入申込を応諾することができますか。

A　　この事例では、Ａさんの住所と勤務先は地区外ですが、家族が地区内に定住していますので、なお地区内に住所があるものとして、甲金庫は、Ａさんの借入申込を応諾することができるものと思われます。

 解　説

　このケースにおいて、Ａさんに家族がなく、甲金庫の地区内に自宅を所有しているだけであり、転勤によって地区外に住所と勤務先があるというのであれば、Ａさんは、甲金庫の会員たる資格がありません（法10条1項1号・3号）（注）。

　しかし、このケースでは、Ａさんは地区外に住所と勤務先がありますが、家族は地区内に定住しています。単身赴任者の会員資格については、「……単身赴任の場合のように、その住所地に生計を一にする家族が引き続き定住しているような場合には、なお住所があるものとして、会員資格は積極的に考えられよう。」（信用金庫実務研究会「研究会報告Ⅰ　会員資格等（その2）」金法1218号17頁）とする見解があります。

　この見解を前提にすれば、甲金庫は、Ａさんに対し貸付をすることができるということになります（法53条1項2号）。

なお、Aさんの奥さんが自宅に住んでいる場合には、甲金庫は、自金庫の会員たる資格を有する奥さん（現実に会員となってもらう必要はない）に対して、700万円まで貸付をすることができます（法53条2項、施行令8条1項3号、平成25年告示第20号第3号）

　さらに、リフォーム資金が700万円を超える場合には、甲金庫は、奥さんに会員になってもらったうえで、Aさんを連帯保証人または物上保証人とする貸付を奥さんに対して行うことも考えられます。そして、後日、Aさんが単身赴任先から自宅へ戻ってきたときに、甲金庫の奥さんに対する貸付について、Aさんに免責的債務引受（民法472条）をしてもらうという方法も考えられます。

（注）　なお、住民票上の住所が地区内にある場合も同様であり、「転勤等により地区外に居住している場合には、住民票上の住所が地区内にあるからといって、会員資格があるとすることには問題がある。」とされています（信用金庫実務研究会「研究会報告Ⅰ　会員資格等（その2）」金法1218号17頁）

（平野英則）

Q55

小口員外貸出と代理貸付

••

　甲金庫は、自金庫の会員たる資格を有するが会員ではないAさん
に対して小口員外貸出を行っています。今般、Aさんから(独)住
宅金融支援機構の代理貸付 500 万円の申込がありました。甲金庫
はこの代理貸付を行うことができますか。

A　　　甲金庫は、Aさんに対して本件(独)住宅金融支援機構
の代理貸付を行うことができます（法 53 条 3 項 7 号）。

解説

　金庫は、内閣総理大臣の定める者の業務の代理または媒介を行うことが
できます（法 53 条 3 項 7 号）。法 53 条 3 項 7 号に規定する内閣総理大臣
／金融庁長官の定める者には(独)住宅金融支援機構が含まれており（平
成 29 年 3 月 24 日告示 9 号 1 条 1 号、平成 28 年 3 月 29 日告示第 11 号
1 条 1 号）、金庫はその代理貸付を行うことができます。

　一方で、会員資格の要否は、金庫から借入を行う場合には問題となりま
すが、本件の貸付人は（独）住宅金融支援機構であり、金庫はその代理店
であるにすぎません。したがって、金庫が代理店となって行う代理貸付に
おける借入人の会員資格は不要であり、会員資格のない者に対しても代理
貸付を行うことができます。

〔参考〕　なお、制度融資が小口員外貸出と別枠であることについては、平
　　　　野英則「信用金庫の法務入門 第 9 回 員外貸出・員外保証（その
　　　　3）」（金法 1697 号 60 頁・61 頁）を参照。

（平野英則）

Q56

地区外相続人が相続したアパートローンの存続の可否

　甲金庫のアパートローンの貸付先のＡさんが死亡し、長男のＢさんと次男のＣさんが遺産を相続することとなり、本件アパートローンについては、Ｂさんがアパート物件とともに単独で相続することとなりました。しかし、Ｂさんは甲金庫の地区外に住所があり、会員たる資格はありません。この場合でも、Ｂさんとの関係で本件アパートローンを存続させることができますか。

A　甲金庫は、Ｂさんとの関係で本件アパートローンを事後員外貸付として存続させることができます。

 解　説

　施行令8条1項は員外貸付を列挙していますが、そのほかにも員外貸付が発生する場合があります。その中の典型的な例の1つとして、本件ケースのように会員たる借入人が死亡し、その相続人が会員たる資格がない場合があります（各種発生要因については、平野英則「信用金庫の法務入門第10回 員外貸出・員外保証（その4）」金法1700号133頁参照）。

　しかし、取引の実態からみると、本件相続のように、事後員外貸付として存続させる取扱いもやむを得ない面があるのも事実です。今日では、事後員外貸付を存続させて、資金面におけるソフトランディングを図るために、施行令8条1項以外にも員外貸付を認めるのが一般的な考え方です（平野・前掲金法1700号132頁・133頁参照）。

（平野英則）

Q57

海外在住の非居住者の会員資格

∙∙

　Ａさんは、外国に住所を有し居住している富裕層の非居住者です。

　Ａさんは、甲金庫の地区内に所在する賃貸用不動産を取得し、賃貸することを検討しています。しかし、Ａさんは、日本（甲金庫の地区内）に住所や居所を移すことは考えておらず、また、日本（甲金庫の地区内）に賃貸業展開のための会社を設立することや事業所を設置することも考えてはいません。

　今般、甲金庫は、Ａさんから、本件賃貸用物件の取得資金の借入の申込を受けました。

　このような状況の下で、甲金庫は、Ａさんの会員たる資格を認定し、借入の申込を受けることができますか。

A　甲金庫は、Ａさんの会員たる資格を認定することはできませんし、本件借入の申込を受けることもできません。

 解 説

　Ａさんは、外国に住所を有し居住しており、甲金庫の地区内に住所や居所を有しておらず、また、日本（甲金庫の地区内）に住所や居所を移すことは考えていませんので、まず、この観点からは会員たる資格を認定することはできません（法 10 条 1 項 1 号）。

　次に、Ａさんは、賃貸物件を甲金庫の地区内に取得する予定とのことですが、賃貸物件自体は事業所ではなく、さらに、日本（甲金庫の地区内）に賃貸業展開のための会社を設立することや事業所を設置することは考えてはいませんので（同項 1 号・2 号）、この観点からも会員たる資格を認定することはできません（同旨、Ｑ 15）。

　したがって、甲金庫は、Ａさんの会員たる資格を認定することも、借入の申込を受けることもできません。　　　　　　　　　　　　　（平野英則）

Q58

海外赴任者に対する住宅ローンやリフォーム資金の貸付と会員資格

　甲金庫の地区内に住所を有する住宅ローン貸付先のＡさんは独身者であり、一人暮らしをしています。今般、Ａさんは、海外に赴任することになりました。甲金庫は、Ａさんに対する住宅ローンを存続させることができますか。

　また、甲金庫の地区内に住所を有していたＢさんは、甲金庫の地区内に生計を一にする家族を残して海外へ単身赴任することとなりました。甲金庫は、Ｂさんの海外赴任後に、新たにＢさんから自宅のリフォーム資金の借入の申込がありました。甲金庫はこの自宅のリフォーム資金の貸付ができますか。

A　　　Ａさんは海外赴任により甲金庫の会員たる資格を喪失しますが（法10条１項１号）、その海外赴任前に実行された住宅ローンは事後地区外貸付として存続させることができます。

　また、Ｂさんのように甲金庫の地区内に生計を一にする家族を残して単身赴任する場合には、Ｂさんの生活基盤が甲金庫の地区内にあるものとして、甲金庫は、その会員たる資格を認定し、新たにな自宅のリフォーム資金の貸付をすることができるものと考えられます。

解説

　Ａさんは海外赴任により甲金庫の会員たる資格を喪失しますが（法10条１項１号）、このようなケースで発生する事後地区外貸付については、資金使途が住宅取得のためであり、直ちに返済することが困難ですので、ソフトランディングを図るために、容認されるものと思われます（平野・前掲金法1700号132頁・133頁（Ｑ56））。

　また、Ｂさんのような地区外への赴任者の会員資格の認定に際しては、

赴任者自身の住所はもちろんのこと、その家族が自金庫の地区内に生活の基盤があるか否かも勘案する必要があります。Bさんが単身赴任する場合のように、金庫の地区内に生計を一にする家族が定住しているようなときには、なお住所があるものとして、会員資格を積極的に考える見解があります（信用金庫実務研究会「研究会報告Ⅰ　会員資格等（その2）」金法1218号17頁）。

　この考え方を前提にすれば、上記のようにBさんが単身赴任した後も、Bさんと生計を一にする家族が地区内に定住しているような場合には、なおBさんが金庫の地区内に住所を有するものとして（法10条1項1号）、甲金庫は、その会員たる資格を認定し、自宅のリフォーム資金の新規貸付を実行することが可能です。

（平野英則）

Q59

海外単身赴任者に対する代理貸付のプロパー貸付へのシフトと会員資格

　甲金庫は、海外へ単身赴任しているAさんに対して(独)住宅金融支援機構の代理貸付を行っています。今般、Aさんから本件代理貸付を自金庫のプロパー貸付にシフトしてほしい旨の申出を受けました。甲金庫はこの申出を応諾することができますか。なお、代理貸付の対象物件は甲金庫の地区内に所在し、Aさんの母親と妻子が住んでいます。

A　甲金庫は、Aさんの生活基盤が地区内にあることから、その会員たる資格を認定し、プロパー貸付へのシフトの申出を応諾することができます。

解説

　このケースのAさんは、住所も勤務先も甲金庫の地区内にはありません。したがって、法10条1項1号・3号の文理解釈上は、Aさんの会員たる資格を認定することはできません。

　しかし、単身赴任の場合のように、生計を一にする母親と妻子が引き続き甲金庫の地区内に定住しているようなときには、信金法上の会員たる資格の認定のための地区の要件に関する限り、Aさんの住所が地区内にあるものとして、会員たる資格は積極的に考えることができます（同旨、信用金庫実務研究会「研究会報告Ⅰ　会員資格等（その2）」金法1218号17頁）。

(平野英則)

Q60

事後地区外貸付の存続と持分の払戻しの要否

　　甲金庫は、自金庫の地区内に住所を有する会員のＡさんに対し自動車ローンの貸付を行っていますが、今般、Ａさんが自金庫の地区外に転居することとなりました。なお、Ａさんの勤務先は甲金庫の地区外にあります。

　　甲金庫は、Ａさんが本件自動車ローンの返済を一度も延滞することなく約定どおり行っていることから、今後も、事後地区外貸付として貸付を存続させる予定です。

　　このような状況において、地区外への転居後にＡさんから持分の払戻請求があった場合、甲金庫は、Ａさんが本件自動車ローンを完済していないにもかかわらず、払戻請求に応じなければならないのですか。

A　　甲金庫は、Ａさんが本件自動車ローンを完済していませんが、持分払戻請求に応じる必要があります。

 解 説

　Ａさんは、甲金庫の地区外に転居することにより、会員たる資格を喪失しますので、それが法定脱退事由に該当し（法17条1項1号）、脱退したときは、金庫の定款の定めるところにより持分の払戻しを請求することができます（法18条1項、定款例14条1項1号・16条）。

　この持分払戻請求権は、法定脱退した会員の権利であり、義務ではありません。したがって、実務では、会員からの持分払戻請求がなければ、払戻しをしていないのが実情のようです。しかし、法定脱退した会員から、持分払戻請求があった場合には、金庫は、特段の事情がない限り、法定脱退した会員の権利に対応するものとして、それに応じる義務があります。

　信金法は、その例外として、「金庫は、脱退した会員が金庫に対する債

務を完済するまでは、その持分の払戻を停止することができる」と定めています（法20条）。この例外規定が適用されるのは、金庫の債権保全を必要とする事由が借入人について生じたような場合です。具体的には、借入人の破産手続開始の決定による法定脱退に伴い（法17条1項3号）、脱退した事業年度が終ってから、金庫が自己の貸金債権と借入人の持分払戻請求権との相殺を予定しているような場合です。

　事例のAさんは、このような債権保全を必要とする状況にはなく、甲金庫は、法20条に基づく持分の払戻しの停止を行うことはできませんので、Aさんの持分払戻請求に応じる義務があります。

（平野英則）

Q61

地区内にある会社の監査役に対する貸付

　Ａさんは、甲金庫の地区内にあるＡ株式会社の監査役です。Ａ社の資本金は９億円を超え、かつ、常時使用する従業員の数が300人を超えています。

　今般、甲金庫は、自金庫の地区外に所在する老人ホームの取得資金について、Ａさん個人に対する貸付の可否について相談を受けました。甲金庫は、本件貸付を行うことができますか。

A　甲金庫は、Ａさんの会員たる資格を認定し、本件貸付を行うことができます。

解　説

　法10条1項4号の会員である「前3号に掲げる者に準ずる者として内閣府令で定める者」には、「その信用金庫の地区内に事業所を有する者の役員」が含まれますので（施行規則1条1号）、金庫は地区内にある会社の監査役に対する貸付を行うことができます。

　施行規則1条1号の「その信用金庫の地区内に事業所を有する者」が株式会社である場合、その資本金が9億円を超え、かつ、常時使用する従業員の数が300人を超えている場合であっても、その会社の役員を会員として認定してもよいかが問題となります。

　この点に関しては、地区内に事業所を有する法人が（資本金が9億円以下または常時使用する従業員の数が300人以下であることにより）法人会員たる資格を有すると否とを問わず、当該法人の役員は会員たる資格を有することとされています（平野・前掲金法1685号69頁（Q21）。同旨、全信協編『法務基礎』10頁）。

　また、融資対象物件が、自金庫の地区外に所在することも、信金法上は、何ら問題となるものではありません。　　　　　　　　　　（平野英則）

Q62

貸付における会員資格と貸付実行の要件

金庫は、施行令8条1項以外の員外貸付について、どのように対応すべきですか。

A 金庫は、法1条の趣旨および金融庁（旧大蔵省）検査における取扱いからみて、施行令8条1項以外の員外貸付であっても、合理的な範囲内で員外貸付を存続させることが許されるものと考えられます。

解説

　施行令8条1項に規定された以外の員外貸付が法令違反になるか否かは、会員であることが貸付実行の要件なのか、貸付存続の要件なのかにより結論を異にします。この点に関しては、信金法上何らの規定もないため明確ではありません。協同組織金融機関たる金庫の性質からすると、施行令8条1項以外の員外貸付は会員に対する貸付の　原則に照らし適切ではないとも解され、脱退と同時に全額を弁済させるのが妥当な取扱いともいえます（信用金庫実務研究会「金庫取引の再検討」金法916号14頁）。

　しかし、取引の「実態からみると、員外貸付としての取扱いもやむをえない面」があり、「……信用金庫法上の会員資格は、その後の事情の変化等によってこれを喪失することが予想されていること、現実の問題として、脱退と同時に債務者が全額弁済することは困難であること、とりわけ個人の住宅ローンのような貸付の場合、これを一時に返済することは不可能であるといっても過言ではない状況にかんがみ、その貸出期限までは回収上のズレが過渡的に生じ員外貸付として残存することもやむを得ないものとして行政上も容認されるべきであり、また、このような取扱いこそが現在の社会経済環境のもとでの国民大衆のニーズにも適合し、かつその擁護にもつながるものである」（信用金庫実務研究会・前掲同頁）とされています。

この問題の検討にあたっては、取引の実態面を重視して、金庫が有する会員の人的結合体としての協同組織金融機関とは別の側面、すなわち「……国民大衆のために金融の円滑を図（る）……」（法1条）という中小企業者や勤労者その他の一般庶民大衆のための専門金融機関としての側面を前面に押し出し、会員資格喪失者の資金面におけるソフトランディングのために、金庫は合理的な範囲内で員外貸付を存続させることが許されると考えられます。

また、金融庁（旧大蔵省）検査では、施行令8条1項以外の員外貸付について、次のように取り扱っています。

「(1) 事後地区外貸付（会員に対して行われていた貸出であって、その後、当該会員の住所、居所または事務所などが地区外へ移ったため、法定脱退となり、結果的に地区外貸出となったもの）、事後員外貸出（会員に対して行われていた貸出であって、除名、死亡、解散、破産などの事由による法定脱退および自由脱退により、結果的に員外貸出になったもの）および卒業生金融で卒業生（筆者注：卒業会員と同じ）としての資格喪失後においても残存する貸付については、①償還について積極的な努力をしていると認められるものについては、法令違反としないが、その後の整理を引き続き促進させるため、不備事項として取り上げることとする。②償還について積極的な努力が認められず、貸出がいたずらに放置されているものについては、法令違反とはしないが、貸出態度の問題として取り上げ、同時に不備事項として指摘する。③前記①および②の場合においても、貸増しまたは更改を行っているものについては、法令違反として指摘する。(2) 卒業生金融については、貸出の契約上の償還期限が資格喪失までの期間内となっているものであっても、金庫が当該期間内に回収する意図をもたずに取り扱ったことが明らかであるものは、法令違反として指摘する。」（金融庁（旧大蔵省）検査での取扱いを記載するものとして、信用金庫実務研究会「研究会報告Ⅰ 会員資格等（その3）」金法1226号22頁、森井編73頁）

この取扱いにあるように、施行令8条1項以外の員外貸付について、金庫は、早期回収に努めるべきことは当然であるとしても、これを一概に法

令違反と断じ無理な回収を図る必要はなく（信用金庫実務研究会・前掲金法同頁、同旨、森井編72頁・73頁）、会員資格喪失後、貸付期限まで不可避的に生じる過渡的な回収のズレを員外貸付の存続により補完することが許されると思われます（平野・前掲金法1700号132頁（Q56））。

（平野英則）

Q63

地区内に住所のない製造業者の工業団地内進出に伴う貸付における会員資格

●●●

　A社は甲金庫の地区外に本社を有する製造業者ですが、今般、甲金庫の地区内に所在する工業団地内に進出し、工場を新設することになりました。

　今般、甲金庫は、A社から工場新設に伴う設備資金の一部を借り入れたい旨の申出を受けましたが、現在は、工業団地内にA社の工場はもちろんのこと事務所もありません。

　甲金庫は、A社について、自金庫の会員たる資格を認定し、同社の借入申込を応諾することができますか。

A　　　現時点では、工業団地内にA社の工場はもちろんのこと事務所もありませんので、甲金庫は、A社について、自金庫の会員たる資格を認定し、同社からの借入申込を応諾することができません。

　しかし、A社が、事業遂行の目的で工場を新設するために、その開設準備事務所を甲金庫の地区内に設置し、かつ、その継続的な事業の遂行意思が確認できる場合には、甲金庫は、A社の会員たる資格を認定し、同社の借入申込を応諾することができるものと考えられます（同旨、信用金庫実務研究会「金庫取引実務の再検討　会員資格をめぐる諸問題」金法916号12頁、信用庫実務研究会「研究会報告I　会員資格等（その1）」同1214号14頁）。

解　説

　いつから事業所といえるかは、その事業の目的によって異なることはもちろんですが、事業の目的遂行のための拠点の存在が明らかであり（固定電話により連絡が可能であるとか、郵便物が到着するなど）、かつ当該事

業者がそこを拠点として継続的に事業を行う意思のあることが客観的に確認できれば、それは事業所であるということができ、したがって、事業の内容によっては、極端な例示をすれば、仮に電話1本でも、上述した実態を備えている限り事業所であるということができるとされています（信用金庫実務研究会・前掲金法916号12頁・1214号14頁）。

　なお、このような場合、実務上は、特にその事業者が継続して事業を行う意思があるかどうか、いわゆる資金調達のための架空の事務所の設置ではないかについて、厳重な調査・確認を要することは言及するまでもないといわれています（信用金庫実務研究会・前掲金法916号12頁・1214号14頁）。

（平野英則）

Q64

地区内に住所のない未開業医師の開業資金貸付における会員資格

Ａさんは、甲金庫の地区外にある大学病院の勤務医ですが、今後、内科医を営む実父のＢ医院の近隣で、皮膚科の個人医院を開く予定です。Ａさんの実父のＢ医院およびＡさんの開院予定地は、ともに甲金庫の地区内にあります。

今般、甲金庫は、Ａさんから開院資金を借り入れたい旨の申出を受けましたが、現在、Ａさんは甲金庫の地区内に住所がありません。

甲金庫は、Ａさんについて、自金庫の会員たる資格を認定し、その借入申込を応諾することができますか。

A 現時点では、Ａさんは甲金庫の会員たる資格はありませんが、甲金庫の地区内に開院準備事務所またはこれと実質的に同様の機能を有する連絡先を設け、かつ、Ａさんの甲金庫の地区内における開院意思が確実である場合には、それを事業所と認定し、会員たる資格を有するものと考えられます。

解説

現時点では、Ａさんは、甲金庫の地区内に住所や勤務先がなく、事業所（医院）を有しているわけでもありませんので、甲金庫は、Ａさんの会員たる資格を認定し、その借入申込を応諾することができません。

しかし、Ａさんが開院準備のために、甲金庫の地区内に開院準備事務所を設け、またはＢ医院内にＡさん専用の固定電話を設置して連絡がとれるようにし、もしくは郵便物がそこに到着するように手配し、かつ、Ａさんに甲金庫の地区内で開院する意思のあることが客観的に確認できる場合であれば、それを事業所であると認定することが可能であり、甲金庫は、Ａさんの会員たる資格を認定し、その借入申込を応諾することができるものと考えられます（信用金庫実務研究会「信用金庫取引実務の再検討 会員

資格をめぐる諸問題」金法 916 号 12 頁、信用金庫実務研究会「研究会報告 I 会員資格等（その 1 ）」同 1214 号 14 頁も同旨と思われる）。

（平野英則）

Q65

信金中央金庫の代理貸付における会員資格

•••

　甲金庫は、Ａさんから、信金中央金庫の代理貸付制度を利用して、借入を受けたい旨の申出を受けました。

　この場合、甲金庫が代理店として本件代理貸付を取り扱うためには、Ａさんが自金庫の会員たる資格を有することが必要ですか。

A　　　　　　　甲金庫がＡさんに対する本件代理貸付を取り扱うためには、Ａさんの借入について信金中央金庫に対し自金庫の保証を差し入れる必要があります。この場合、施行規則上、甲金庫は、員外保証を行うことが可能ですが（施行規則50条1項3号）、信金中央金庫の代理貸付制度を利用するときは、Ａさんに会員となってもらったうえで、本件代理貸付を取り扱う必要があります。

解 説

　金庫が代理貸付を取り扱うためには、当該代理貸付制度による借入債務について自金庫が保証する必要があります。そして金庫が代理貸付業務に付随して行う借入人の債務の保証は、員外保証も可能であり（法53条3項7号、施行規則50条1項3号）、借入人が会員である必要はありません。しかし、信金中央金庫が取り扱う代理貸付制度は、金庫の会員に対する貸付業務を補完するものであり、借入人が代理店となる甲金庫の会員であることが必要です。

　したがって、本事例においては、甲金庫は、Ａさんが自金庫の会員たる資格を有するか否かを確認のうえ、当該代理貸付の取扱いの可否を検討する必要があります。

　具体的は、甲金庫が本件代理貸付を取り扱うためには、Ａさんが、自金庫の地区内に、住所または居所を有する場合、事業所を有する場合、勤務している場合または自金庫の地区内に事業所を有する会社の役員である場

合などでなければなりません（法10条1項1号～4号、施行規則1条）。また、実際に甲金庫が本件代理貸付を取り扱う場合には、Aさんに自金庫の会員になってもらう必要があることはもちろんです。

　なお、信金中央金庫の代理貸付制度が信用金庫の会員に対する貸付業務の補完にその目的があるのに対し、日本政策金融公庫等の融資は、広く一般の大衆が利用できることが目的されている関係から、金庫がその代理貸付を行う場合に取引の相手方を制限することは適当ではないとの理由で（全信協編『法務講座』137頁）、員外保証が認められています（法53条3項7号、施行規則50条1項3号）。

（平野英則）

Q66

会員資格のない者に対する員外預金担保貸付

・・・

　　甲金庫の預金取引先であるＡさんは、現在、甲金庫の地区外に住所および勤務先があります。今般、甲金庫は、Ａさんが自金庫の地区内に居住していたころに受け入れた本人名義の定期預金を担保とする借入の可否について、Ａさんから打診を受けました。このように、Ａさんには、甲金庫の会員たる資格はありませんが、甲金庫がＡさんから打診された員外預金担保貸付を行うことに問題はありませんか。

A　　本事例のような特殊事情がある場合には、甲金庫は、Ａさんが自金庫の会員たる資格を有するか否かにかかわらず、Ａさんから打診された貸付を行うことができます（法53条2項、施行令8条1項1号）。

解説

　金庫が政令の定めるところにより員外貸付を行うことができる旨を規定する法53条2項を受け、施行令8条1項1号は、「会員以外の者に対しその預金又は定期積金を担保として行う資金の貸付け」と定め、員外預金担保貸付を認めています。

　甲金庫がＡさんに対する員外預金担保貸付を行うに際して、会員たる資格が必要か否かなどについては、次のように考えるべきでしょう。

　まず、条文の文言上の根拠です。

　借入人が会員たる資格を必要とされる小口員外貸出については、施行令8条1項3号が「会員以外の者で会員たる資格を有するものに対し……」と規定するのに対し、員外預金担保貸付について、同条項1号は「会員以外の者に対し……」とのみ定めていますので、この条文の文言上からも、Ａさんに甲金庫の会員たる資格は必要とされていません。

次に、預金担保貸付の制度目的からくる根拠です。

甲金庫が預金を受け入れたのは、Aさんが甲金庫の地区内に居住していた時期であり、Aさんは、甲金庫の地区外に転居した後に、甲金庫からの員外預金担保貸付を受けることを意図して、定期預金を預け入れたわけではないということです（この点において、Q103の「地区外の者からの預金の受入とその預金を担保とする貸付」または森井編212頁〜215頁の「地区外の者からの預金の受入とその預金を担保とする貸付の可否」の事例とはケースを異にしている）。

本事例のような場合にまで、甲金庫による員外預金担保貸付を認めないとすれば、定期預金の中途解約による預金者の金利面での不利益を回避するという預金担保貸付の本来的目的から逸脱することになるものと思われます。

最後に、担保定期預金がAさん自身のものであるという根拠です。

本事例における担保定期預金は、借入申込人であるAさん自身の定期預金であり、施行令8条1項1号が「会員以外の者に対しその預金又は定期積金を担保として……」と規定し、借入人本人の預金を担保とする員外預金担保貸付のみを認める趣旨とも整合しています（借入人以外の者の預金を担保とする員外預金担保貸付が認められないことについては、平野・前掲金法1692号69頁（Q48）、Q104の「家族名義預金による員外預金担保貸付」、Q105の「小口員外貸出と員外預金担保貸付の関係」および森井編217頁の「家族名義預金による員外預金担保貸付の可否」を参照）。

したがって、冒頭の事例において、甲金庫は、Aさんの定期預金を担保に自金庫の会員たる資格のないAさんに対し、員外預金担保貸付を行うことができるものと考えられます。

しかしながら、上記の結論は預金担保貸付ならすべての地区外貸付ができるということでないのはもちろんです。金庫の地域金融機関性からすると、地区外の者に対する金庫の事業提供は原則として許されるものではなく、冒頭の事例のような預金の受入時期と預金担保貸付制度の目的との関係および預金が誰のものかといった諸般の事情を見極めたうえで、員外預金担保貸付の可否を慎重に検討することが必要です。　　　　　（平野英則）

Q67

連帯債務における会員資格

　甲金庫は、すでに自金庫の会員であるＡさんと、まだ会員ではないが会員たる資格を有するＢさんから、ＡさんおよびＢさんを連帯債務者とする融資を受けたい旨の打診を受けました。どのような点に注意すべきですか。

 　　　原則として、連帯債務による融資は、借入人たるＡさんおよびＢさんがともに会員であるときにのみ可能です（森井編 18 頁）。しかし、例外的に、甲金庫は、ＡさんおよびＢさんに対し小口員外貸出を行うことができます。この場合には、貸出金額の上限に注意する必要があります。

解 説

　連帯債務は、数人の債務者が同一内容の給付について、各自独立に全部の弁済をなすべき債務を負担し、そのうちの１人が弁済をすれば、他の債務者もことごとく債務を免れる債務関係です（我妻『債権総論』401 頁、我妻ほか『民法②』117 頁）。

　設問で連帯債務が成立すると、ＡさんおよびＢさんは、甲金庫に対してそれぞれ独立に債務を負担し、甲金庫は、ＡさんおよびＢさんのいずれか一方に対し、または、同時にもしくは順次に両者に対し、全部または一部の支払を請求することができます（民法 436 条）。

　したがって、原則として、連帯債務による融資は、借入人たるＡさんおよびＢさんがともに会員であるときにのみ可能です。

　しかし、例外的に、貸付金額が 700 万円以内の場合には、甲金庫は、ＡさんおよびＢさんを連帯債務者とする融資を小口員外貸出として実行することができます（法 53 条２項、施行令８条１項３号、平成 25 年告示第 20 号第３号）。

これに対し、700万円を超える場合は、小口員外貸出として融資することはできず、AさんおよびBさんがともに会員であることが要件とされるために、甲金庫は、Bさんも会員となるときにのみ融資をすることができます。

　AさんおよびBさんの会員資格と連帯債務による融資の可否との関係は下記の表のようになります。

<融資の可否>　　　　　　　　　　　　　　　　　　（○は可、×は不可）

Aさん	会　員		非会員＊	
Bさん	会　員	非会員	会　員	非会員
700万円以下の融資	○	○＊＊	○＊＊	○＊＊
700万円超の融資	○	×	×	×

＊現在は非会員、ただし会員たる資格あり、＊＊小口員外貸出のみが可能

（平野英則）

118

Q68

地区外に住所を有する者を連帯債務者とする借入の申出への対応

··

甲金庫は、自金庫の地区内に住所を有するAさんから、Aさんと
Bさんを連帯債務者とする借入の申出を受けました。Bさんは、甲
金庫の地区外に住所を有し、かつ、その地区外で勤労に従事してい
ます。

甲金庫は、このような状況のもとで、Aさんからの申出を応諾す
ることができますか。

A この事例では、Aさんには会員たる資格がありますが、
Bさんには会員たる資格がありません。したがって、甲金
庫は、Aさんの申出を応諾することができません。

 解 説

連帯債務における債権者は、連帯債務者の1人に対し、または、同時に
もしくは順次にすべての連帯債務者に対し、全部または一部の履行を請求
することができます（民法436条）。

Q68ですでに述べたように、連帯債務は、数人の債務者が同一内容の
給付について、各自独立に全部の弁済をなすべき債務を負担し、そのうち
の1人が弁済をすれば、他の債務者もことごとく債務を免れる債務関係
であると解されています（我妻『債権総論』401頁、我妻ほか『民法②』
117頁）。

このように、連帯債務は、数人の債務者が同一内容の給付について、各
自独立に全部の弁済をなすべき債務を負担するものですから、原則として、
連帯債務による貸付は、借入人たるAさんおよびBさんがともに会員であ
るときにのみ可能です（法53条1項2号）（森井編18頁）。また、その
例外は、貸付金額の上限を700万円とする小口員外貸出ですが、その場
合は、AさんおよびBさんがともに会員たる資格を有することが必要です

（法53条2項、施行令8条1項3号、平成25年告示第20号3号）（平野・前掲金法1685号68頁（Q61））。

　しかし、上記の事例では、Aさんには会員たる資格がありますが、Bさんには会員たる資格がありません。したがって、甲金庫は、Bさんとの連帯債務による借入に係るAさんの申出をそのまま応諾することはできません。

　甲金庫がBさんの信用力も拠り所にAさんの申出を応諾しようとするのであれば、甲金庫は、Aさんを単独の借入人とする貸付について、Bさんが甲金庫に対し連帯保証債務を負担する方法を用いればよいことになります。なぜなら、信金法は、主債務者たる借入人については会員たる資格を要求していますが、連帯保証人については会員たる資格を要求していませんので、甲金庫のAさんに対する貸付について、連帯保証人となるBさんには、甲金庫の会員たる資格がなくともよいからです。また、連帯保証は、その法律的な効果において、付従性を除き連帯債務とほぼ同様の効果を有するからです（民法454条・458条。同旨、我妻ほか『民法②』138頁）。

（平野英則）

Q69

債務保証取引における会員資格

　甲金庫は、自金庫の地区内に事業所を有するＡ社（資本金の額５億円、常時使用する従業員の数350人）から、同社が自金庫の地区外に事業所を有するＢ社から借入をするに際し、当該借入を被保証債務とする債務保証の依頼がありました。

　甲金庫は、債権者が地区外に事業所を有する会員たる資格のないＢ社であっても、主債務者であるＡ社からの本件債務保証依頼を応諾することができますか。

A 　甲金庫は、自金庫の会員たる資格を有するＡ社からの債務保証依頼を応諾することができます。

 解　説

　法53条3項1号および施行規則50条1項1号は、金庫が自金庫の会員のためにする債務の保証を認めています。当該条文の文言上は、「会員のためにする債務の保証」となっていますが、その「会員」とは債権者ではなく、債務の保証を依頼する主債務者（保証委託者）を指しますので、主債務者が会員たる資格を有する場合には、債権者にはそれがない場合であっても、主債務者の依頼による債務の保証を行うことができます。つまり、金庫が保証債務を履行した場合に、その求償権を行使する相手方（主債務者）が会員たる資格を有することが必要です（全信協編『法務講座』136頁）。

　したがって、甲金庫は、事例のＡ社が自金庫の会員たる資格を有していますので（法10条1項2号、施行令4条）、Ａ社に会員になってもらったうえで、Ａ社からの債務保証の依頼を応諾することができます。

（平野英則）

Q70

保証人による併存的債務引受

....

　甲金庫は、借入人である会員のＡさんに対する 1,000 万円の貸付が回収不能となったので、自金庫の会員たる資格のない保証人のＢさんに保証債務の履行を求めることにしました。しかし、Ｂさんから、直ちにその全額の保証債務を履行することができないので、Ａさんに対する貸付について、併存的債務引受をすることで対応したいとの申出を受けました。

　甲金庫は、自金庫の会員たる資格のない保証人のＢさんからの併存債務引受の申出を応諾することができますか。

A 　従来の判例上、併存的債務引受が行われると特段の事情がない限り原債務者と引受人との間に連帯債務関係が生じると解されており、平成 29 年の民法改正により、従来の判例の立場を踏襲する規定が新設されました。したがって、Ｂさんには会員たる資格がありませんので、形式的には員外貸付となります。

　しかし、本事例のような員外貸付は金庫の事業目的の範囲内に含まれ、甲金庫は、自金庫の会員たる資格のない保証人のＢさんからの併存的債務引受の申出を応諾することができると考えられます。

解 説

　従来の判例上、併存的債務引受が行われると特段の事情がない限り原債務者と引受人との間に連帯債務関係が生じると解されていました（最判昭和 41・12・20 民集 20 巻 10 号 2139 頁）。

　そして、平成 29 年の民法改正により、従来の判例の立場を踏襲する「併存的債務引受の引受人は、債務者と連帯して、債務者が債権者に対して負担する債務と同一の債務を負担する」（民法 470 条 1 項）との規定が新設されました。これにより、併存的債務引受における引受人と原債務者は連

帯債務を負うことになります。

　したがって、連帯債務については、700万円以下の小口員外貸出の例外（法53条2項、施行令8条1項3号、平成25年告示第20号第3号）を除き、Bさんも会員であることが必要です（Q68・Q69参照）。

　しかし、金庫は会員たる資格のない者の担保や保証の提供により、会員に対する貸付を行うことができます。そして、Bさんの申出による併存的債務引受は、保証債務の履行のために行うものであり、会員たる資格のない者による保証を認める以上、その保証債務の履行方法において、会員たる資格のない保証人による併存的債務引受がなされることもありうるのであり、金庫の事業目的の範囲内に含まれるものと思われます（平野・前掲金法1687号59頁（Q10））。

　保証債務の履行として、会員資格のない保証人に対する分割弁済の長期融資、会員資格のない担保提供者への肩代わり融資、死亡した借入人（会員）に対する貸付金回収のための会員資格のない相続人に対する融資などが金庫の事業目的の範囲内に属しこれらの融資を有効とするのも（全信協『金融法務』13頁）、同様の考え方に基づくものと思われます（同旨、平野・前掲金法1687号59頁（Q10））。

（平野英則）

② 法人・団体

Q71

事業実態のない会社に対する新規貸付

　A社は、甲金庫の地区内に自社の建物がありますが、すでに閉鎖されており、現在そこでの事業活動の実態はなく、今後も事業活動を行う可能性がありません（本社登記は残っている）。このような場合、A社の会員たる資格を認定して新規の貸付を行うことができますか。

A 　甲金庫は、A社の会員たる資格を認定して新規の貸付を行うことができません。

 解　説

　A社の住所が登記上は地区内にあり、かつ建物も地区内にあることから、形式的には地区内に事業所を有しており、そのため、外見上は会員たる資格があるように見受けられます（法10条1項1号・2号）。

　しかし、信金法上の会員たる資格の認定に関しては、そこで事業活動が実際に行われていない限り、住所が甲金庫の地区内にあるとはいえません。これは、個人の住民票が地区内にあっても、地区外に常住している場合には、地区内に住所があると認定できないのと同じです。つまり、その実態面に着目して判断する必要があります。

　法10条1項2号の「事業所」とは、「事業を行う場所をいい、……事業の内容たる活動が行われる一定の場所を意味する」と解されており（全信協編「法務基礎」7頁）、実際にそこで事業活動が行われることが必要です。

　この点、A社の建物は閉鎖されており、現在そこでの事業活動の実態は

なく、今後もその可能性がないということですから、信金法上の会員たる資格の認定に関しては、A社は、甲金庫の地区内に住所および事業所がないということになります（法10条1項1号・2号）。

　したがって、甲金庫は、A社の会員たる資格を認定して新規の貸付を行うことができません。

（平野英則）

Q72

会員資格のない者向けの転貸資金の会員に対する貸付

....

　　甲金庫は、自金庫の地区内に事業所を有する会員のＡ社と貸付取引を行っていますが、Ａ社の子会社であるＢ社は、自金庫の地区内に住所も事業所もありません。今般、Ａ社からＢ社への転貸資金を使途とする貸付の可否について打診を受けました。甲金庫は、Ａ社から打診のあったＢ社への転貸資金を貸し付けることができますか。

A　　本事例における借入人はあくまでもＡ社であり、甲金庫は、Ａ社に対するＢ社への転貸資金の貸付を行うことができます。

解 説

　甲金庫が本件貸付を行うことができる理由は、借入人自身が会員であること以外にも、次の理由があります。親会社の子会社に対する転貸資金融資申入の背景は、一般的に次のようなものです。

①　有利な金利条件での資金調達の可能性……親会社の信用力を背景に借り入れるほうが有利な金利条件で資金を調達できる可能性があること

②　担保・保証提供の回避……子会社の借入にした場合、信用補完のため金融機関から物的担保または親会社の保証の提供を求められる可能性があること

③　グループ企業の一元的資金管理……親会社が子会社を含むグループ企業の資金管理を一元的に行い、グループ全体としての資金の運用・調達の効率化を図ること

　Ａ社がＢ社に対する転貸資金融資を受けたいとする動機は、上記のとおり経済合理性があり、親会社が資金を調達して子会社に転貸する親子ロー

ンは、多くの企業により利用されているのが実情です。

　この実情を勘案すると、借入人からの転貸資金融資の申出に合理的な理由があり、それを確認できる場合であれば、それが転借人への資金の流れから形式的には、地区外貸付に該当するように見えるものであっても、現行会員制度で禁止される地区外貸付には該当しないと考えられます。

（平野英則）

地区外にある子会社のための転貸資金の貸付

　　甲金庫の地区内に住所があるＡ社は、自社の事業に関連した業務を行っている100％出資の子会社のＢ社をもっています。Ｂ社は甲金庫の地区外に住所と事業所がありますが、今般、Ａ社とＢ社との共同事業展開のための設備資金が必要となりました。しかし、Ｂ社は事業規模が小さいために、地元の金融機関から思うような条件で借り入れることができない状況にあります。

　　このような状況下において、甲金庫は、Ａ社から、Ｂ社への転貸資金を借りたい旨の相談を受けました。Ａ社は、Ｂ社よりも事業規模が大きく、財務内容も良好であるため、甲金庫は、Ｂ社が地元の金融機関から提示された条件よりも有利な条件での貸付が可能です。

　　会員たる資格のあるＡ社に対して、自金庫の地区外に住所と事業所があるため会員たる資格のないＢ社への転貸資金の貸付ができますか。

A　　Ａ社のＢ社への転貸（親子ローン）には合理的な理由があり、甲金庫は、自金庫の地区内に住所と事業所を有する会員たる資格を有する（法10条1項1号・2号）Ａ社に対して、会員たる資格のないＢ社への転貸資金の貸付ができます。

解説

　　金庫は、会員たる資格のない者に対する貸付を回避すること、すなわち、もっぱら会員制度の趣旨を没却させるために、会員たる資格を有する者に会員たる資格のない者へ転貸資金を貸し付けることがあってはなりません。ただ、本件のように、親会社が資金を調達することにより、子会社自身の借入条件よりも有利な条件で借り入れることができるような場合には、親子ローンを行うことには合理的な理由があります。たとえば、親会

社の信用力を背景に安い金利で借入ができ、担保・保証の提供が不要となるような場合です。

　また、転貸資金の使途が親会社と子会社の共同事業の展開である場合やグループ企業全体としての資金調達の効率化を図ることができるような場合にも合理的理由があるものと考えられます。

（平野英則）

新会社の設立と他行貸付金の肩代わり

....

　Ａさんは、某メガバンクから甲金庫の地区外にある賃貸物件の購入資金を借り入れていましたが、今般、Ａさんが死亡したため甲金庫の地区外に住所と勤務地のある息子のＢさんとＣさんが、その賃貸物件とともに、借入金の１億円も相続することとなりました。

　その後、ＢさんとＣさんは、自分たちが株主となり、賃貸管理会社として、甲金庫の地区内に住所を有するＸ株式会社を設立し、Ａさんから相続した賃貸物件をＸ株式会社に譲渡することとしました。

　また、某メガバンクからの借入金については、ＢさんとＣさんが賃貸物件をＸ株式会社に譲渡した代金により全額返済することとし、Ｘ株式会社は甲金庫から、賃貸物件の購入資金を新規に借り入れ、実質的には、甲金庫が返済資金を肩代わりして融資することとしました。

　なお、Ｘ株式会社は、甲金庫の地区内に住所があり、資本金の額は 1,000 万円、常時使用する従業員の数は、甲金庫の地区内に住所を有するＢさんとＣさんの従弟であるＤさんのみです。

　このような状況の下で、甲金庫は、Ｘ株式会社の会員たる資格を認定し、新規に融資取引を行うことができますか。

A　甲金庫は、Ｘ株式会社の会員たる資格を認定し、新規に融資取引を行うことができます。

解 説

　信金法は、法人の場合には、自金庫の地区内に住所または事業所があり（法 10 条 1 項 1 号・2 号）、かつ、資本金の額が 9 億円以下（法 10 条 1 項ただし書、施行令 4 条）、または、常時使用する従業員の数が 300 人以下であれば（法 10 条 1 項ただし書）、その会員たる資格を認めています。

　X株式会社の場合、甲金庫の地区内に住所があり、資本金の額は 1,000 万円、常時使用する従業員の数はBさんとCさんの従弟であるDさんのみです。

　したがって、甲金庫は、X株式会社自体について、信金法上の会員たる資格の有無を判断すればよく、株主が自金庫の地区外に住所と勤務地を有するBさんとCさんであり、賃貸物件が自金庫の地区外にあることを勘案する必要はありません。

　なぜなら、この事例においては、甲金庫は、借入人となるべきX株式会社が信金法上の会員たる資格を有するか否を判断すれば足りるからです。

　したがって、甲金庫は、X株式会社の会員たる資格を認定し、新規融資取引すなわち実質的には肩代わり融資を行うことができます。

（平野英則）

Q75

シンジケートローンにおける借入人の会員資格

....

　甲金庫は、自金庫の地区内に事業所を有する会員のＡ社の本社から、乙金庫の地区内にあるＡ社の第二工場を増設したいので、これに伴う所要資金の借入をシンジケートローン（以下「シ・ローン」という）で貸し付けてほしいとの依頼を受けました。

　なお、Ａ社の意向としては、甲金庫にはアレンジャーおよびエージェントを、乙金庫には一般の貸付人としての参加をお願いしたいとのことであった。甲金庫は、乙金庫とともに本件シ・ローンを組成することができますか。

A　シ・ローンでは、原則として、借入人について、通常の貸付と同様に、貸付を行うすべての金庫との関係において会員たる資格が必要です。本事例において、Ａ社は、すでに甲金庫の会員であり、かつ、乙金庫の会員たる資格を有していますので、甲金庫は、本件シ・ローンを組成することができます。

解説

　シ・ローンは複数の貸付人が単一の契約書により同一の借入人に対して行う貸付であり（佐藤監修２頁・３頁［菅原雅晴］、平野英則「Ｑ＆Ａ金庫職員のためのシ・ローン契約書の見方」金法1722号25頁）、法53条１項２号の「資金の貸付け」に該当します。

　したがって、シ・ローンの借入人は、貸付を行う金庫との関係において、原則として、会員であることまたは会員たる資格を有することが必要です。

　このことは、金庫が、シ・ローンによる貸付人である場合には、エージェント兼貸付人であるときも、またはエージェント以外の単なる参加者としての貸付人であるときも、借入人は会員であることまたは会員たる資格を有することが必要です（平野・前掲金法1732号76頁（Ｑ49））。

　借入人が自金庫の会員または会員たる資格を有することが必要であることは、借入人が医療法人のシ・ローンも同様であり、その医療法人は自金庫の会員または会員たる資格を有することが必要です（医療法人の会員資格については、Q 36 を参照）。

（平野英則）

地方公共団体に対するシ・ローンへの参加

....

A県は、従来、県債の発行によって資金を調達してきましたが、起債のための交渉事務と償還事務を軽減するために、シ・ローンによる調達にシフトすることにしました。今般、甲金庫はA県から〇〇中央金庫が組成するシ・ローンに甲金庫（A県所在）も参加してほしいとの要請を受けました。

甲金庫は、A県からのシ・ローンへの参加要請を応諾することができますか。

A　甲金庫は、A県からのシ・ローンへの参加要請を応諾することができます。なぜなら、A県は、甲金庫の会員となることはできませんが、員外貸付の対象として、甲金庫の取引主体となることができるからです（施行令8条1項7号）。

解説

シ・ローンの借入人は、貸付を行う金庫との関係において、原則として、会員であることが必要ですが、例外的に、施行令8条1項の各号に掲げられた取引の主体となりうる会員以外の者も含まれます。

地方公共団体の会員たる資格については、Q40「地方公共団体の会員資格」で述べたとおり、都道府県、市町村などの地方公共団体は、その統治団体としての性格ならびに法1条の趣旨から金庫の会員となることはできませんが、地方公共団体との取引を通じ地域経済の発展に寄与することも地域金融機関としての金庫の重要な使命であることから、地方公共団体が員外貸出の対象と位置づけられています（法53条2項、施行令8条1項7号）（全信協編『法務講座』135頁）。

したがって、甲金庫は、〇〇中央金庫が組成するシ・ローンへの参加にかかるA県からの要請を応諾することができます。　　　　　　　（平野英則）

Q77

遠隔地の借入人に対するシ・ローンへの参加

　甲金庫は、大手金融グループに属するX銀行から、自金庫の地区内に営業所を有するA社の本社を借入人とするシ・ローンへの参加を打診されました。

　なお、A社は資本金の額が7億円、常時使用する従業員の数が580人の優良会社であり、本社は甲金庫から遠く離れた北海道にあります。また、甲金庫の地区内にあるA社の営業所は、営業活動のための拠点であるにすぎません。

　甲金庫は、このような状況の下で、X銀行から打診のあった本件シ・ローンに参加することができますか。

A　　　甲金庫は、A社の会員たる資格を認定し、本件シ・ローンに参加することができます。

解説

　シ・ローン取引においても、通常の貸付取引と同様、借入人は、原則として、金庫の会員たる資格が必要です。A社は、資本金の額および事業所の所在地が、甲金庫の会員たる資格の要件を充足していますので（法10条1項2号、施行令4条）、甲金庫は、本件シ・ローンに参加することができます。

　法10条1項2号の「事業所」とは、およそある事業の内容たる活動（一定の目的をもって同種の行為が反復継続的に行われること）が行われる一定の場所を意味し、営業所、本店、支店、出張所、工場またはその他の事業を行う場所をいいます（森井編16頁〜17頁。同旨、平野英則「信用金庫の法務入門第6回法人の会員資格」金法1690号119頁〜120頁。全信協編『法務基礎』7頁）。

　本事例で、A社の本社が遠隔地に所在することや自金庫の地区内にある

営業所が営業活動のための拠点であるにすぎないことは、甲金庫がA社の会員たる資格を認定することの妨げとなるものではありません（平野・前掲金法 1690 号 119 頁〜 120 頁（Q 35））。

　しかし、シ・ローン取引における借入人に対する与信管理については、特約がない限り、エージェントは責任を負うものではありません（JSLA「ローン・シンジケーション取引に係る取引参加者の実務指針について 4」（JSLA、2007 年）。同旨、平野英則『よくわかるシンジケートローン』194 頁〜 196 頁（金融財政事情研究会・2007 年））。したがって、本事例の甲金庫は、自己責任により、本社が自金庫から遠く離れたA社の与信管理を適切に行うために、それに相応しいコベナンツをシ・ローン契約書の条項に追加するように、アレンジャーのX銀行に対して申し入れる必要があります。

（平野英則）

Q78

ローン・パーティシペーションにおける債務者の会員資格

　　甲金庫は、乙銀行（原債権者）から、自行の貸出債権にかかるロー
ン・パーティシペーション（貸出参加）契約のパーティシパント（参
加者）として参加してほしい旨の要請を受けました。当該貸付債権
の借入人（原債務者）は、甲金庫の地区内に住所または事業所のい
ずれも有しないA社です。

　　甲金庫は、本件ローン・パーティシペーション契約にパーティシ
パントとして参加することがでますか。

A　　　A社（原債務者）は、甲金庫の地区内に住所または事業
所のいずれも有しないため、その会員たる資格がなく、甲
金庫は本件ローン・パーティシペーション契約にパーティシパント
として参加することができません。

 解 説

　ローン・パーティシペーション契約は、「貸出債権にかかる権利・義務
を移転させずに、原貸出債権にかかる経済的利益とリスクを原貸出債権の
原債権者から参加者に移転させる契約」（山岸晃「金融機関の貸出債権に
係るローン・パーティシペーションの取扱い」金法 1423 号 35 頁、同旨、
西村総合法律事務所編 143 頁〔山川明徳ほか〕）をいいます。このように、
原債権の権利義務関係を原債権者から参加者に移転させることなく、原債
権の経済的利益とリスクのみを移転させる契約を広くパーティシペーショ
ン契約と呼んでいます。

　つまり、原債権を移転することなく、原債権の有する経済的利益とリス
クのみを原債権者から参加者に移転する取引をいいます。

　パーティシペーション取引の特色は、

(1)　原債権者と原債務者との間の債権債務関係には変化がないこと

(2)　新たに原債権者と参加者との間に契約関係が生まれるだけであること

(3)　参加者は原債務者と何ら直接の権利義務関係に立たないこと

の諸点にあります（森下哲朗「ローン債券市場の意義と法的問題」金法1626号30頁）。

　つまり、①パーティシペーション契約により原債権者と参加者との間に新たな契約関係が創設されるのみであり、②この契約により、イ原債権者と原債務者との間の原債権にかかる従来の債権債務関係が変更されることはなく、ロまた参加者と原債務者とが直接の権利義務関係に立つことはありません。

　設問の事例では、甲金庫が、本件ローン・パーティシペーション契約にパーティシパントとして参加するためには、Ａ社（原債務者＝借入人）が自金庫の会員であることを要するか否かが問題となっています。

　この点に関しては、次の全信協通達により、原債務者が自金庫の会員であること、または、施行令8条1項各号に該当する員外貸出の対象者であることを要するとされています。

　平成7年6月8日付全信協発94号「金融機関の貸出債権に係るローン・パーティシペーションの取扱いについて」において、その「3．信用金庫が取扱う場合の注意点」として、「金庫が原債権者になる場合は問題がありませんが、参加者になる場合は、……次の点に留意する必要があります。」と記載され、「(1)当該金庫の会員が債務者である対象債権のほか、施行令8条1項各号（会員以外の者に対する資金の貸付等）の規定に該当する対象債権については、参加者となることが可能です。」と記載されています。

　したがって、設問の事例では、甲金庫は、Ａ社に自金庫の会員資格がないため、パーティシパントとして参加することができませんが、原債務者が地方公共団体（施行令8条1項7号）あるいは地方住宅供給公社（施行令8条1項9号）などの員外貸付の対象者である場合には、甲金庫はパーティシパントとして参加することができます（地方公共団体に対するシ・ローンへの参加については、Q 76参照）。

（平野英則）

Q79

資産流動化における SPC の会員資格

　甲金庫の貸付先であるＡ社はリース業を営んでいますが、今般、自社が保有するリース債権を流動化するため、特別目的会社（SPC）であるＢ社を設立し、Ｂ社にリース債権を譲渡することを検討しています。

　甲金庫は、Ａ社から、Ｂ社がＡ社のリース債権を購入し、当該債権を回収するまでの資金をＢ社に融資してほしい旨の要請を受けました。ちなみに、Ｂ社は甲金庫の地区内に住所および事業所のいずれも有していません。甲金庫は、Ｂ社の借入要請に応ずることができますか。

A　甲金庫は、Ｂ社の借入要請に応ずることはできません。

解説

　SPCの会員たる資格の判定基準も、一般の事業法人と同じです。つまり、法10条1項1号または2号により、当該金庫の地区内に住所または事業所を有することが必要であると一般的に考えられています。

　したがって、本件事例のＢ社は、甲金庫の地区内に住所または事業所を有しておらず、会員たる資格はありませんので、甲金庫は、Ｂ社に対する貸付を行うことはできません（法53条1項2号）。

（平野英則）

Q80

PFI 取引における会員資格

・・・

甲金庫は、乙銀行から、丙市立小学校の給食施設の設備資金を、PFI（Private Finance Initiative）の方法によりシ・ローンを組成したいので、当該小学校の給食事業の遂行のために設立された特別目的会社（SPC）であるA社に対する当該シ・ローンに参加してほしい旨の要請を受けました。ちなみに、A社は甲金庫の地区内に住所および事業所のいずれも有していません。

甲金庫は、A社に対するシ・ローンに参加することができますか。

A A社は、甲金庫の会員たる資格を有していませんので（法10条1項1号・2号）、甲金庫は、会員としての貸付をすることはできませんが（法53条1項2号）、A社は、PFI事業遂行のために設立された特別目的会社（SPC）であり、員外貸付の対象とされていますので（法53条2項、施行令8条1項6号、民間資金等の活用による公共施設等の整備等の促進に関する法律2条5項）、甲金庫は、A社に対するシ・ローンに参加することができます。

解 説

PFI は、「民間事業者の資金、技術、ノウハウ等の活用によって民間主導で効率的かつ効果的な公共サービスの提供をはかる」ものであり、「その急速な発展の背景には、金融手法としてのプロジェクトファイナンスの利用が……あり、PFI 事業の推進に不可欠の金融手法」となっています（第一勧銀編 12 頁）。プロジェクトファイナンスにおける借入人は、「当該プロジェクトの遂行のため新規に設立され当該事業全般を経営統括」し、「その目的が特定の事業に限定されるため、特別目的会社（Special Purpose Company）として設立される事業会社」です（第一勧銀編 67 頁・68 頁）。

　本事例においては、PFI事業遂行のために設立された特別目的会社（SPC）であるA社が甲金庫の会員たる資格のない場合であっても、貸付をすることができるか否かが問題となっています。

　この点に関し、従来は、法10条1項1号または2号により、PFI事業のSPCも自金庫の地区内に住所または事業所を有することが必要であるとされていましたが、最近のPFI事業の隆盛を背景に、施行令が改正され、その8条1項6号は、員外貸付の対象の1つとして「民間資金等の活用による公共施設等の整備等の促進に関する法律（平成11年法律第117号）第2条第5項に規定する選定事業者に対する同条第4項に規定する選定事業に係る資金の貸付け」と規定し、PFI事業のSPCが当該金庫の地区内に住所または事業所を有しない場合、すなわち会員たる資格のない場合であっても、当該SPCに対してPFIの事業資金を貸し付けることができるようになりました。

（平野英則）

Q81

持株会社の会員資格と新規貸付取引の可否

A株式会社は、甲金庫の地区内に住所があり、鉄道事業を営む優良上場会社です。

甲金庫は、A株式会社との新規貸付の取引開始を望んでいたが、その住所は地区内にあるものの、資本金の額が9億円を超え、かつ、常時使用する従業員の数が300人を超えており、会員たる資格の規模の要件を充足しないために、貸付取引が実現できないまま今日に至っています。

しかし、A株式会社の持株会社であるX株式会社は、甲金庫の地区内に住所があり、その資本金の額は9億円を超えていますが、常時使用する従業員の数は300人以下です。

このような状況の下で、甲金庫は、X株式会社の会員たる資格を認定し、新規の融資取引を行うことができますか。

A 甲金庫は、X株式会社の会員たる資格を認定し、新規の融資取引を行うことができます。

解説

信金法は、法人の場合には、自金庫の地区内に住所または事業所があり（法10条1項1号・2号）、かつ、資本金の額が9億円以下（法10条1項ただし書、施行令4条）、または、常時使用する従業員の数が300人以下であれば（法10条1項ただし書）、その会員たる資格を認めています。X株式会社の場合、甲金庫の地区内に住所があり、その資本金の額は9億円を超えていますが、常時使用する従業員の数が300人以下であり、信金法によりその会員たる資格が認められます。

この場合、甲金庫は、X株式会社単体として信金法上の会員たる資格の有無を判断すればよく、X株式会社が会員たる資格のないA株式会社の持

株会社であることを理由に、A株式会社の資本金の額や常時使用する従業員の数を勘案する必要はありません。なぜなら、信金法は、あくまでも法人単体として信金法上の会員たる資格の要件を定めているからです。

　したがって、甲金庫は、X株式会社の会員たる資格を認定し、新規融資取引を行うことができます。

（平野英則）

Q82

非居住者の出資による株式会社の会員資格

∙∙

　今般、甲金庫は、非居住者の出資により設立されたＡ株式会社に対する新規融資取引の可否について相談を受けました。

　Ａ株式会社は、非居住者の出資により日本法に準拠して設立された株式会社であり、その事業内容は、日本国内にある賃貸用不動産を借入金により購入して、その賃貸料収入により借入金の元利金を返済するとともに、利益の一部を株主である海外の出資者（株主）である非居住者に配当するというものです。

　なお、Ａ株式会社は、甲金庫の地区内に住所があり、資本金の額が1,000万円、常時使用する従業員の数は10人です。

　甲金庫は、Ａ株式会社の会員たる資格を認定し、新規に融資取引を行うことができますか。

A　甲金庫は、Ａ株式会社の会員たる資格を認定し、新規に融資取引を行うことができます。

 解 説

　信金法は、法人の場合には、自金庫の地区内に住所または事業所があり（法10条1項1号・2号）、かつ、資本金の額が9億円以下（同項ただし書・施行令4条）、または、常時使用する従業員の数が300人以下であれば（法10条1項ただし書）、その会員たる資格を認めています。

　Ａ株式会社の場合、甲金庫の地区内に住所があり、資本金の額は1,000万円、常時使用する従業員の数は10人です。

　したがって、甲金庫は、Ａ株式会社の信金法上の会員たる資格の有無を判断すればよく、株主が海外の出資者であることを勘案する必要はありません。

　なぜなら、信金法は、あくまでもＡ株式会社についての会員たる資格の

要件を定めているからです。

　したがって、甲金庫は、A株式会社の会員たる資格を認定し、新規融資取引を行うことができます。

　なお、非居住者による出資の可否、および配当金の支払の可否については、外為法上の規制がないか注意する必要があります。

（平野英則）

(6) 海外子会社等

Q83

会員または卒業会員の外国孫会社向けの直接貸付

甲金庫の会員であるA株式会社は、日本国内に80％出資の子会社であるB株式会社があります。また、B株式会社は、X国内に外国子会社として60％出資のC株式会社がありますが、C株式会社は甲金庫の地区内に事業所がありません。

A株式会社、B株式会社およびC株式会社の関係は、A株式会社が親会社、B株式会社がA株式会社の子会社、C株式会社がA株式会社の外国孫会社であるとともにB株式会社の外国子会社ということになります。

なお、B株式会社は、甲金庫の地区内に住所があり、資本金の額が1億円であり、常時使用する従業員の数が50人ですが、まだ甲金庫の会員とはなっていません。

今般、甲金庫は、C株式会社から、X国における事業展開のための所要資金の借入の申込を受けました。

甲金庫は、C株式会社に対して資金の貸付を行うことができますか。

A 甲金庫は、C株式会社が自金庫の地区内に事業所がなく、地区の要件を充足しないために、その会員たる資格を認定することはできません。しかし、B株式会社は会員たる資格を有しており、その出資を受けて会員となってもらうことにより、B株式会社の外国子会社であるC株式会社に対し、施行令8条1項4号の員外貸付として資金の貸付を行うことができます。

解説

　信金法は、法人の場合には、自金庫の地区内にその住所または事業所があることを（法10条1項1号・2号）、会員たる資格の認定のための地区の要件として定めています。この地区の要件は、信用金庫が地域金融機関であることに根拠があります。

　そして、X国のC株式会社は、甲金庫の地区内にその住所または事業所がありませんので（同項1号・2号）、甲金庫はC株式会社の会員たる資格を認定することができません。

　信金法施行令は、自金庫の会員の外国子会社に対する貸付を員外貸付として認めていますが（施行令8条1項4号）、金庫会員の外国孫会社に対する貸付については員外貸付を認めていませんので、甲金庫は、A株式会社の外国孫会社であるC株式会社に対してはこの員外貸付を行うことはできません。

　しかし、甲金庫は、会員たる資格を有するB株式会から出資を受けて会員となってもらうことにより、自金庫の会員であるB株式会社の外国子会社たるC株式会社に対し員外貸付として貸付を行うことができます（施行令8条1項4号）。

　したがって、甲金庫は、C株式会社の依頼により、自金庫会員のB株式会社が総株主等の議決権の50％を超える（同条3項1号）60％を有しており外国子会社であるC株式会社（A株式会社の孫会社）に対する員外貸付として資金の貸付けを行うことができます（同条1項4号）。

　金庫は、同様の方法により卒業会員の外国孫会社に対してこの員外貸付を行うことができます。なお、この方法によれば、会員たる資格を有する卒業会員の国内の子会社が会員となることにより、その外国子会社（卒業会員の子会社の子会社すなわち卒業会員の外国孫会社）に対する員外貸付となりますので、卒業会員自身の外国子会社に対する員外貸付のように、金融庁長官の定める貸付期間の制限（同項同号・昭和43年告示第71号、最終改正平成25年3月29日告示第20号第4号）を受けることなく、この員外貸付を行うことができます。

（平野英則）

Q84

外国会社の日本現地法人の会員資格

　外国のX国に本社があるA株式会社は、X国の会社法に準拠して設立された、外国会社です。A株式会社は、日本国内において日本の会社法に準拠し、B株式会社を設立しました。

　B株式会社は、本社（住所）が甲金庫の地区内にあり、資本金の額が1億円、常時使用する従業員の数は20人です。

　今般、甲金庫は、B株式会社から、その事業展開のための所要資金の借入の申込を受けました。

　なお、貸付債権の保全策としては、A株式会社が発行依頼人となり、X国にあるA株式会社の取引銀行が発行した、甲金庫を受益者とする、スタンドバイ信用状が利用される予定です。

　甲金庫は、B株式会社の会員たる資格を認定し、資金の貸付を行うことができますか。

A　甲金庫は、B株式会社の会員たる資格を認定し、資金の貸付を行うことができます。

 解 説

　信金法は、法人の場合には、自金庫の地区内に住所があり（法10条1項1号）、かつ、資本金の額が9億円以下（法10条1項ただし書、施行令4条）、または、常時使用する従業員の数が300人以下であれば（法10条1項ただし書）、その会員たる資格を認めています。

　B株式会社の場合、甲金庫の地区内に本社すなわち住所があり（会社法4条）、資本金の額は1億円、常時使用する従業員の数は20人です。

　甲金庫は、B株式会社自体の信金法上の会員たる資格の有無のみを判断すればよく、B株式会社が外国会社であるA株式会社の日本における現地法人であることを勘案する必要はありません。また、貸付債権の保全策と

してX国にあるA株式会社の取引銀行が発行したスタンドバイ信用状が利用される予定であることも、勘案する必要はありません。

　なぜなら、信金法は、あくまでも甲金庫の貸付の相手方であるB株式会社自体についての会員たる資格の要件を定めているからです。

　したがって、甲金庫は、B株式会社の会員たる資格を認定し、資金の貸付を行うことができます。

（平野英則）

Q85

外国子会社への転貸資金の貸付

甲金庫は、自金庫の取引先のＡ社（会員）から、Ａ社の海外現地法人向けの転貸資金（6億円）の貸付の申込を受けました。

本件貸付の最終的な資金使途は、海外現地法人が機械を購入するための設備資金ですが、このような貸付は現行会員制度上問題ありませんか。

A 借入申込人のＡ社が会員であることおよび転貸資金需要には経済合理性があること（Q 72 参照）を勘案すると、甲金庫が本件貸付の申出を応諾することができるものと思われます。

解説

Ａ社は甲金庫の会員であり、金庫の業務の範囲について規定する法53条は、その1項2号において「会員に対する資金の貸付け」と規定するのみであり、その資金使途については、格別の制限を設けていません。

したがって、Ａ社が、法10条1項各号の会員資格の要件を充足するのであれば、当該貸付の資金使途が員外（海外現地法人）向けの転貸資金であっても、会員制度上問題はないと思われます。

なお、甲金庫の取引先であるＡ社が当該転貸資金を海外現地法人向けに送金する場合には、外為法上の規制がないか留意する必要がありますが、これは、会員制度とは別の問題です。

（平野英則）

Q86

会員の外国子会社への直接貸付の可否

　会員であるＡ社が海外に進出して設立した外国子会社Ｂ社より直接設備資金の申込を受けました。貸付にあたっては親会社Ａ社に債務保証してもらうことを前提に貸付することを考えています。可能でしょうか。また、Ａ社が卒業会員であるときは可能でしょうか。

A　信金法施行令の改正により（平成25年3月29日政令101号、内閣府令12号）、外国子会社Ｂ社に対して直接貸付をすることが可能です。なお、直接貸付できるのは、外国の法令に準拠している法人等であって、一定の条件の子会社に限られます。また、親会社Ａ社による債務保証も有効です。ただし、親会社が子会社議決権を原則として50％超所有するなど一定の条件が課されていますので注意が必要です。また、Ａ社が卒業会員であっても同様に直接貸付が可能です。

 解 説

1　外国子会社への直接貸付の可否

　会員または卒業会員の外国子会社に対する貸付が員外貸付として認められます（施行令8条1項4号）。

2　直接貸付できる外国子会社の範囲

　直接貸付ができるのは外国子会社Ｂ社が以下の(1)、(2)のいずれかに該当することが必要です（施行令8条3項）。

　(1)　外国子会社であるＢ社は進出している外国の法令に準拠して設立された法人その他の団体であること。

　親会社のＡ社が外国子会社Ｂ社の総株主等の議決権の100分の50を超える議決権を有していること（同項1号）。

　(2)　外国子会社の議決権の50％超を本邦親会社が所有することを外国

の法令または慣行で許さないときは以下の①の要件のうちイからハの
いずれかに該当すること（同項2号）

① 親会社A社が外国子会社B社の議決権の50％超を所有しているか、
進出している外国が法令等により総株主等の議決権の100分の50を
超える議決権の保有が認められない外国法人であって、人的関係、財
産の拠出に係る関係その他の関係において当該会員または卒業会員と
密接な関係を相当程度有するものとして、会員等（会員または卒業会
員）が外国法人等の本国の法令または慣行により保有することができ
る最高限度の数の議決権を保有している場合における当該外国法人
であって以下の要件のいずれかに該当するものであるとき（施行規則
49条の2第1項）

イ 当該会員等の役員、業務を執行する社員もしくは使用人である
者、またはこれらであった者であって当該会員等が外国法人等の
財務および営業または事業の方針の決定に関して影響を与えるこ
とができるものが、当該外国法人等の取締役会その他これに順ず
る機関の構成員の過半数を占めていること（同項1号）

ロ 当該会員等と当該外国法人等との間に当該外国法人等の重要な
財務および営業または事業の方針の決定を支配する契約等が存在
すること（同項2号）

ハ 当該外国法人等の資金調達額（貸借対照表の負債の部に計上され
ているものに限る）の総額の過半について当該会員等が貸出を行っ
ていること（同項3号）

なお、当該外国法人等の資金調達額の総額の過半についての当該会員等
の貸付（債務の保証および担保の提供を含む）とされているので親会社A
社による債務保証も有効です（同項同号）。

さらに、外国子会社は必ずしも法人でなくともよく、外国子会社を支配
する会員等も必ずしも法人である必要はありません（北神裕「信用金庫・
信用組合の会員・組合員の外国子会社への直接貸付等を可能とする制度改
正の概要」金法1968号30頁）。

3　直接貸付できる外国子会社の規模の要件

　員外貸付として直接貸付できる外国子会社は、地区要件はもちろんのこと規模要件も定められていないので、事業所の規模が従業員数 300 人を超えかつ資本金または出資の総額が 9 億円を超えていても貸付することが可能です。

4　資金の貸付の限度

　外国子会社への資金の貸付は、その他の員外貸付の合計額に含まれますので、当該金庫の資金の貸付および手形の割引の総額の 100 分の 20 に相当する金額を超えてはならないとされています（施行令 8 条 2 項）。

5　卒業会員の直接貸付の限度

　卒業会員が行う外国子会社に対する資金の貸付は、償還期限の当該貸付期間（5 年ないし 10 年）内に到来するものに限られるので、注意する必要があります。

（岡野正明）

Q87

会員の外国子会社への借入の債務保証の可否

海外に進出している外国子会社Ｂ社が海外の銀行から受けている借入について、会員である親会社Ａ社より外国子会社Ｂ社のための保証依頼を受けました。海外の銀行から貸付を受けている外国子会社Ｂのために債務保証を行うことが可能でしょうか。

A 　信用金庫法施行令等が改正され（平成25年3月29日政令101号・内閣府令12号）、外国子会社Ｂ社のために海外の銀行に債務保証を行うことができます。

 解 説

　金庫は付随業務として会員である親会社Ａ社のために債務の保証を行うことができます（法53条3項1号、施行規則50条1項1号）。

　また、金庫は改正法に基づき外国子会社への直接貸付のみならず、付随業務として本件外国子会社Ｂ社のために債務の保証を行うことができます（法53条3項1号、施行規則50条1項2号の2、施行令8条3項）。

　なお、債務保証を行うための法人の条件としては直接貸付できる法人と同一の条件とされています（Q86参照）。さらに、外国子会社ならびにその親会社は必ずしも法人である必要はありません（Q86参照）。

1　外国子会社の規模の要件

　会員の外国子会社に対する貸付と同一条件で認められます（Q86参照）。

2　債務保証の限度

　債務保証は当該信用金庫の資金の貸付および手形の割引の総額の100分の20に相当する金額を超えてはならないとする総枠規制はありませんが、債務保証の健全性の確保やその取扱いが安易に流れないようにするため、一債務者に対する保証には限度があります（大口信用供与規制（89条・銀行法13条））ので注意が必要です。　　　　　　　　（岡野正明）

Q88

会員または卒業会員の外国子会社に対して
直接貸付を行う際の外為法上の留意点

金庫は、自金庫の会員または卒業会員の外国子会社向け直接貸付を行うに際し、外為法上どのような点に留意すべきですか。

A 金庫は、自金庫の会員または卒業会員の外国子会社に対して直接貸付を行うに際しては、外為法上の規制などがないか留意すべきです。

 解 説

　信金法は、施行令により、自金庫の会員または卒業会員の外国子会社に対する直接貸付を員外貸付として認めていますが（施行令8条1項4号）、これとは別に、外為法による貸付の制限の有無および外為法上の許可や報告の要否などに留意する必要があります。

　外為法による規制や報告義務は、経済制裁やマネーローンダリング規制などの観点から、頻繁に改正が行われるため、詳しくは、自金庫の外国為替業務部門における外為法の管理者にあらかじめ相談するのが無難です。

（平野英則）

Q89

卒業会員の外国子会社への借入の債務保証の可否

海外に進出している外国子会社Ｂ社が海外の銀行から受けている借入について、卒業会員である親会社Ａ社とともに外国子会社Ｂ社のための保証依頼を受けました。海外の銀行より貸付を受けている卒業会員である親会社Ａ社の外国子会社Ｂ社のために債務保証を行うことが可能でしょうか。

A 信金法施行令等が改正され（平成25年3月29日政令101号・内閣府令12号）、金庫は業務として卒業会員のみでなく卒業会員である親会社Ａ社とともに、卒業会員Ａ社の外国子会社Ｂ社のためにそれぞれ海外の銀行に債務保証を行うことができます。

解 説

金庫は付随業務として会員である親会社Ａ社のために債務の保証または手形の引受を行うことができます（法53条3項1号、施行規則50条1項1号）。

また、金庫は改正法に基づき外国子会社への直接貸付のみならず、付随業務として本件外国子会社Ｂ社のために債務の保証を行うことができることになりました（法53条3項1号、施行規則50条1項2号の2、施行令8条3項）。

なお、具体的に付随業務として債務保証を行うための法人の条件としては直接貸出できる法人と同一の条件とされています（Q86参照）。

1 卒業会員の外国子会社への債務保証の可否

当該外国法人等の資金調達額の総額の過半について当該会員等が債務の保証を行っているとき可能とされているのは、貸付に限らず債務の保証および担保の提供が含まれています（施行規則49条の2第1項3号）。また、

当該会員等には卒業会員を含むとされていますので、卒業会員の外国子会社への債務保証は有効です（同項柱書）。

　ただし、親会社が子会社議決権を原則として50％超所有するなど一定の条件が課されていますので、注意が必要です（Q 86参照）。

　さらに、外国子会社ならびにその親会社である卒業会員は必ずしも法人である必要はありません（Q 86参照）。

2　外国子会社の規模の要件

　会員の外国子会社に対する貸付と同一条件で認められます（Q 86参照）。

3　債務保証の限度

　会員の外国子会社に対する債務保証と同様に規制されています（Q 87参照）。

（岡野正明）

Q90

会員である親会社の保証による外国子会社への他行貸付の肩代わりの可否

海外に進出している外国子会社Ｂ社が海外の銀行から受けている借入について、親会社Ａ社の保証によって海外の銀行からの貸付の肩代わりを依頼されました。可能でしょうか。また、親会社Ａ社が卒業会員のときは可能でしょうか。

A 　　　信金法施行令等が改正され（平成25年3月29日政令101号・内閣府令12号）、金庫は業務として員外貸付を外国子会社に対して行うことが可能となりました（施行令8条1項4号）。したがって、親会社Ａ社の保証によって外国子会社Ｂ社のために肩代わりのための貸付を行うことができます。

　　また、施行令改正により卒業会員の外国子会社に対しても肩代わり資金の貸付を行うことができます。

 解 説

　金庫は員外貸付として会員である親会社Ａ社の外国子会社Ｂ社へ海外の銀行から受けている貸付の肩代わりのための貸付を直接行うことができます（施行令8条1項4号）。また、親会社Ａ社の債務の保証を受けることに問題ありません。

　さらに、金庫は改正法に基づき会員のみならず卒業会員の外国子会社Ｂ社への直接貸付も可能となりましたので、会員の外国子会社Ｂ社と同様に海外の銀行から受けている貸付を外国子会社Ｂ社のために直接肩代わり貸付を行うことができます（同項同号）。

　なお、具体的に肩代わり貸付を行うための子会社の法人の条件としては直接貸付できる法人と同一の条件とされています（Ｑ86参照）。

　また、法人等の資金調達額の総額の過半について当該会員等が債務の保

証を行っているときも貸付のみならず債務保証および担保の提供も可能とされているので（施行規則49条の2第1項3号）、親会社A社による債務保証も有効です。

ただし、親会社が子会社議決権を原則として50％超所有するなど一定の条件が課されていますので注意が必要です（Q86参照）。

1　卒業会員による直接肩代わりの可否

会員のみならず卒業会員である親会社A社の外国子会社B社に対して金庫が直接貸付することが可能です。なお、ここでいう卒業会員による貸付の償還期限は国内の基準と同一ですので注意が必要です。

2　外国子会社への直接貸付の可否

金庫による卒業会員の外国子会社に対する直接貸付も会員の員外貸付と同一条件で認められます（施行令8条1項4号）（Q86参照）。

3　直接貸付できる外国子会社の範囲

会員（含む卒業会員）の外国子会社に対する貸付と同一条件で認められます（Q86参照）。

4　直接貸付できる外国子会社の規模の要件

会員（含む卒業会員）の外国子会社に対する貸付と同一条件で認められます（Q86参照）。

5　資金の貸付の限度

会員（含む卒業会員）の外国子会社への資金の貸付と同一条件で、その他の員外貸付の合計額に含まれますので、当該金庫の資金の貸付および手形の割引の総額の100分の20に相当する金額を超えてはならないとされています（Q86参照）。

（岡野正明）

Q91

外国子会社が受けている借入を被保証債務とする旨の親会社の保証依頼の可否

金庫は、会員である親会社Ａ社の外国子会社Ｂ社が受けている借入を被保証債務として、親会社であるＡ社より保証依頼を受けました。この債務保証は可能でしょうか。

A 　信金法施行令等が改正され（平成25年3月29日政令101号・内閣府令12号）、金庫は業務として親会社Ａ社のためにする債務の保証（施行規則50条1項1号）のみでなく外国子会社Ｂ社のために直接貸付のみならず付随業務として外国子会社Ｂ社のために債務の保証を行うことができます（法53条3項1号、施行規則50条1項2号の2、施行令8条3項）。

 解 説

1　外国子会社への債務保証の可否

金庫による卒業会員の外国子会社に対する直接貸付も会員の員外貸付と同一条件で認められます（施行令8条1項4号）（Q86参照）。

2　債務保証できる外国子会社の範囲

会員の外国子会社に対する貸付と同一条件で認められます（Q86参照）。

3　外国子会社の規模の要件

会員の外国子会社に対する貸付と同一条件で認められます（Q86参照）。

4　債務保証の限度

会員の外国子会社に対する債務保証と同様に規制されています（Q87参照）。

（岡野正明）

Q92

外国子会社の設立と他行貸付金の肩代わりの可否

･･

　親会社Ａ社が設立しようとする外国子会社Ｂ社の設立資金と、設立した外国子会社Ｂ社が買収する海外企業が負っている他行の貸付金の肩代わり資金の申込を受けました。外国子会社Ｂ社の設立資金および当該外国子会社Ｂ社が負担することになる他行からの貸付金の肩代わりを行うことが可能でしょうか。

A　　外国子会社Ｂ社の設立資金は、国内の会員（含む卒業会員）である親会社Ａ社への貸付が可能です。また、信金法施行令等が改正され（平成25年3月29日政令101号、内閣府令12号）、金庫は業務として、Ｂ社が買収した海外企業に対する他行の貸付金の肩代わりが可能です。

解　説

　金庫は外国子会社の設立資金について、親会社に貸付を行うことができます（法53条1項2号）。また、設立された外国子会社が負担している他行からの貸付金の肩代わりのために直接外国子会社に貸付を行うことができます（施行令8条1項4号・3項）。

1　外国子会社への直接貸付の可否

　金庫による卒業会員の外国子会社に対する直接貸付も会員の員外貸付と同一条件で認められます（施行令8条1項4号）（Ｑ86参照）。

2　直接貸付できる外国子会社の範囲

　会員（含む卒業会員）の外国子会社に対する貸付と同一条件で認められます（Ｑ86参照）。

3　直接貸付できる外国子会社の規模の要件

　会員（含む卒業会員）の外国子会社に対する貸付と同一条件で認められます（Ｑ86参照）。

4　資金の貸付の限度

　会員（含む卒業会員）の外国子会社への資金の貸付と同一条件で、その他の員外貸付の合計額に含まれますので当該金庫の資金の貸付および手形の割引の総額の 100 分の 20 に相当する金額を超えてはならないとされています（Q 86 参照）。

　また、親会社Ａ社による債務保証も有効です。ただし、親会社が子会社議決権を原則として 50％超所有するなど一定の条件が課されていますので注意が必要です。

（岡野正明）

Q93

スタンドバイ信用状の利用から外国子会社への直接貸付へのシフト

　甲金庫は、自金庫の会員である本邦親会社のＡ社の依頼により、その外国子会社であるＢ社の現地の取引銀行であるＸ銀行からの借入を被担保債務とするスタンドバイ信用状の発行を国内のメガバンクのＭ銀行へ取り次ぎ、Ｂ社の資金調達をサポートしています。

　しかし、Ａ社は、本件スタンドバイ信用状の発行手数料の負担および高止まりしているＸ銀行からの借入金利の負担を軽減したいと考えています。

　このような状況下にあって、甲金庫は、Ａ社から、スタンドバイ信用状の発行手数料および高止まりしているＸ銀行からの借入金利の負担を軽減する方法について相談を受けました。甲金庫はどのように対応すべきですか。

A　甲金庫は、会員たるＡ社の外国子会社であるＢ社からの依頼に基づき、Ｘ銀行よりも低金利での直接貸付を行うことにより、Ａ社のスタンドバイ信用状の発行手数料とＢ社の高止まりしているＸ銀行からの借入金利の負担を軽減することができます。

解 説

　金庫の会員や卒業会員の海外進出が盛んになったことを背景に施行令が改正され、金庫は、その８条１項４号に基づき、外国子会社に対する直接貸付を行うことができるようになりました（なお、海外子会社の範囲等についてはＱ86参照）。このケースでは、この条文に基づいて、外国子会社に対する直接貸付を行うことにより、Ａ社のスタンドバイ信用状の発行手数料の負担およびＢ社の高止まりしているＸ銀行からの借入金利の負担を軽減することができます。

（平野英則）

Q94

「外国子会社」の認定における「直接出資分」と「間接出資分」の合算

　　甲金庫の会員であるＡ株式会社は、日本国内に100％出資の子会社であるＢ株式会社があり、Ｘ国内には海外現地法人として10％出資のＣ株式会社があります。また、Ｂ株式会社は、Ｃ株式会社に対し55％を出資していますが、Ｃ株式会社は甲金庫の地区内に事業所もありません。

　　Ａ株式会社、Ｂ株式会社およびＣ株式会社の関係は、Ａ株式会社が親会社、Ｂ株式会社がＡ株式会社の子会社、Ｃ株式会社がＡ株式会社の孫会社であるとともにＢ株式会社の子会社ということになります。

　　Ａ株式会社は、Ｃ株式会社に対し10％の直接支配分を保有し、Ｂ株式会社を通じ55％の間接支配分を保有しており、これを合算すると、Ｃ株式会社の株主等の議決権の65％を保有しています。

　　なお、Ｂ株式会社は、会員たる資格がありますが、まだ甲金庫の会員とはなっていません。

　　今般、甲金庫は、Ｃ株式会社から、Ｘ国における事業展開のための所要資金の借入の申込を受けました。
甲金庫は、Ｃ株式会社を「外国子会社」と認定し、員外貸付として資金の貸付を行うことができますか。

A

　　Ａ株式会社は、Ｃ株式会社に対する10％の直接支配分と55％の間接支配分を合算すればＣ株式会社の株主等の議決権の65％を保有しています。

　　しかし、甲金庫は、両者を合算してＣ株式会社をＡ株式会社の「外国子会社」として認定することはできませんので、施行令8条1項4号に定める員外貸付として資金の貸付を行うことはできません。

X国のC株式会社は、甲金庫の地区内にその住所または事業所がありませんので（法 10 条 1 項 1 号・2 号）、甲金庫はC株式会社の会員たる資格を認定することができません。

　信金法施行令は、自金庫の会員の「外国子会社」に対する貸付を員外貸付として認めていますが（施行令 8 条 1 項 4 号）、施行令 8 条 3 項 1 号の会員が 50％超の議決権を保有する「外国子会社」（外国子会社の範囲についてはQ 86 参照）の認定に際しては、会員の直接支配分と間接支配分を合算して判定することはできません（金融庁月間オンライン広報誌「アクセスFSA」118 号トピックス「(4) 信用金庫・信用組合の会員・組合員の外国子会社への直接貸付等の解禁について」。北神裕「信用金庫・信用組合の会員・組合員の外国子会社への直接貸付等を可能とする制度改正の概要」金法 1968 号 30 頁）。

　したがって、A株式会社は、10％の直接支配分と 55％の間接支配分を合算すれば、C株式会社の株主等の議決権の 65％を保有していますが、C株式会社は、A株式会社の「外国子会社」に該当しないため、施行令 8 条 1 項 4 号に定める「外国子会社」に対する員外貸付として資金の貸付を行うことはできません。

（平野英則）

Q95

会員の海外支社・支店の資金需要への対応

　甲金庫の会員であるA株式会社は、労働力を確保しやすいX国に生産拠点であるB支社があり、物流基地として便利なY国には販路拡大のためのC支店があります。

　今般、甲金庫は、A株式会社から、B支社の生産設備拡大のための増加設備資金およびC支店の商量拡大に伴う増加運転資金の借入の申込を受けました。

　甲金庫は、この設備資金および増加運転資金の貸付を行うことができますか。

A　甲金庫は、自金庫の会員であるA株式会社に対する貸付として、B支社の増加設備資金およびC支店の増加運転資金の貸付を行うことができます。

解説

　金庫は、資金需要の生じた支社または支店が国内にあるか海外にあるかを問わず、会員に対する貸付をすることができます。この考え方は、信用金庫の会員の外国子会社への直接貸付等を可能とする制度改正がなされる以前から認められていた見解であり、現在でも「会員に対する貸付」として可能です（北神裕「信用金庫・信用組合の会員・組合員の外国子会社への直接貸付等を可能とする制度改正の概要」金法1968号30頁）。

　したがって、甲金庫は、自金庫の会員であるA株式会社に対する貸付として、X国のB支社の増加設備資金およびY国のC支店の増加運転資金の貸付を行うことができます。

（平野英則）

Q96

外国法人等の設立後事業を開始するまでの直接貸付

∙∙∙

　甲金庫の会員であるＡ株式会社には、Ｘ国の法令に準拠して設立された現地法人のＢ株式会社があります。

　しかし、Ａ株式会社は、Ｘ国の法制などによりＢ株式会社の50％超の議決権を保有することができないため、その保有することができる最高限度の40％を保有するにとどまっています。

　現在、Ｂ株式会社は設立されたばかりで、まだ事業を開始していません。

　また、Ａ株式会社とＢ株式会社の関係は、①Ａ株式会社の役員等がＢ株式会社の方針決定機関の構成員の過半数を占めておらず、②両社の間にＢ株式会社の重要な方針決定を支配する契約等もなく、③Ａ株式会社がＢ株式会社の資金調達額（貸借対照表の負債の部に計上されるもの）の総額の過半の融資（債務の保証と担保の提供を含む）を行っているわけでもありません。

　このような状況の下で、甲金庫は、Ｂ株式会社からＸ国における今後の事業展開のための所要資金の借入の申込を受けました。

　甲金庫は、Ｂ株式会社に対して資金の貸付を行うことができますか。

A　　　甲金庫は、外国子会社に対する員外貸付として、Ｂ株式会社に本件所要資金の貸付を行うことができます（施行令8条1項4号）。

解説

　Ａ株式会社は、Ｘ国の法制などによりＢ株式会社の50％超の議決権を保有することができないため、その保有することができる最高限度の40％を保有するにとどまっています。

このような場合、Ａ株式会社とＢ株式会社の関係において、原則として、①Ａ株式会社の役員等がＢ株式会社の方針決定機関の構成員の過半数を占めていること（施行規則49条の2第1項1号）、②両社の間にＢ株式会社の重要な方針決定を支配する契約等があること（同項2号）、または③Ａ株式会社がＢ株式会社の資金調達額（貸借対照表の負債の部に計上されるもの）の過半の融資（債務の保証と担保の提供を含む）を行っていること（同項3号）のいずれかに該当すれば、甲金庫は、Ｂ株式会社を外国子会社と認定し、外国子会社に対する員外貸付として、Ｂ株式会社に本件所要資金の貸付を行うことができますが（施行令8条1項4号）（外国子会社の範囲についてはＱ86参照）、Ｂ株式会社は、上記①〜③のいずれにも該当しません。

　しかし、Ｂ株式会社が設立後まだ事業を開始していない場合には、例外的に、Ａ株式会社がＸ国の法制などにより保有することができる議決権の最高限度の40％を保有していれば、上記①〜③のいずれにも該当しないときであっても、Ｂ株式会社は外国子会社とされます（施行規則49条の2第2項）。

　したがって、甲金庫は、外国子会社に対する員外貸付として、Ｂ株式会社に本件所要資金の貸付を行うことができます（施行令8条1項4号）。

（平野英則）

Q97

外国法人等の資金調達額の総額と外国子会社の認定

....

　甲金庫の会員であるＡ株式会社には、Ｘ国の法令に準拠して設立された現地法人のＢ株式会社があります。

　しかし、Ａ株式会社は、Ｘ国の法制などによりＢ株式会社の50％超の議決権を保有することができないため、その保有することができる最高限度の40％を保有するにとどまっています。

　現在、Ａ株式会社とＢ株式会社の関係は、①Ａ株式会社の役員等がＢ株式会社の方針決定機関の構成員の過半数を占めておらず、②両社の間にＢ株式会社の重要な方針決定を支配する契約等もなく、③Ａ株式会社がＢ株式会社の資金調達額（貸借対照表の負債の部に計上されるもの）の総額の過半の融資（債務の保証と担保の提供を含む）を行っているわけでもありません。

　現在、③のＢ株式会社に対する貸付金の額は、甲金庫の外国子会社に対する員外貸付（施行令８条１項４号）が4,000万円、会員であるＡ株式会社が3,000万円、Ｘ国の地場銀行が3,000万円の合計１億円であり、Ａ株式会社がＢ株式会社の資金調達額の総額の過半（50％超）の融資を行っているわけでもありません。

　このような状況の下で、甲金庫は、Ｂ株式会社からＸ国における今後の事業展開のための所要資金の借入の申込を受けました。

　甲金庫は、Ｂ株式会社に対して資金の貸付を行うことができますか。

A　　甲金庫は、外国子会社に対する員外貸付として、Ｂ株式会社に本件所要資金の貸付を行うことができます（施行令８条１項４号）。

　A株式会社は、X国の法制などによりB株式会社の50％超の議決権を保有することができないため、その保有することができる最高限度の40％を保有するにとどまっています。

　このような場合、A株式会社とB株式会社の関係においては、原則として、①A株式会社の役員等がB株式会社の方針決定機関の構成員過半数を占めていること（施行規則49条の2第1項1号）、②両社の間にB株式会社の重要な方針決定を支配する契約等があること（同項2号）、または③A株式会社がB株式会社の資金調達額（貸借対照表の負債の部に計上されるもの）の過半の融資（債務の保証と担保の提供を含む）を行っていること（同項3号）のいずれかに該当すれば、甲金庫は、B株式会社を外国子会社と認定し、外国子会社に対する員外貸付としてB株式会社に本件所要資金の貸付を行うことができますが（施行令8条1項4号）（外国子会社の範囲についてはQ86参照）、B株式会社は、上記①～③のいずれにも該当しません。

　しかし、例外的に、A株式会社がX国の法制などにより保有することができる議決権の最高限度の40％を保有し、かつ、すでに甲金庫の外国子会社に対する員外貸付（施行令8条1項4号）が行われている場合には、上記③の資金調達額の総額の過半については、A株式会社の貸付金3,000万円に、甲金庫の員外貸付の4,000万円を加えて計算することがでます。その結果、その合計額の7,000万円は、資金調達額の総額1億円の過半になりますので、B株式会社は外国子会社とされます（施行規則49条の2第3項）。

　したがって、甲金庫は、外国子会社たるB株式会社に対する員外貸付として、本件所要資金の貸付を行うことができます（施行令8条1項4号）。

　Q96・本Q97で述べたこと、およびQ86の直接貸付ができる外国子会社の範囲をマトリックスで示すと以下のようになります。

＜外国子会社の定義＞

会員等による議決権保有の要件	会員等との密接な関係の付加的要件	会員等との密接な関係の付加的要件の適用に関する緩和	
会員等が外国法人等の議決権の50%超を保有する場合（施行令8条3項1号）。	不要：議決権の50%超を保有すれば「外国子会社」に該当するため。	不要：付加的要件に該当することは不要であり、その緩和も問題とならないため。	
設立準拠法国の法令等により会員等が外国法人等の議決権の50%超を保有できないが（施行令8条3項2号）、保有することができる最高限度の議決権を保有する場合（施行規則49条の2第1項柱書）。	①会員等の役員等が外国法人等の方針決定機関の構成員の過半数を占めること（施行規則49条の2第1項1号）。	外国法人等が設立後、事業開始以前の場合には、①〜③の要件のいずれかに該当することは不要（施行規則49条の2第2項）。	①の付加的要件のみに関する緩和はない。
	②会員等と外国法人等との間にその外国法人等の重要な方針決定を支配する契約等があること（施行規則49条の2第1項2号）。		②の付加的要件のみに関する緩和はない。
	③会員等が外国法人等の資金調達額（貸借対照表の負債の部に計上されるもの）の過半の融資（債務の保証と担保の提供を含む）を行っていること（施行規則49条の2第1項3号）。		③の要件について、信用金庫が外国子会社向けに施行令8条1項4号の貸付を行っている場合は、会員等の融資に信用金庫の融資を加えて、過半の融資を算出する（施行規則49条の2第3項）。

（平野英則）

(7) その他

Q98

排出権取引と会員資格

　今般、甲金庫は、会員たる資格のないＡ社から排出権取引を取り扱ってほしい旨の申出を受けました。甲金庫はこれを取り扱うことができますか。

A 　甲金庫は、会員たる資格のないＡ社の排出権取引を取り扱うことができます。

 解 説

　排出権は、法53条3項13号の算定割当量（地球温暖化対策の推進に関する法律2条7項に定義されている）に該当し、排出権取引はこれを授受する取引であり、算定割当量に対する対価を支払う売買（施行規則50条7項2号ロ・8項）に該当します。

　なお、この売買の当事者は金庫の会員である必要はないため、金庫は会員たる資格のないＡ社の排出権取引を取り扱うことができます。

（平野英則）

Q99

貸付債権信託受益権購入（取得）における債務者の会員資格

甲金庫は、乙銀行から、同行の有する A 社に対する貸付債権の信託受益権証書の購入を打診されました。A 社は地区内に住所も事業所もありませんが、甲金庫は、当該信託受益権を購入できますか。

A 甲金庫は、乙銀行から当該貸付信託受益権を購入することができます（法 53 条 3 項 5 号、施行規則 50 条 3 項 4 号）。

 解 説

　金庫が貸付をする場合には、原則として、借入人に会員資格があることが必要ですが（法 10 条 1 項 1 号・2 号、53 条 1 項 2 号）、一定の場合には、会員以外の者に対する貸付等も可能です（法 53 条 2 項、施行令 8 条 1 項）。

　さらに、金庫は、預金、貸付、手形割引および為替取引のほか、一定の業務を行うことができ（法 53 条 3 項）、その 1 つとして「金銭債権（譲渡性預金証書その他の内閣府令で定める証書をもって表示されるものを含む。）の取得又は譲渡」があり（同項 5 号）、金銭債権であって「内閣府令で定める証書をもって表示されるもの」には、貸付債権信託の受益権証書があります（施行規則 50 条 3 項 4 号）。そして、貸付債権が法 53 条 3 項 5 号の「金銭債権」に含まれることは明らかであり、金庫がその信託受益権証書を取得しまたは譲渡することは可能であるとされています。

　金庫がプライマリーマーケットにおいて、通常の相対貸付やシ・ローン形式で貸付をする場合には、原則として、借入人に会員たる資格が必要ですが、セカンダリーマーケットにおいて、たとえば、甲金庫が自金庫の会員の A 社に対するシ・ローン債権を信託し、その受益権証書の発行を受け、A 社を会員とすることができない乙金庫が当該受益権証書を譲り受けることは可能です（法 53 条 3 項 5 号、施行規則 50 条 3 項 4 号）（平野・前掲金法 1732 号 76 頁（Q 49））。　　　　　　　　　　　（平野英則）

Q100

会社分割（吸収分割）と会員資格

....

　甲金庫の貸付取引先であるＡ株式会社は、甲金庫の地区内で和食レストランチェーンを　運営しており、その規模は、資本金 10 億円、従業員数 270 人であり、甲金庫とは、過去 7 年間にわたる貸出取引があります。今般、Ａ株式会社は、中華レストランチェーンを運営するＢ株式会社から、自社の営業圏内にある中華料理店について、吸収分割の方法により承継することになりました。

　この吸収分割により、吸収分割承継会社であるＡ株式会社は、資本金 10 億円、従業員数 320 人となりました。

　甲金庫は、本件吸収分割後もＡ株式会社との貸付取引を存続させることができますか。

A　甲金庫は、本件吸収分割後もＡ株式会社との間で、卒業生金融としての貸付取引を存続させることができます。

 解　説

　吸収分割とは、株式会社または合同会社（吸収分割会社）が、その事業に関して有する権利義務の全部または一部を分割後他の会社（吸収分割承継会社）に承継させることです（会社法 2 条 29 号）。

　この事例における吸収分割承継会社のＡ株式会社は、吸収分割により、資本金 10 億円、従業員数 320 人となりますので、会員資格を喪失します（法 10 条 1 項ただし書、施行令 4 条）。

　しかし、Ａ株式会社は、会員資格を喪失して甲金庫を脱退しても（法 17 条 1 項 1 号）、過去 7 年間にわたる会員としての貸付取引がありますので、甲金庫は、脱退の時から 10 年間、卒業生金融としての貸付取引を存続させることができます（法 53 条 2 項、施行令 8 条 1 項 2 号、平成 25 年告示第 20 号第 2 号ロ）。　　　　　　　　　　　　　　（平野英則）

Q101

会社分割（新設分割）と会員資格

　A株式会社は、資本金10億円、従業員数400人のコンピュータソフト開発を主業とする会社であり、甲金庫の地区内で事業を営んでいますが、会員たる資格がないため取引がありませんでした。

　今般、A株式会社は、経営効率化の観点から金融機関向けシステム開発部門を分社化し、新設分割の方法により、甲金庫の地区内でa株式会社を設立することになりました。

　新たに設立されるa株式会社は、資本金1億円、従業員数150人の会社です。また、A株式会社は、金融機関向けシステム開発部門を切り離したため、資本金10億円、従業員数250人の会社になりました。

　甲金庫は、A株式会社およびa株式会社に対して、貸付を行うことができますか。

A　A株式会社およびa株式会社は、ともに甲金庫の会員たる資格を有しており、甲金庫は貸付を行うことができます。

解説

　新設分割は、株式会社または合同会社（新設分割会社）の権利義務を分割により新たに設立する会社（新設分割設立会社）に承継させるものです（会社法2条30号）。新設分割会社であるA株式会社と新設分割設立会社であるa株式会社はともに甲金庫の地区内に事業所を有し（法10条1項2号）、A株式会社は、資本金10億円、従業員数250人、a株式会社は、資本金1億円、従業員数150人の会社であり、甲金庫の会員たる資格を有しています（法10条1項ただし書、施行令4条）。

　したがって、甲金庫は、A株式会社およびa株式会社の会員たる資格を認定し、両社に対して、貸付を行うことができます。　　　　（平野英則）

3

員外貸付

Question & Answer

Q102

員外貸付

金庫の員外貸付は一定の者に認められていますが、どのような種類があるのか、またその限界について教えてください。

A 　員外貸付（手形の割引を含む）は法53条2項に規定されています。そして、施行令8条に規定されている10の類型の者に限られます。以下、員外貸付の根拠とその限度について説明します。

 解 説

1　員外貸付とは

信用金庫は会員組織であり、貸付または手形の割引ができるのは会員に限られます（法53条1項）。ただし、例外として、地方公共団体、金融機関その他会員以外の者として10の類型の者に対して資金の貸付（一部割引を含む）が認められています（法53条2項、施行令8条1項）。

なお、会員、会員資格の定義については、Q6を参照してください。

2　員外貸付の限度

員外貸付は、その前提として「金庫の業務の遂行を妨げない限度において」とされています（法53条2項）。ここでいう限度は、次頁・表の一ないし六および九の貸付・割引の合計額で、当該金庫の資金の貸付および手形の割引（金融機関への貸付は除く）の総額の100分の20に相当する額までとされています（施行令8条2項）（詳しくは図表を参照）。

3　大口信用供与規制

大口信用供与規制（Q210参照）には、10の類型の者への貸付は含まれます（図表）。ただし、「独立行政法人勤労者退職金共済機構」、「独立行政法人住宅金融支援機構」、「沖縄振興開発金融公庫又は勤労者財産形成促進法12条1項に規定する同法11条」に規定する資金の貸付に限っては、

大口信用供与規制の制限は適用されませんので（施行令 11 条 12 項）、注意してください。

＜員外貸付＞

		内　　　　容	資金の貸付(注1)	総額限度(注2)
対象者	一	預金・定期積金担保	△	○
	二	卒業生金融（資金の貸付および手形の割引）	○	○
	三	会員資格を有する者に対する 700 万円までの貸付および手形の貸付	○	○
	四	会員の外国子会社に対する資金の貸付	△	○
	五	独立行政法人、国立大学法人・大学共同利用機関法人、地方独立行政法人（資金の貸付および手形の割引）	○	○
	六	民間資金等活用による公共施設整備促進法	△	○
	七	地方公共団体	△	―
	八	独立行政法人勤労者退職金共済機構、同住宅金融支援機構、沖縄振興開発金融公庫又は勤労者財産形成促進法 12 条 1 項に規定する同法 11 条に規定する貸付	△	―
	九	地方住宅供給公社その他これに準ずる法人（資金の貸付および手形の割引）	○	○
	十	金融機関に対する資金の貸付及び手形の割引	○	―

（注1）　資金の貸付および手形の割引ができる者を○で表示。資金の貸付のみできる者を△で表示。

（注2）　貸付および手形の割引の総額の 100 分の 20 以下（施行令 8 条 2 項）とする者を○で表示。

（岡野正明）

Q103

地区外の者からの預金の受入とその預金を担保とする貸付

　甲金庫顧客の親戚である地区外のＡさんから定期預金の申込がありました。この申込を受け入れることに問題ないでしょうか。また、Ａさんから、この定期預金を担保に借入ができるかどうかについてもたずねられました。

　どのように回答したらよいでしょうか。

A 　地区外のＡさんであっても信金法上預金の受入をすることに問題はありません。また、本人の預金を担保とする場合に限って、会員以外の者への預金担保貸付も認められます。しかし、金庫は会員への貸付を前提とした金融機関であることから、原則として会員外への安易な預金担保貸付は避けるべきです。

 解 説

1 　地区外からの預金の受入

　信金法では貸付については、原則、会員に限定していますが、例外的に員外貸付が有効な貸付と認められる場合もあります。一方、預金については信金法上制限がないので、会員以外の者からも自由に受入が可能です。

　しかし、貸付を会員に限定しているのは、金庫の地縁団体的特質、協同組織の特性（法1条）を考慮してのことであり、会員以外の者への貸付が想定される預金取引は法律上問題ないとしても、員外貸付を前提に預金取引を行うことは適切な取引とはいえません。

2 　会員外の預金担保貸付を前提としない預金取引

　近隣の地区であって地区拡張の可能性がある場合や、地区外の者がその金庫の店舗を利用できず著しく不便であるというような場合などにおいては一概に問題ある取引ということはできません（森井編214頁）。また、会員が地区外の子供へ贈与する目的で行う預金であっても員外貸付を前提

としない場合なども現実には問題にはなりません。

3　員外貸付を前提とした預金取引

　法53条2項では、会員に対する資金の貸付および会員のためにする手形の割引を妨げない一定の限度内で、会員以外の者に対する貸付および手形の割引を認めています。

　会員以外の者に対する預金担保貸付については、「会員以外の者に対しその預金又は定期積金を担保として行う資金の貸付け」と規定されています（施行令8条1項1号）。

　この制度について、会員のほかに「会員たる資格を有する」という条件もないのは、当該預金を中途解約することは金利の点で預金者に不利になるなどの点を考慮して設けられ、この制度はあくまで預金者の利益のためのものであり、金庫のための制度ではないとされています（雨宮・和田編著129頁）。

　したがって、はじめから員外預金担保貸付を企図して員外預金を勧誘するようなことは脱法的な行為と解されるので、員外預金の受入そのものは法令上問題ないとしても、員外預金担保貸付を安易に取り扱うことは避けるべきものと思われます。

（岡野正明）

Q104

家族名義預金による員外預金担保貸付

　会員たる資格を有しないＡさんから、妻の定期預金を担保として預金担保による貸付の申込がありました。この貸付に問題はないでしょうか。

A　施行令8条によって、会員たる資格を有しないＡさんに預金担保貸付を行うには、Ａさん本人の預金を担保に差し入れてもらう必要があります。したがって、妻の預金を担保にＡさんに貸付をすることはできません。

解説

　員外貸付は、次の①・②など、施行令8条に限定列挙された対象に対してのみ行うことができます（法53条2項、施行令8条）。

①　会員以外の者に対しその預金または定期積金を担保として行う資金の貸付（員外預金担保貸付という）

②　会員以外の者で会員たる資格を有するものに対して行う700万円以内の資金の貸付および手形の割引（小口員外貸出という）

　このうち預金担保貸付では、会員たる資格を有しなくても実行が可能ですが、会員たる資格を有しない者への預金担保貸付が認められるのは、預金者本人の預金または定期積金を担保とする場合に限られます（施行令8条1項1号）。

　したがって、Ａさんに融資するためにはＡさん本人の定期預金または定期積金を担保とする必要があります。たとえ妻などの家族の預金であってもそれを担保にＡさんに貸付はできないことになります。

　なお、貸付額は、預金および定期積金の金額の範囲でなければなりません。

（岡野正明）

Q105

小口員外貸出と員外預金担保貸付の関係

‥‥‥‥‥‥‥‥‥‥‥‥‥‥‥‥‥‥‥‥‥‥‥‥‥‥‥‥‥‥‥‥‥‥

　会員たる資格を有するＡさんから、妻の定期預金（300 万円）を担保として員外預金担保貸付を、また、700 万円を小口員外貸出として合計１口で 1,000 万円の手形貸付の申込がありました。この貸付に問題はないでしょうか。

A　　　Ａさんに預金担保貸付を行うには、Ａさん本人の預金を担保として差し入れてもらう必要があります。したがって、妻の預金を担保にＡさんに貸付をすることはできません。

　また、小口員外貸出の限度は 700 万円ですので、小口員外貸出としては、その限度で行うことができますが、１口 1,000 万円の手形貸付としてはできません。

解 説

　小口員外貸出は卒業生金融とともに、信金法改正時（昭和 43 年６月）にはじめて認められた制度です。この制度が認められるに際して、小口員外貸出が誕生したおり開催された金融二法説明会の質疑応答において、「小口員外貸出は一人当り合計額の範囲内となっているが、これには員外預金担保貸付の分は控除してよいか。」との質問に対して、「施行令により、員外預金担保貸付のほかに小口員外貸出ができるので、両者の併用も考えられるため、分けて取り扱って差し支えない。なお、小口員外貸出の場合は純債（注）という考え方はとらない」との解釈が示されています（森井編219 頁）。

　「なぜ純債という考え方はとれないのかということについての説明を聞いたことがありませんが、実務的にはやはり純債という考え方をとらない方がよいように思います。というのは、決算の際作成する員外貸付の内訳における預金担保貸付と小口員外貸出の分け方、さらには、日常業務上、

たとえば、一枚の商業手形割引において、預金担保部分と小口員外貸出とが併存していた場合の分け方に問題が生じるから」（森井編 220 頁）と考えられています。したがって、Ａさんに融資するためには会員となってもらう必要があることになります。

　なお、妻の預金でなくＡさん本人の預金の場合は、たとえ会員となる資格を有していなくとも員外預金担保貸付として融資は可能です。また、会員となる資格があれば小口員外貸出として 700 万円までの融資を実行することは可能です（施行令 8 条 1 項 3 号、平成 10 年告示第 54 号第 3 号）。

（注）「純債」とは、昭和 43 年の金融二法説明会において、「小口員外貸出の場合は純債という考え方はとらない」との説明がなされており、その際使用された用語です。

　　　ここで、純債とは、性格が異なる貸付（員外預金担保貸付と小口員外貸出）をあわせて 1 つの貸付として取り扱う場合を「純債」と表現したものです。

　　　決算書を作成する場合、両方の貸付は別々に記載するものとされるので、1 通の商業手形に併存していた場合にその分け方に問題が生じることからこの表現を使ったものです。

（岡野正明）

Q106

小口員外貸出と制度融資の関係

　会員たる資格を有するＡさんから、一般の小口員外貸出と市の預託金に基づく制度融資を同時に受けたいとの相談を受けました。両者をともに実行してよいのですか、また金額の限度はどこまでですか。

A　　会員たる資格を有するＡさんには、まず、小口員外貸出として員外貸付の限度である700万円までの融資が可能です。ほかに、市町村など地方公共団体の預託金による制度融資は小口員外貸出とは別枠と考えられていますので、制度融資としてさらに700万円までの融資が可能となります。

解　説

　小口員外貸出は、「一人当りの資金の貸付及び手形の割引の額の合計額700万円（金庫が地方公共団体から資金の預託を受けて会員たる資格を有する者に対して行う当該資金の貸付については、一人当りの資金の貸付の額700万円）」と定められています（平成10年告示第54号第3号）。したがって、

　①　制度融資についての1人当り700万円の小口員外貸出の金額限度は、金庫の固有の小口員外貸出の限度である700万円とは別に取り扱うことが可能となります。

　②　制度融資で取り扱うことのできる小口員外貸出の総額は、預託された金額の範囲に限られ、預託金の○倍まで融資することが条件付けられている場合の○倍までの金額ではありません。

　たとえば、市町村から3,500万円の預託を受け、預託金の2倍である7,000万円の自金庫の資金を加えて総額1億500万円の制度融資を行う場合、預託金の3,500万円の部分については、1人700万円まで小口員

外貸出ができます。

　一方、金庫の自己資金である7,000万円の部分は会員への貸付として取り扱うことになります。

　この例の場合、すでに金庫固有の小口員外貸出のそれぞれ700万円ずつ受けている10人の顧客から、それぞれ700万円ずつの制度融資の申込を受けたとすると、申込順に5人については制度融資に係る小口員外貸出として取り扱うことができますが、後の5人については小口員外貸出として取り扱うことはできず、会員になってもらう必要があります（森井編223頁）。

　したがって、制度融資で700万円を5人まで融資することは可能ですが、それ以外は会員への貸付として行うことになります。

（岡野正明）

Q107

会員資格を有しない者による債務の相続

住宅ローンの債務者のＡが死亡しました。相続人は、子のＢだけですが、Ｂは地区外に居住、勤務しており会員たる資格を有していません。Ｂは、相続した住宅ローンを約定返済していきたい所存ですが、どう取り扱えばよいでしょうか。

A 　　Ｂは会員たる資格を有していないとのことなので、Ｂが相続した住宅ローンは事後員外貸付として管理していくこととなります。なお、Ａが住宅ローン債務について期限の利益を喪失していなければ、金庫はＢに対し住宅ローンの一括返済を請求することはできません。したがって、金庫としてはＢに約定返済を履行してもらうことになりますが、Ｂは地区外に居住しているとのことなので、返済状況を常に管理し、延滞が生じないよう十分注意する必要があります。

 解 説

1　相続加入の可否

死亡した会員の相続人で会員たる資格を有する者が、金庫に対し、会員の死亡日から３か月以内に加入の申込をした場合には、相続の開始の時に会員になったものとみなされます（法14条、定款例11条）。しかし、Ｂは会員たる資格を有していないので、この相続加入をすることはできません。

2　住宅ローンの相続

本件においては、相続人がＢのみなので、Ａの住宅ローンはＢが単独で相続します。たとえば、Ｂのほかに相続人Ｃがいる場合には、住宅ローンは可分債務ですからＢとＣが２分の１ずつ等分に相続することとなります。したがって、その場合、Ｂは住宅ローンを単独で承継するためには、Ａが相続した２分の１の相続債務について債務引受をすることが必要にな

りおます。

3　一括返済の請求の可否

　金庫が貸付金の一括返済請求を行うためには、最終返済期限が到来しているか、債務者が期限の利益を喪失していることが必要です。期限の利益の喪失事由は、民法137条や信用金庫取引約定書、金銭消費貸借契約証書等に規定されていますが、「債務者の死亡」および「貸付金が員外貸付となったこと」は、期限の利益の喪失事由とはされていないのが一般的です。

　したがって、Bが会員たる資格を有しないことにより、事後員外貸付となっても、それだけの事由でBに一括返済を請求することはできません。

4　条件変更の可否

　事後員外貸付については、金庫が償還に向けて努力していることが認められるときには、信金法に違反することはないと解されていますので、Bが約定返済の履行が困難になった場合に、金庫がやむなく貸付条件の変更を行っても、「償還に向けて努力していることが認められる場合」は、信金法違反とはならないものと解されます。なお、この場合、貸付金の同一性が失われるような貸増しや更改を行うことができないのはいうまでもありません。

5　出資金（持分）と貸付金の相殺の可否

　持分は、身分的な権利義務の要素と財産的な権利義務の要素をあわせもつものですから、自働債権である貸付金が弁済期にあっても、そのままでは貸付金債権と相殺することはできません（民法505条1項本文）。

　しかし、会員の死亡は法定脱退事由ですから（法17条1項2号）、会員は死亡により金庫を法定脱退し、その持分は持分払戻請求権に転化することになります。この持分払戻請求権は純然たる金銭債権ですから、法定脱退した事業年度末が到来すれば、金庫は貸付金債権と持分払戻請求権を相殺することができるようになります。

　なお、相殺充当によって返済方法に変更が生じると返済計画表の作成等で手間や費用を要することもありますので、少額の出資金については返済用の預金口座に入金し、返済原資の一部とするのが無難かと思います。

（岡野正明）

合併により会員資格を喪失した会社に対する卒業生金融

　当金庫の会員であるＡ株式会社が、合併することになりました。合併すると会員資格を喪失して卒業生として取り扱える場合と、取り扱えない場合があると聞きました。具体的にはどのように判断すればよいでしょうか。

【具体例１】

　　Ａ株式会社（取引先）

　　　資本金　５億円

　　　常時使用する従業員数　200名

　　　取引年数　10年

　　Ｂ株式会社（合併会社）

　　　資本金　７億円

　　　常時使用する従業員数　300名

　　　取引有無　事業所は地区内にあるが取引はなし

　　合併後の存続会社　Ｂ株式会社

【具体例２】

　　Ａ株式会社（前記具体例１の取引先）

　　Ｃ株式会社（合併会社）

　　　資本金　５億円

　　　常時使用する従業員数　500名

　　　取引有無　事業所は地区内になく取引なし

　　合併後の存続会社　Ｃ株式会社

【具体例３】

　　Ａ株式会社（前記具体例１の取引先）

　　Ｄ株式会社

　　　資本金　10億円

　　　常時使用する従業員数　500名

　　　取引有無　事業所は地区内にあるが規模から会員資格がなく取

引はなし		
合併後の存続会社Ａ株式会社		

 A 具体例１　Ｂ株式会社を卒業会員として取引が継続可能です。取引期間は 10 年となります。

具体例２　Ｃ株式会社は地区外の理由で会員たる資格がなく卒業生金融の対象にはなりません。

具体例３　Ｄ株式会社は規模の理由で会員たる資格がなく卒業生金融の対象になりません。

解説

1　卒業生金融

金庫の融資対象は原則として会員に限られています（法 53 条）。例外として認められている会員外への貸付のうち、いわゆる卒業生金融があります。

卒業生金融とは、以下の者に対する資金の貸付および手形の割引をいいます（施行令８条１項２号）。

① 　３年以上取引のあった、常時使用する従業員の数が 300 人を超えることとなった個人事業者

② 　３年以上取引のあった、常時使用する従業員の数が 300 人を超えかつ資本または出資の額が９億円を超えることとなった法人

卒業会員と貸付取引を行うことのできる期間は以下のとおりです（平成 10 年告示第 54 号第２号）。

① 　会員であった期間が３年以上５年未満の場合……脱退の時から５年

② 　会員であった期間が５年以上の場合……脱退の時から 10 年

2　卒業生金融の対象

設問にある合併によって会員資格を喪失した会社が卒業生金融の対象となるかどうかは、上記政令や告示の解釈によることになりますが、その解釈について、昭和 43 年の旧大蔵省銀行局中小金融課による照会への回答

によると、「合併前には両社とも会員資格があったが、合併により会員資格を失った場合、大蔵大臣の定める期間会員であった事業者が一方のみであっても、合併後の会社を卒業生としてさしつかえない。」との回答がそれです。

　この回答によれば、取引先の会社の合併会社に会員たる資格が必要であるとされています。したがって、具体例1は、合併相手のB社には会員資格があるため、合併後、告示どおり、合併（脱退）の時から10年間卒業生としての取引が可能です。

　一方、具体例2は、C社は会社の規模は会員たる資格を満たしていますが、事業所が地区外でもともと会員たる資格がないため合併後は卒業会員とはなりません。また、具体例3は、D社は地区という点では会員たる資格がありますが、規模の点で会員たる資格がありませんので、たとえ存続会社がA社であっても卒業会員として取り扱うことはできません（森井編226頁および前記回答）。

　卒業生金融として取り扱うことのできる資金の貸付は、償還期限が金融庁長官の定める期間内に到来するものに限られていますが（施行令8条1項2号）、貸付の償還期限が当該期間内となっている場合でも、金庫が当該期間内に回収する意図を持たずに取り扱ったことが明らかなときには、法令違反の員外貸付となります。なお、手形の割引については期間の制限をしていませんので、実行日は卒業生金融を行える期間内でなければなりませんが、手形の満期日はその期間を超えても差し支えないとされています（森井編227頁）。これは手形割引の特性から、卒業生金融の期間を超えた場合でもその期間経過のみをもって法令違反とはしないとの意図があると考えられます。しかし、卒業会員となった後、期間の定めなく取扱いが継続できるわけではないので、期間満了直前の長期間の手形割引は避ける必要があります。

3　卒業生金融と認められない場合の対応

　卒業会員として認められない場合には、融資先は会員たる資格の喪失により金庫を法定脱退し（法17条1項1号）、残存する貸付金は事後員外貸付となります。しかし、この場合でも、償還について積極的な努力をし

ているものと認められるときには、法令違反とはしないこととされています。

　したがって、当初の約定どおりの期間内の償還管理に専念する対応となりますので、貸増しや更改に該当しないように注意する必要があるのはいうまでもありません。

　なお、法10条1項ただし書を改正し、会員である事業者が金庫の協力によって従業員数、資本金の額等を増大させたときでも会員としての資格を失わせることなく、金庫との取引が継続できるようにすべきであるとする立法論（飯島悟「信用金庫の業務対象の人的範囲についての立法論的考察」銀法706号58頁以下）もあり、対応が望まれます。

（岡野正明）

Q109

会員が地区外に移転したために生じた員外貸付

会員であるＡさんが転勤により甲県に引越しすることになりました。甲県は地区外になります。Ａさんは、住宅ローン、教育ローンを利用していますが、順調に返済しており、今までどおり返済していくという意向です。完済までには相当の期間が必要となりますが、法令違反等について問題はないでしょうか。

A Ａさんは地区外への転居により会員資格を喪失し、当然に脱退することとなります（法17条1項1号）。しかし、本件貸付は、会員であった当時の貸付であり、その後、会員資格を喪失したとしても会員時の有効な貸付金と考えられ、員外貸付の特例と考えるべきであって法令違反とはなりません。

 解 説

1 員外貸付の特例

金庫の融資対象は原則として会員に限られています（法53条）。例外として認められている会員以外の者への貸付（員外貸付）は、施行令8条1項に規定されている10の類型の場合に限られています。

2 事後員外、事後地区外貸付とは

金庫の員外貸付は、施行令8条にあるとおり、特例として卒業生金融等10の類型の員外貸付を有効な貸付と認めています。

しかし、これらの員外貸付のほかにも、貸付当初は会員に対する貸付であったが、その後何らかの事情によって、その会員が会員資格を失ったために員外貸付となったものがあります。

具体的には、いわゆる事後員外貸付としては、

① 卒業生金融の特例期間を経過した場合

② 貸付金のある会員が死亡して債務を継承する相続人が会員たる資格

を有しない場合

等があります。さらに、いわゆる事後地区外貸付として

① 地区外に移転した場合

② 地区内の事業所に勤務していたが、地区外の事業所に転職した場合

③ 地区内の事業所に勤務していたが、事業所が地区外に移転した場合

などが現実問題としてありえます。

施行令8条では、上記の事後員外貸付、事後地区外貸付について明記されていないため、法令違反となる懸念があります。なぜなら、金庫は本来地域に根ざした地域金融機関であると同時に、中小事業者、中小企業のための金融機関であることから、原則として、限定した会員との融資取引に限って認められているからです。

しかし、設問の事例にあるように地区外へ移転して会員資格を喪失する場合がありえます。この場合、会員であった期間に実行された貸付は会員への貸付として有効ですから、早期回収に努めるべきであることは当然ですが、「一概に法令違反と断じ無理な回収を図る必要はない」(森井編72頁)と考えるのが妥当と思われます。なお、地区外に移転した後の新規貸付(更改を含む)等は無効であると解されます(通説・判例)。

3　金融庁検査(旧大蔵省検査)での取扱い

事後地区外貸付、事後員外貸付、卒業生金融期間経過後に残存する貸付については、金融庁検査では以下のように取り扱われています(森井編73頁)。

① 償還について積極的な努力をしていると認められるものは法令違反とはしないが不備事項とする

② 償還について積極的な努力が認められず、管理が放置されている場合も法令違反としないが不備事項とする

③ 貸増しまたは更改を行っているものについては法令違反として指摘する

④ 卒業生金融について貸付の償還期限が資格喪失までの期間内となっていても、期間内回収意図を持たずに扱ったものであることが明らかな場合は法令違反として指摘する　　　　　　　　　　(岡野正明)

Q110

非会員たる相続人に対する貸付

....

　甲金庫会員である個人事業主Ａさんが死亡しました。相続人には地区外に住む子のＢさんとＣさんがいますが、事業は引き継がず、相続は単純承認によることとなりました。甲金庫には、Ａさんに対する証書貸付があり、Ｂさんは債務の相続にあたって新たな貸付による長期の弁済を希望しています。

　甲金庫は、会員たる資格のないＢさんとＣさんに対してＡさんの残債を貸し付けることで回収を図りたいと考えていますが、問題はないでしょうか。

A　　　本件では、共同相続となりますので、ＢさんおよびＣさんの相続債務について相互に併存的債務引受をしてもらい、返済を求める方法が妥当と考えられます。

 解 説

1　被相続人の財産継承

　相続人は被相続人の財産を単純承認すると、被相続人が負っていた債務についても同一条件で承継することとなります（民法 899 条）。なお、この場合、共同相続となりますので、各相続人は自己の相続分についてのみ債務を承継することになり、連帯責任は負わないとするのが判例の考え方です（大決昭和 5・12・4 民集 9 巻 1118 頁）。

2　非会員の相続人にする貸付

　本件の場合、債務の全額について相続人に旧債務と同一の残債を新たに貸し付け、返済を求める方法については、員外貸付として問題がありますので、Ｂさん、Ｃさんにそれぞれ相続した債務について相互に併存的債務引受をしてもらうことで対応するのが妥当と考えます。

　本件は、当初の貸付が金庫の事業目的の範囲内であり、相続により被相

続人の債務を承継した結果、非会員である相続人への貸付の形式とはなるものの、有効と考えるのが妥当と思われます。判例にも、農業協同組合の行った実質的な員外貸付について協同組合の目的の範囲内の貸付を有効としたものもあります（最判昭和 33・9・18 民集 12 巻 13 号 2027 頁）。

（岡野正明）

Q111

事後員外貸付の金利引下げと存続

　　甲金庫の融資先であるＡさんに資金を貸し付けていましたが、Ａさんが死亡し、甲金庫の地区外に住所と勤務先があるＢさんがＡさんの借入債務を相続したため、事後員外貸付として資金の貸付を存続させています。

　　今般、甲金庫は、Ｂさんから、某メガバンクから低金利での肩代わりの提案を受けていますが、甲金庫も同様の金利水準であれば、某メガバンクへの借換えの煩雑な手続と費用負担をしなくて済むので、金利を某メガバンクの金利レベルまで引き下げてほしい旨の要請がありました。

　　なお、Ｂさんに対する事後員外貸付について、甲金庫は、償還について努力を怠ることなく、約定どおり返済を受けており、いたずらに放置することなく、貸増も更改もしてはいません。

　　甲金庫は、Ｂさんに対する事後員外貸付の金利を引き下げた後も、その事後員外貸付を存続させることについて、問題はないですか。

A　　甲金庫は、Ｂさんに対する事後員外貸付の金利を引き下げた後も、その事後員外貸付を存続させることができます。

 解 説

　　金融庁（旧大蔵省）の検査における事後地区外貸付、事後員外貸付に対するスタンスは、①償還について積極的な努力を怠っているもの、②償還について積極的な努力をせずにいたずらに放置しているもの、③①と②において貸増や更改をしているものについては、法令違反や不備事項としています（この点に関し、金融庁（旧大蔵省）検査での取扱いを記載するものとして、信用金庫実務研究会「Ⅰ会員資格等（その３）」金法 1226 号 22 頁、森井編 73 頁、および、平野・前掲金法 1700 号 133 頁（Q56）

がある）。

　しかし、甲金庫は、Ｂさんに対する事後員外貸付について、約定どおり返済を受け、償還の努力を怠っておらず、いたずらに放置せずに、貸増も更改もしてはいません。

　このような甲金庫のＢさんに対する事後員外貸付についての取組姿勢は、Ｂさんの金利引下要請の背景を勘案すれば、甲金庫がこれに応じたところで、変化するものではありません。

　したがって、甲金庫は、Ｂさんの金利引下要請を応諾した後も、その事後員外貸付を存続させることができます。

（平野英則）

Q112

非会員たる割引手形の振出人に対する貸付

••

　甲金庫取引先である割引依頼人Ａさんは、甲金庫が割引を実行した後倒産し、行方不明の状態になりました。その後、割引手形の振出人Ｂさんから、「一括での期日決済が難しく、分割弁済したいので何とか貸付等で対応してほしい」旨の依頼を受けました。

　ところが、振出人Ｂさんは地区外の事業者であり非会員です。この場合、手形金額相当額を振出人Ｂさんに貸付することに問題はないでしょうか。

A　　非会員である手形振出人に対しては新たな貸付を実行するのは避ける必要があります。貸付に代えて、手形振出人による分割弁済の担保のため、振出人から分割払金を額面金額とした約束手形を振出してもらい、その交付を受けます。この手形を期日に取り立てる分割払により債務の履行を受ける方法をとることが適切です。

 解 説

1　割引手形の振出人との関係

　割引依頼人が倒産した場合、割引依頼人の同意なしに支払人に対して分割支払を認めると、割引依頼人から同意を得ずに支払猶予を行ったことを理由に、買戻債務が消滅し裏書人への遡求権の行使が困難になるおそれがあります。

　これを避けるためには、手形を支払呈示期間内に呈示し、支払を拒絶されることが必要になります（手形法43条）。

2　手形債権の分割払の受入

　手形振出人による分割弁済の担保のため、振出人から分割払金を額面金

額とした約束手形を振り出してもらい、その交付を受けます。この手形を期日に取り立てることによって分割払の履行を受けることとなります。

　なお、割引手形の債務が消滅するのを避けるため、分割払の手形交付が更改や代物弁済とならないよう、「分割支払用の手形の交付は分割支払の履行を担保するためであり、旧手形の支払債務は消滅せず、分割払を履行しないときは旧手形による請求に異議ないこと」を内容とする覚書の交付を受けておく必要があります（全信協『法務基礎』11頁）。

　本件における非会員である手形振出人からの手形債権の分割回収は、実質的には会員に対する割引手形の買戻請求権に代替する請求方法であって、旧手形債権も更改しておらず、旧債権の行使という金庫の業務の目的の範囲内として有効と考えられます。

　なお、振出人からの支払猶予の申出に応じる場合は、担保・保証を徴求することも検討する必要があると思われます。

　また、本件について、会員たる資格のない担保提供者に対する肩代わり融資や会員たる資格のない相続人に対する貸付金の回収のための融資と同様に、金庫の事業目的の範囲内に含まれ有効とし（全信協『金融法務』13頁）、単名手形貸付や融資を行えるように、政省令等により明示することが望まれます。

（岡野正明）

Q113

無効な員外貸付と担保・保証の効力

....

　甲金庫が発行し乙社が保証するカードローンを利用している会員
Ａさんが当金庫の地区外への引越しにより会員資格を喪失していた
ことが判明しました。Ａさんはカードローンを会員資格喪失後も引
き続き使用しています。この場合、会員資格を喪失した後に発生し
た貸越はどうなりますか。

A　　　Ａさんに対する既存の貸付は事後地区外貸付となります
　　　　ので、全額回収が原則となります。会員資格喪失後の新規
融資取引は員外貸付となりますので、新たに貸付を行うと員外貸付
として無効な貸付となります。員外貸付が無効となると付従性によ
り、その担保・保証も無効となります。

　したがって、会員資格を喪失した後のＡさんのカードローンにつ
いては、新規貸越の発生を防止する必要があります。

 解 説

1　金庫の貸付対象

　金庫の貸付対象は原則として会員に限られています（法53条）。例外
として認められている会員以外の者への貸付（員外貸付）は、Q 109 の
解説にあるとおり 10 の類型の場合に限られています。

　設問の事例の場合、会員であった期間に実行された貸付は会員への貸付
として有効ですが、会員資格を失った後の新規の貸越は、信金法上、無効
な貸越とならざるを得ません。

2　担保・保証の効力

　さらに、員外貸付が無効とされると当該貸付についての担保・保証につ
いても付従性により無効となるとするのが通説・判例の考え方です（最判
昭和 41・4・26 民集 20 巻 4 号 849 頁）。

ただし、員外貸付が無効であったとしても金庫は貸付金相当額を不当利得として返還請求できることとなります。

　なお、判例は、無効な員外貸付であっても債務者が債務を弁済せずに、貸付の無効を理由に抵当権ないしその実行手続の無効を主張することは信義則に反するとして、債務者が競落人の所有権取得を否定することは認められないとしています（最判昭和44・7・4民集23巻8号1347頁）。

　したがって、返済の義務がなくなるわけではなく、ただ返済の根拠が不当利得という法理に基づくことになり、返済の時期や利息に違いが生ずることになる（内田『民法Ⅰ』247頁）とされます。ただし、担保・保証がそのまま有効とされているわけではありませんので注意が必要です。

（岡野正明）

Q114

非会員たる物上保証人に対する貸付

．．．．．．．．．．．．．．．．．．．．．．．．．．．．．．．．．．．．．

　甲金庫会員である個人事業主Ａさんに長期の証書貸付によって事業資金を貸付していましたが、Ａさんは事業に失敗して行方不明となりました。Ａさんへの貸付に際しては地区外に居住する父親Ｂさんの不動産に抵当権を設定して保全を図っていました。貸付金についてＢさんは分割弁済をすることを申し出ています。Ｂさんに対してＡさんの債務を貸付することで回収を図りたいと考えていますが、問題はないでしょうか。

A　　　物上保証人であるＢさんは会員たる資格を有しないため、条文どおりに判断すると、Ｂさんに対する新たな貸付は無効となるという考え方も成り立ちます。そこで、その解決策としては、新たな貸付によるのではなく、Ｂさんの承諾が得られれば、Ａさんに加えてＢさんも債務者となる併存的債務引受によることも１つの方法と考えられます。

解説

1　非会員の物上保証人に対する貸付

　本件の場合における貸付金の回収にあたっては、担保が物上保証人の抵当物件である以上、その換価処分による回収によるのが原則と考えられます。しかし、物件の処分によっても貸付金返済に満たない場合や物上保証人が物件処分に難色を示す場合などがあります。

　その解決策として、債務について物上保証人に旧債務と同一の残債を新たに貸付したことにして返済を求める方法が考えられますが、物上保証人が会員たる資格を有しない場合は、新たな貸付とみなされる貸付は、員外貸付として無効となるとする考え方も成り立ちます。

　しかし、本件のような物上保証人による旧債務を引き継ぐ貸付について

は有効と解釈することが可能ではないかと考えられます。物上保証人に被保証債務額相当額を貸し付けて回収する方法は、保証人に会員たる資格がないと形式的には員外貸付となりますが、このような貸付は金庫の事業目的の範囲内に含まれ有効であると考えられます（全信協『金融法務』13頁）。判例にも、農業協同組合の行った実質的な員外貸付について協同組合の目的の範囲内の貸付は有効としたものもあります（最判昭和33・9・18民集12巻13号2027頁）。

2　債務引受による履行請求

1で述べたように、非会員の物上保証人に対する新たな貸付も可能とする考え方（全信協『金融法務』13頁）を前提とすれば、本事例の場合、Aさんに加えてBさんも債務者となる併存的債務引受も1つの方法と考えられます。

併存的債務引受は従来の債務者と引受人とが連帯して同一内容の債務を負担するものであり、また、原債務は消滅しないうえに、債務者の意思にかかわりなく引受契約が可能となり、担保でまかなえない部分の債務についても履行請求が可能となるので、有効な手段といえます。

（岡野正明）

Q115

非会員たる連帯保証人に対する貸付

•••

　甲金庫は会員であるＡ社に手形貸付ならびに証書貸付等によって
事業資金を貸付していましたが、Ａ社は不振に陥り貸付金の返済が
滞ったことにより期限の利益の喪失事由が発生しました。Ａ社への
貸付に際しては非会員である地区外に居住するＢさん（Ａ社社長の
父親）が連帯保証人となっています。

　Ａ社に資力はないものの、Ｂさんが経営する事業は順調で、即時
に返済する資力はありませんが、分割返済する意思があります。Ｂ
さんに対して貸付を行うことによって回収を図りたいのですが、問
題はありませんか。

A　　　Ｂさんは会員たる資格を有しないため原則として貸付は
　　　　できませんので、Ｂさんが甲金庫に対して負っている保証
債務について支払方法を定めた債務弁済契約を甲金庫とＢさんとの
間で締結することが望ましいと思われます。

　しかし、本件のような一括弁済できない連帯保証人への貸付は、
協同組織金融機関たる金庫の事業目的の範囲内であり、非会員で
あっても連帯保証は適法な保証行為であることから、主債務者の債
務をすべて承継する以上、旧債務を引き継ぐ貸付の範囲内について
は有効と考えられます。

解 説

1　非会員の連帯保証人に対する貸付

　Ｂさんは、甲金庫に対し主たる債務者であるＡ社と同様の保証債務を
負っていますので、このような場合、Ｂさんが甲金庫の地区外の居住者で
あっても、Ｂさんに保証債務と同額の融資を行い、これを保証債務の弁済
に充てることは許されるとする考え方もありますが、信金法上無効とされ

るおそれがあります。

　そこで、Bさんに保証債務についての分割弁済の意思があるのであれば、Bさんとの間でその弁済方法について合意し、債務弁済契約を締結するのが無難な対処方法と考えられます。その際、新たな担保の差入れや保証人を求めることも検討すべきと思われます。

　一方、本件のような旧債務を引き継ぐ貸付については有効と解釈することが可能ではないかと考えられます。なぜなら、本件は第一に当初の貸付が協同組織金融機関たる金庫の事業目的の範囲内であること、非会員による連帯保証も適法な保証行為であること、第二に連帯保証人に対する新たな貸付であっても、非会員である連帯保証人への貸付の形式とはなるものの、金庫の業務目的の範囲内であると考えられるからです。判例にも、農業協同組合の行った実質的な員外貸付について協同組合の目的範囲内の貸付と考えられる貸付を有効としたものもあります（最判昭和33・9・18民集12巻13号2027頁）。

2　免責的債務引受による履行請求も可能

　一方、1で述べたように、Bさんへの残債の融資ができるという前提をとれば、債務者A社の債務をBさんが引き受ける債務引受の方法も可能です。その債務引受の方法としては、A社が債務を免れる免責的債務引受と連帯して債務を負う併存的債務引受とがあります。

　本件の場合、いずれの方法をとることも可能ですが、主債務者に資力がない場合、連帯債務の関係にならない免責的債務引受を採用することも可能と考えられます。

　　　　　　　　　　　　　　　　　　　　　　　　　　　　（岡野正明）

Q116

非会員たる上場企業に対する預金担保貸付

非会員である上場企業と上場前から預金取引を行ってきました。今回、当該企業が一時的に運転資金が必要とのことで預金を担保に貸付を申し込んできました。この預金担保貸付を実行することに問題はないでしょうか。また、当該預金を担保に必要のつど運転資金として預金担保貸付を受けることができるか確認してきました。どう対応するべきでしょうか。

A 非会員たる上場企業との預金取引そのものは、信金法上問題ありません。また、当該上場企業本体の預金を担保とする貸付も員外預金担保貸付（手形割引を除く）として有効と考えられます。ただし、預金担保貸付は、あくまで会員の利益のための制度ですから、必要のつど繰返し継続して貸付するのは好ましいことではなく、非会員に対し当初から貸付を行うことを企図して預金を受け入れ預金担保貸付を行うことは、法53条1項・2項の脱法行為と解すべきものであり、避けるべきことと考えます。

解 説

1 員外預金担保貸付

施行令8条1項1号では、会員以外の者に対し貸付を受ける本人の預金または定期積金を担保とする資金の貸付（手形割引を除く）を認めています。

2 非会員たる上場企業への預金担保貸付の継続

員外預金担保貸付は、手形割引以外の資金の貸付を本人の預金・積金の範囲に限って認めています。また、預金担保貸付が会員や会員たる資格を要件としていないのは、預金の受入に会員や会員たる資格の制限がないことが理由であり、預金担保貸付は、あくまで預金者の利益を確保するため

の制度ということができますので、はじめから融資を行うことが目的で預金を受け入れることは望ましいことではありません。

　また、金庫は営業区域が限定されている地域金融機関であり、一定の中小企業者のための金融機関です。したがって、一般的に大企業への員外預金担保貸付を継続して行うのは避けるべきと考えます。

（岡野正明）

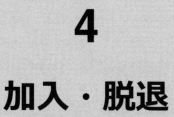

4

加入・脱退

Question & Answer

⑴ 加　入

Q117

通称・芸名による加入申込

　　当金庫には、俳優や小説家などいわゆる通称や芸名での取引を行っている顧客が相当数います。通常の普通預金取引などではこれら芸名での取引を行っていましたが、会員として加入のうえ貸付取引についても同様に芸名で行いたいとの申込がありました。

　　これら通称や芸名での加入は可能でしょうか。また、実務上注意すべき点はどんなことがあるでしょうか。

A　　金庫への加入は、個人加入のための会員資格の要件を満たしていれば、その名称が通称または芸名によっても差し支えありません。ただし、会員資格の確認と加入後の会員への通知等の関係上、加入申込に際しては、戸籍上の本名を通称等にあわせて記載してもらうことになります。芸名等で加入するため、その本人の会員たる資格の確認と事務手続上の連絡先の確認等を行っておく必要があるからです。

 解　説

1　加入の意義

　加入とは、会員たる資格を有する者が会員となることをいい、会員たる地位の取得事由の1つです。また、加入には、原始加入、相続加入、持分譲受加入の3つの方法があります。

　金庫に加入するには、相続加入を除き、会員になろうとする者の加入申込とそれに対する金庫の承諾が必要です（法13条）。

210

2　個人の加入資格

個人の会員たる資格は次の４種類があります（法 10 条 1 項）。

①　その金庫の地区内に住所または居所を有する者（同項１号）

②　その金庫の地区内に事業所を有する者（同項２号）

③　その金庫の地区内において勤労に従事する者（同項３号）

④　前３号に掲げる者に準ずる者として内閣府令で定める者（同項４号）
（金庫の地区内に事業所を有する者の役員、その金庫の役員、自己居住
用の宅地・住宅の売買契約等を締結し地区内への転居が確実と見込まれ
る者（施行規則１条）を指す）

3　加入申込の実務

会員になろうとする者は、定款の定めるところにより加入申込書に所定
の事項を記載して金庫に加入の申込をすることになります。

具体的には、個人の場合、加入申込者が会員たる資格を有する者である
ことを証する書面が必要になります。金庫の地区内に住所または居所を有
することにより会員たる資格を有する者は、通称・芸名に加え戸籍上の本
名を併記してもらい、また、加入申込者の本名による本人確認（犯罪によ
る収益の移転防止に関する法律４条１項１号、同法施行令６条１項１号、
同法２条２項２号）を行い、住民票による住所等により会員たる資格の有
無の確認を行うことが必要です。

さらに、本人の生年月日等の確認、行為能力の制限の有無の確認も必要
となります。

4　加入の承諾

金庫の会員になろうとする者が加入の申込を行った場合、どのようなと
きに金庫が承諾を拒否することができるかについては争いがありますが、
通称・芸名による加入申込であるというだけで、承諾を拒否する事由に該
当することはなく、実務上も上記の手続を経ることで問題が生じることは
ないものと考えられます。したがって、通称・芸名による加入も通常の会
員加入の手続を経ることによって加入が可能です。

（岡野正明）

Q118

相続加入の要件

　　当金庫の会員が死亡し、被相続人には、同居していた相続人である未成年の息子と成年の娘の2人がいます。未成年の息子はすでに結婚しており、相続加入を希望しています。この場合、未成年の息子が相続加入することは可能でしょうか。また、実務上どんな点に注意すべきでしょうか。

A　　相続人は会員たる資格を有しており、また未成年でも婚姻しているので単独で有効な加入申込が可能です。また、娘も共同相続人となりますが、相続加入は1名に限りますので、他の相続人から同意書を徴求しておく必要があります。

 解 説

1　相続加入とは

　死亡した会員の相続人で会員たる資格を有する者が、金庫に対して定款で定める期間内に加入の申出をしたときは、相続開始の時に遡って会員になったものとみなされ、被相続人の持分についてその権利義務を承継するとされています（法14条1項）。

　なお、相続人が数人あるときは、それら相続人の同意をもって選定された1名の相続人に限ります（法14条2項）。

　会員の死亡は、法定脱退事由とされていますので（法17条1項2号）、会員が死亡したときは、原則としてその相続人は死亡した会員の持分を承継せず、持分払戻請求権（法18条1項）を相続することになります。

　ただし、その相続人が会員たる資格を有しており、金庫に加入することを希望する場合には、一般の加入（原始加入）でなく、相続人が所定期間内に加入の申込をすることで相続開始時に遡って会員になることができます（相続加入）。これは会員になろうとする相続人にとって出資金の払込

と相続持分の事業年度末まで待っての払戻しという煩雑な手続を回避するものです

2　相続加入の要件

⑴　相続人が会員たる資格を有すること

まず、個人として金庫の会員たる資格の4つの要件のどれかに該当する必要があります（Q117参照）。たとえ、相続人が未成年者であっても、その相続人として会員たる資格を有する場合には、相続加入の申込をすることができます。ただし、未成年者は、制限行為能力者であるため、通常は単独で相続加入の申出をすることができません。

⑵　金庫に対して定款所定の期間内に加入の申込をすること

相続加入の場合、他の加入の場合と異なり金庫の承諾を得ることが不要ですので、相続人の加入申込だけで、加入の効果が生じます。

ただし、加入申込は定款で一定期間内（通常3か月以内）にするよう定めています。

⑶　金庫への申込は、被相続人の持分の全部承継に限ること

相続人は、被相続人の持分の一部を承継して金庫に加入し、残りの持分につきその払戻しを請求することは認められないこととしています。

⑷　相続人が複数のときは全相続人の同意により選定された1人の相続人に限ること

相続人が複数いる場合は、それら相続人が被相続人の持分を分割して承継し、ともに金庫に加入することは認められません（法14条2項）。これは、主として持分の共有が認められていないことによります（法15条4項）。また、法律関係を簡明にしておく必要からと考えられます。

なお、相続加入の申込に際しては、金庫は相続人の人数の確認を行うとともに、他のすべての相続人から同意書を徴求しておく必要があります。

（岡野正明）

Q119

会員資格を有する被保佐人・被補助人の単独での加入申込

当金庫の会員が死亡し、相続人より加入の申込がありました。相続人は会員たる資格を有していますが、被保佐人であることがわかりました。加入を受け付けることに問題ないでしょうか。同様に、被補助人の場合はどのように取り扱えばよいでしょうか。

A 　制限行為能力者であっても金庫の会員としての加入を受け付けることは可能ですが、一定の注意が必要です。家庭裁判所の審判で保佐人の同意が必要とされている場合は、保佐人の同意なく受け付けると取り消されるおそれがありますので、必ず登記事項証明書による確認を行い、同意を得ておく必要があります。

被補助人の場合も補助人に同意権がありますので、同意書を徴求しておく必要があります。

 解説

1　制限行為能力者の加入の可否

金庫は広く国民大衆のため金融の円滑を図り、その貯蓄の増強に寄与することを目的としていることから、法10条1項各号に掲げる者はすべて会員たる資格を有するものとし、それ以外の制限を設けないとの趣旨であるとされています（昭和26年蔵銀第3586号ほか）。したがって、制限行為能力者である未成年者にあっても、会員たる資格を制限することは許されないとされています（村上悽「法務相談・金庫の会員の資格について」金法453号42頁）。

2　保佐制度・補助制度

未成年者と同様に制限行為能力者制度として保佐、補助の制度があります。

まず、被保佐人とは、精神上の障害により事理を弁識する能力が著しく

不十分な者をいいます（民法11条1項）。

　一方、被補助人とは、精神上の障害により事理を弁識する能力が不十分な者をいいます（同法15条1項）。

　これら制限行為能力者の権利や財産を守るため、被保佐人や被補助人が財産上の重要な行為を行う際には、選任された保佐人・補助人にはそれぞれ同意権・取消権が付与されています（民法13条1項・17条1項）。

　保佐人や補助人の同意権の範囲については、民法13条1項・17条1項で定められていますが、会員加入については、民法13条1項3号の「不動産その他重要な財産に関する権利の得喪を目的とすること」に該当し、具体的には、「元本が保証されない取引」ということになります（大津家庭裁判所「補助人の仕事と責任」2頁）。

3　実務上の取扱い

　会員加入については、被保佐人については、民法13条1項3号の「不動産その他重要な財産に関する権利の得喪を目的とする行為をすること」のうち、「元本が保証されない取引」（大津地方裁判所『保佐人Q＆A』7頁」）とみなされ、取消しされる可能性があります。

　一方、被補助人については、補助人の同意を要する行為として審判により指定されている（民法17条1項）可能性があることから、被保佐人と同様の注意が必要となります。

　以上の考え方を整理すると、被保佐人や被補助人は信金法に定める会員たる資格を有する以上、会員加入の権利を有しています。したがって、原始加入であれ、相続加入であれ、加入申込には応じる必要があります。なお、その際、登記事項証明書の添付を求め、保佐人または補助人から同意書を徴求しておくのが適切な取扱いと考えられます。

（岡野正明）

Q120

会員加入に際しての金庫の承諾義務

金庫の会員となるには、金庫の承諾を要することが法律上明記されていますが、金庫にとって会員にすることが好ましくない加入希望者からの申込があった場合、金庫はこれを断ることが可能でしょうか。

A 　金庫に加入の申込があった場合、金庫が加入を拒否するには正当な事由がある場合に限られますから、拒否するためには、単に好ましくないというだけでなく、その者の加入により金庫の業務の適正な運営上ふさわしくない実質的な事由が必要と考えられます。

 解 説

1　会員加入とは

金庫への加入には、原則として会員になろうとする者と金庫との合意が必要で、会員になろうとする者の加入申込とそれに対する金庫の承諾が必要です（法13条）。

前述（Q117）のように、加入の形態には3種類がありますが、このうち金庫の承諾が条件になるのは、原始加入、持分譲受けの場合です。

2　金庫の承諾についての2つの考え方

金庫が会員の加入の承諾を拒否できるかに関しては考え方が分かれています。

(1)　金庫は承諾しなければならないとする考え方

1つは、金庫の組織は人的結合であって人的要素を重視するので、加入については金庫の承諾が条件になっています。しかし、金庫の組織は本質的には協同組織であって、原則として加入の自由（法7条、独禁法22条2号）が認められていますので、金庫は正当な理由がなく加入を拒むこと

は許されないとする考え方です。

正当な理由としては、以下のものが考えられます（信金法研究会編 128 頁）。

① 除名された会員が除名後直ちに加入申込をしてきた場合
② 金融機関としての金庫の信用を、故意に、かつ、事実をゆがめて不当に、著しく傷つけた場合
③ 総(代)会の会日の相当の期間前から総会が終了するまでの間の加入申込の場合

また、会員たる資格を有しない者の加入申込、加入申込者の引受出資口数に応ずる金額が法 11 条ならびに定款で定める会員の出資の最低限度に満たない場合などは金庫が誤って加入承諾しても会員となることはできないとされています（森井編 21 頁）。

さらに、加入承諾の事例ではないものの、判例においても裁判所による譲渡命令に対する金庫の承諾義務について、正当な事由がない場合は承諾拒否はできないとする見解がとられています（東京地判昭和 44・5・29 金判 184 号 13 頁、東京高判昭和 45・11・26 金判 250 号 13 頁）。

したがって、この考え方からは、正当事由は相当に限定されており、原則として加入申込には承諾しなければならないということになります。

(2) **金庫の判断に任せられているとする考え方**

他の協同組織に関する法律、具体的には、中企法 14 条、農協法 20 条、生協法 15 条 2 項などは、加入申込に対し組合は正当な事由のない限り加入を拒めないと定めています。

これに対して、

① 信金法では上記のような明文の定めがないこと
② これらの結合組織は金庫の会員に比して組合員の生活に密接な関係があり公益的性格が強いこと
③ 金庫は金融を目的とするものであって、必ずしも他に金融を得る手段がないわけではないこと
④ 会員の信用と相互の信頼が必要であるという金庫と他の組合等との性格の相違があること

を考えると、金庫に対して、有資格者であるからといって加入させよという権利はなく、金庫は自由な判断で承諾するか否かを定めうるとする考え方があります（吉原省三「信用金庫の出資持分に対する強制執行について」金法674号4頁）。

3　実務上の考え方

金庫は昭和26年の制度発足とともに、前述の協同組織金融機関より、より一層広く一般の金融機関としての性格が付与されています。具体的には、会員外からの預金の受入が可能であるとともに、員外貸付の範囲も広いことが挙げられます。

さらに、上記の判例においても正当事由の考え方を広くとらえる根拠は示されておらず、金融機関としての金庫の公共性を考慮すれば、解説2(1)の①〜③ならびに法11条等の拒否事由に加え、反社会的勢力の排除（「企業が反社会的勢力による被害を防止するための指針」平成19年6月19日）等加入を拒否する事由を拡張していくことも許されるであろうと考えられます。

なお、政省令等によって拒否事由について明文化する対応が望まれます。

（岡野正明）

Q121

大口出資の制限

当金庫では例年４％の出資配当を行っており、過去には記念配当による増配なども実施してきました。最近の預金利率の低下の長期化もあって、加入にあたっては多額の出資申込の事例がふえてきました。出資は預金と異なると説明はするのですが、あまりに多額の申込は適切でないと考えています。どの程度の出資が適当であるか、また、法律上の制限はあるのでしょうか。

A 金庫への出資は、本来、利殖を目的にすることにはなじまず、協同組織に基づく会員制度を維持することを目的とするものです。また、信金法では、最低口数、最高口数の制限が定められているだけですが、一定の合理的な金額に制限することには妥当性があると考えられます。

 解 説

1 出資口数制限の趣旨

一会員の出資口数は、その金庫の出資総口数の 100 分の 10 を超えてはならないとされています（法 11 条４項）。その理由として、１つには大口出資者の法定脱退（死亡や法人の解散など）により持分の払戻しを行った結果、当該金庫の出資額が急激に減少し、自己資本の維持・安定が損なわれることを防止するためです。２つには、自由脱退の場合であって他に譲受人がいないため、会員が金庫に譲受けを請求した場合、金庫が譲受けにより保有することとなる持分の総額は、金庫の出資総口数の 100 分の５が限度とされています（法 16 条２項、施行令５条１項）。したがって、一会員の大口脱退によりこの限度に抵触することを避ける必要があるためです。

2　出資金は金融商品とは異なる

本来、加入に伴う出資の払込は、会員が協同組織としての金庫の事業（貸付等）を利用することを目的としたものであり、預金金利より配当率が高いからといって投資対象のいわゆる金融商品とは異なり、一概に有利とはいえない面があります。具体的には、以下のとおりです。

①　出資配当は保証されていないこと

②　出資金は預金保険の対象でないこと

③　脱退には不利益が伴うこと

　　イ　譲渡があった年度末において発生する剰余金配当請求権は、当然に譲受人に帰属することになること

　　ロ　金庫が譲り受ける場合、その請求が年度の下半期であった場合、実際に払戻しができるのは、その翌事業年度末になること

以上の内容を顧客に説明し、金融商品と根本的に異なる性質があることを理解してもらうことが大切です。

3　上限額の規制の合理性

以上の内容を理解した顧客から、それでもなお、法律の規制対象額までいかないものの、きわめて多額の申込があった場合、断ることができるかという実務上の問題があります。確かに、法律上の上限規制には違反しないからといって複数のきわめて多額の出資金を認めた場合、実質的には法律の趣旨である、金庫の自己資本の維持・安定が損なわれることを防ぐことに問題が生じることになりかねません。

さらに、持分の譲渡を受ける者がいないため、金庫が譲り受けることになった場合、出資総口数の100分の5が限度となっているため（法16条2項、施行令5条1項）、脱退（自由脱退）の申込を受けた場合の対応に困難が生じるおそれが出かねません。

したがって、こうした大口出資の制限という法律の趣旨を考慮すると、法律の定めとは別に一会員の出資額の限度を内規で、たとえば、個人50万円、法人100万円を限度とすると定めておくことは、自己資本の安定に資することとして、会員の加入や権利行使を制限することにはならないと考えられます（森井編26頁参照）。　　　　　　　　　　（岡野正明）

(2) 脱　退

Q122

倒産による会員の行方不明

倒産して行方不明となっている会員の出資金を貸付金に充当した
いのですが、法定脱退として処理して差し支えないでしょうか。

A　　　　単に行方不明になったというだけでは、「会員たる資格
の喪失」という法定脱退事由には該当しないので、出資金
を貸付金に充当することはできません。しかし、個人会員が失踪宣
告を受けた場合には、法定脱退事由に該当しますので、出資金を貸
付金に充当することができます。

解　説

1　「会員たる資格の喪失」ではなく「除名」として扱う

　金庫の会員が行方不明になったとされる事例としては、次のようなもの
が挙げられます。

①　会員に対する出資配当金通知書などの文書等が不送達となった場合
で、住民票の異動はないまま住所・居所等を移転し、届出のないとき

②　金庫の地区内で勤労に従事していた者がその勤務先を退職し、転職
先が不明であるとき

③　法人会員が倒産・廃業等により事実上営業を廃止し、代表者の行方
もわからないとき

　法10条では、金庫の会員となるためには、その金庫の地区内に住所ま
たは居所、もしくは事業所、勤務先のいずれか1つを有していればよいと
されているので、単に行方不明であるというだけでは、住所、居所、事業
所、勤務先のすべてが地区外に移転したということにはならず、会員たる

資格の喪失（法17条1項1号）には該当しないため、法定脱退として処理することはできません。

　したがって、倒産した債務者を法定脱退として処理するためには、除名の方法によることが必要になります（Q126参照）。

　しかしながら、除名は手続が面倒であり、総(代)会の開催時期、あるいは除名後の出資金（払戻未払金）の払戻（相殺）時期との関係で、急いで処理をしたい場合には間に合わないという欠点をもっています。

2　事前に倒産を予知することが大切

　以上のとおり、単に会員が行方不明になったという事実だけでは、出資金を貸付金に充当することはできませんが、それに対処するためには、

① 　日常の債権管理に万全を尽くすこと

② 　当座預金の仕振り、借入申込状況により、倒産の兆候を予知すること

③ 　倒産の兆候が現れたら債務者と交渉して出資金譲渡申込書を徴求し、いざというときには出資金の譲渡の方法により回収を図ることを心がけること

などの方法をとることなどが考えられます。

　なお、法人の倒産による事業所の閉鎖、代表者の行方不明に関する法定脱退の問題については、後記「Q123　会社の解散と法定脱退の時期」を参考にしてください。

3　法定脱退の効力が生じる場合

　法定脱退事由の1つである死亡（法17条1項2号）とは、自然人である会員の死亡をいいますが、これには失踪宣告により死亡とみなされる場合（民法30条・31条参照）も含まれますので（田代有嗣「金庫の出資をめぐる諸問題『3 法定脱退に関する問題』」金法438号12頁参照）、会員が失踪宣告を受けた場合には、法定脱退として処理し、出資金を貸付金に充当することができます。

（田中敏夫）

Q123

会社の解散と法定脱退の時期

貸付先の会社が突然事務所を閉鎖し、代表者も行方不明となってしまったので、出資金を貸付金に充当したいのですが、解散登記がなされていなければ法定脱退として処理することはできないのでしょうか。

A 法人の解散は会員の法定脱退事由ですが、どのような場合に解散となるかは、その法人の設立準拠法における解散の定めにより異なります。しかし、会社が事務所を閉鎖し、代表者が行方不明となっただけでは解散事由が生じたとはいえませんので、法定脱退として処理することはできません。

 解 説

1 脱退の効果については信金法に規定がない

法17条1項2号には、会員の法定脱退事由の1つとして、解散が規定されています。解散とは、法人たる会員の解散をいいますが、どのような場合に解散となるのかについては、それぞれの法人の根拠法の規定によることになります（会社法471条・641条ほか）。なお、法人の解散は、通常、登記事項であり、登記事項たる事実は法人がその登記をしなければその事実を対抗することができないものとされています（同法908条1項ほか）。

そのため、法人が解散した場合、事務所を閉鎖し、まったく事業を行わなくなってしまえば法定脱退となるのか、あるいは解散登記をしなければ法定脱退とならないのかの疑問が生じますが、この点については、信金法に規定がありません。

しかし、次の理由から、解散登記をした時点ではなく、解散事由が発生した時点で法定脱退の効果が生じるものと解されています（田代有嗣「金庫の出資をめぐる諸問題『3 脱退に関する問題』」金法438号11頁以下、

信金法研究会編 137 頁参照）。

(1)　法の規定の形式上の理由

法 17 条 4 項は、除名については、金庫が除名した会員にその旨を通知しなければ、その会員に対抗することができないことを明文で規定していますが、解散については、「会員が金庫にその旨を通知しなければ、金庫に対抗することができない」とか、「金庫が解散の事実を現実に知りうるまでは、その者を会員として取り扱って差し支えない」といったような規定を設けていないことが挙げられます。

(2)　実質上の理由

会員の資格を重視する金庫においては、会員が脱退したかどうかが、会員からの通知の有無などによって決せられるのは妥当でないことが挙げられます。

2　事務所を閉鎖しただけで解散登記がされていないとき

大企業の場合はともかく、金庫の会員である中小零細企業が倒産し、代表者が行方不明となってしまったような場合には、株主総会で解散の決議がなされることはなく、また、その会社が株式会社で休眠会社のみなし解散の規定（会社法 472 条）に該当したような場合を除き、解散登記がなされることもほとんどありません。

前述のとおり、解散登記がされていなくても解散事由が発生していれば法定脱退の対象となりますが、事務所を閉鎖し、代表者も行方不明となってしまったというだけでは当然に解散事由が発生したとはいえませんので、法定脱退として処理することはできません。

事務所を閉鎖したことにより、地区内に事業所を有しなくなったことが明らかなのであれば、解散ではなく、むしろ会員たる資格の喪失（法 17 条 1 項 1 号）によって法定脱退として処理すべきかと思われます（森井編 58 頁）。

（田中敏夫）

Q124

異時破産手続廃止と法定脱退の効力の消長

•••

会員が破産手続開始決定を受けて金庫を法定脱退しましたが、その後、破産手続が廃止されました。この場合、法定脱退の効力はどうなるのでしょうか。

A 破産手続開始の決定後にその破産手続が廃止されても、法定脱退の効力には影響を及ぼしません。

 解 説

1 法定脱退

法17条1項は、「会員は、①会員たる資格の喪失、②死亡または解散、③破産手続開始の決定、④除名、⑤持分の全部の喪失、出資未達によって脱退する」と規定していますので、会員が破産手続開始の決定（破産法30条1項・2項）を受けた場合には、会員の意思にかかわらず、また金庫がその事実を知っているかどうかに関係なく、法律上当然に金庫を法定脱退します。

法定脱退の時期は、破産手続開始の登記・公告の時ではなく、破産手続開始の決定があった時です（破産法30条2項）。

2 異時破産手続廃止と法定脱退の効力の消長

裁判所は、破産手続開始の決定があった後、破産財団をもって破産手続の費用を償うのに不足すると認めるときは、破産手続廃止の決定をしなければならず、これを異時破産手続廃止（破産法217条1項）といいます。

異時破産手続廃止の決定があると破産手続は終了しますが、以下の理由により、破産手続開始の決定を事由とする法定脱退の効力には影響を及ぼさないと解されます。

① 裁判所は、破産財団をもって破産手続の費用を償うのに不足すると認めるときは、破産手続開始の決定と同時に破産手続廃止の決定をし

なければならず、これを同時破産手続廃止（破産法216条1項）といいますが、この場合も、破産手続開始の決定を事由とする法定脱退の対象となるとされていること

② 民法は、「債務者又は根抵当権設定者が破産手続開始の決定を受けたとき」を根抵当権の元本確定事由として定める一方、「破産手続開始の決定の効力が消滅したとき」は根抵当権の担保すべき元本は確定しなかったものとみなす旨を規定していますが（民法398条の20第1項4号・2項本文）、信金法にはこのような規定がないこと

なお、「破産手続開始の決定の効力が消滅したとき」とは、破産手続開始の決定に対する即時抗告によって破産手続開始の決定が取り消された場合（破産法33条3項）をいうものと解されており、破産手続の廃止は、ここでいう「破産手続開始の決定の効力が消滅したとき」には含まれません。

同時破産手続廃止または異時破産手続廃止のいずれであっても、破産手続は将来に向かってのみその進行を止めるものであり、破産手続が遡及的に効力を失う破産手続の取消しとは区別されます。

（田中敏夫）

Q125

所在不明会員の除名

‥‥‥‥‥‥‥‥‥‥‥‥‥‥‥‥‥‥‥‥‥‥‥‥‥‥‥‥‥‥‥‥‥

　近年、長期間所在が不明である会員（以下「所在不明会員」という）が増加しており、会員の適切な管理という観点から問題が生じています。このような会員を法定脱退として処理することは可能でしょうか。

A　　　会員の所在不明自体は法定脱退事由ではありませんが、一定の要件に該当する所在不明会員は、「長期間所在が不明であること」を事由として除名を行うことにより、金庫を法定脱退させることができます。

解　説

1　法定脱退事由

　法定脱退事由は、①会員たる資格の喪失、②死亡または解散、③破産手続開始の決定、④除名、⑤持分の全部の喪失、⑥出資未達の6つであり（法17条1項・2項）、会員の所在不明自体は法定脱退事由に該当しません。

　しかし、長期間所在が不明である会員が定款例別表4第5項で定める除名事由に該当する場合には、総（代）会の決議によって当該会員を除名し、金庫を法定脱退させることができます（施行規則9条の2、定款例15条、定款例別表4第5項）。

2　所在不明会員の除名

　次の①および②の事由に該当する所在不明会員で、金庫が除名することが相当と判断したものは、総（代）会の特別決議（法48条の3第3項・49条5項）によって除名することができます。

(1)　5年以上継続して金庫の事業を利用していない会員

　窓口やATM等での入出金や借入金の返済、口座振替契約に基づく自動引落などがされている会員は該当せず、除名の対象となりません。

なお、会員の意思によらない受動的な取引（たとえば、出資配当金や預金利息が預金口座へ振替入金されている場合など）のみが行われている場合は、事業を利用しているとはいえませんので、除名の対象となります。

(2) 金庫の通知または催告が5年以上継続して到達しなかった会員

（注） 除名の対象となる会員の所在が不明であることの確認資料として、返戻された通知書・催告書および届出の住所地の調査報告書等を保管しておくなどの措置を講ずることが必要です。

3 除名の効果

除名決議の対象となった所在不明会員は、総(代)会の決議があった日に金庫を法定脱退しますが、この場合、脱退した会員は、信用金庫に対してその持分の払戻しを請求することができます（法18条1項、定款例16条）。

ただし、持分の払戻額は、脱退した事業年度の終りにおける金庫の財産によって定めることとされていますので（同条2項）、金庫が払戻しを履行する時期は、脱退時の属する事業年度の終了後（4月1日以降）となります。

なお、脱退した会員が金庫に対して債務を負担している場合には、金庫は、その債務と持分払戻請求権を相殺したり、債務を完済するまでその持分の払戻しを停止することができます（法20条）。

（注） 会員の除名手続については、Q126を参照してください。

（田中敏夫）

Q126

会員の除名手続

不良債権の整理のため会員の除名をする予定ですが、手続がよく
わからないので教えてください。

A 　除名は、法17条3項・4項、48条、48条の3第3号
および定款例15条の規定に基づき、以下に述べるような
手順で行います。

解 説

1 除名の意義

除名は、定款で定める事由に該当する会員について、その会員の意思に
かかわりなく、総(代)会の特別決議（法48条の3第3号）によって、会員
たる地位を奪うことをいいます。

2 除名の事由

除名の事由は定款によって定めなければなりませんが（法17条3項）、
現在、各金庫が除名事由として掲げているのは、次の5つです（定款例別
表4参照）。

① 貸付金の弁済、貸付金の利子の支払または手形債務の履行を怠り、
期限後6か月以内にその義務を履行しないとき

② 法令もしくはこの金庫の定款に違反し、この金庫の事業を妨げまた
はこの金庫の信用を失わせるような行為をしたとき

③ 自らまたは第三者を利用して次の各号の1に該当する行為をしたと
き

イ 暴力的な要求行為

ロ 法的な責任を超えた不当な要求行為

ハ 取引に関して、脅迫的な言動をし、または暴力を用いる行為

ニ 風説を流布し、偽計を用いまたは威力を用いてこの金庫の信用

を毀損し、またはこの金庫の業務を妨害する行為

　　ホ　その他前各号に準ずる行為

④　定款 10 条 1 項 6 号の表明・確約に関して虚偽の申告をしたことが判明したとき。

⑤　5 年以上継続してこの金庫の事業を利用せず、かつ、この金庫がその会員に対してする通知または催告が 5 年以上継続して到達しないとき。

　なお、この事由により会員の除名をするときは、除名の予告通知を行う前に、その会員が住所等に不在であることを調査し、公告等により、除名対象者がこの金庫への住所等の変更届出を行うよう催促しなければなりません。

3　除名の手続

　定款に定められた除名事由に該当する会員を除名するには、次のような手続をとらなければなりません。

①　総(代)会の会日の 10 日前までに、除名決議の対象となる会員に対し、配達証明付内容証明郵便によって参考例 1 （次頁）のような通知をする（法 17 条 3 項、定款例 15 条）。

　なお、この通知は、会員名簿に記載した会員の住所または居所（会員が別に通知を受ける場所または連絡先を金庫に通知した場合には、その場所または連絡先）にあてて発すれば、通知が延着し、または到達しなくても、通常到達すべきであった時に到達したものとみなされます（法 48 条）。

②　総会員（総総代）の半数以上が出席する総(代)会において、その議決権の 3 分の 2 以上の多数による決議があること（法 48 条の 3 第 3 号・49 条 5 項）。

③　除名決議の対象となる会員に、総(代)会において弁明する機会を与えること（法 17 条 3 項）。

④　除名決議がなされた会員に対しては、配達証明付内容証明郵便によって参考例 2 （次々頁）のような通知をすること。

　通知をしなければ、金庫は除名をもってその会員に対抗することができません（法 17 条 4 項）。

上記①～③に違反したときは、役員は100万円以下の過料に処せられ（法91条1項3号）、また、除名の決議は、決議の取消しの訴えの対象となります（法48条の8、会社法831条）。なお、除名した会員については、総㈹会の終了後、直ちに法定脱退の手続をとらなければなりません。また、除名手続に要した関係書類については、将来の紛争に備えるため永久保存扱いとするなどの措置を講じておく必要があります。

（田中敏夫）

（参考例1）

通　知　書

　貴社（殿）に対する下記ご融資金につきましては、すでに返済期限を6か月以上経過しており、その間、再三、督促申し上げておりましたが、いまだにご返済がありません。

　よって、貴社（殿）の会員除名の件を、来る○月○日開催の当金庫令和○○年度通常総㈹会に付議いたしますので、信用金庫法17条3項および当金庫定款15条の規定に基づき、ご通知申し上げます。

1　証書貸付　金○○円
2　貸 付 日　令和○年○月○日
3　返済期限　令和○年○月○日

以　上

　令和○年○月○日

　　　　　　　住所

　　　　　　　　　通知人　　○○金庫

　　　　　　　　　　　　　　理事長　　　　　印

住所

　　　被通知人　　　　殿

（参考例２）

通　知　書

　さる○月○日付書面をもってご通知いたしました貴社（殿）の会員除名につきましては、○月○日開催の当金庫令和○○年度通常総㈹会において議決されましたので、信用金庫法 17 条４項の規定に基づき、ご通知申し上げます。

　　令和○年○月○日
　　　　　　　住所

　　　　　　　　　　　　通知人　　○○金庫
　　　　　　　　　　　　　　　　　理事長　　　　　　印
　　住所
　　　　　　被通知人　　　　殿

Q127

保証債務の不履行と除名事由

••

会社が倒産してから長期間経過したので、再三、会社の代表者に保証債務の履行をお願いしていますが、なかなか請求に応じてくれません。代表者は当金庫の会員ですが、除名処分にして、保証債権と出資金を相殺することは可能でしょうか。

A 　保証債務の不履行という事由では、会員である保証人を除名することはできないと解されます。

解説

1　除名の意義・手続

　除名は、定款で定める除名事由に該当する会員について、その会員の意思にかかわりなく、総(代)会の決議によって、会員としての地位を奪うものであり、その手続は厳格に定められています。

　定款に定める除名事由については、法令上は何ら制限が設けられていませんが、除名は、金庫の一方的な決定によって会員としての地位を奪うという重大な行為ですから、除名事由は、その会員が法令・定款に違反し、または金庫からの借入金を返済しない等、会員としてとどまることが金庫の運営上好ましくないと一般に認められる事由に限定されるべきであると解されています。現在、各金庫が除名事由として定款に掲げているのは、

①　貸付金の弁済、貸付金の利子の支払または手形債務の履行を怠り、期限後6月以内にその義務を履行しないとき

②　法令もしくはこの金庫の定款に違反し、この金庫の事業を妨げまたはこの金庫の信用を失わせるような行為をしたとき

③　自らまたは第三者を利用して次に該当する行為をしたとき。

　イ　暴力的な要求行為

　ロ　法的な責任を超えた不当な要求行為

ハ　取引に関して、脅迫的な言動をし、または暴力を用いる行為

ニ　風説を流布し、偽計を用いまたは威力を用いてこの金庫の信用を毀損し、またはこの金庫の業務を妨害する行為

ホ　その他前各号に準ずる行為

④　定款10条1項6号の表明・確約に関して虚偽の申告をしたことが判明したとき

⑤　5年以上継続してこの金庫の事業を利用せず、かつ、この金庫がその会員に対してする通知または催告が5年以上継続して到達しないとき

ですが（定款例別表参照）、これらに該当する会員を実際に除名するためには、次のような手続が必要です。

イ　総(代)会の会日の10日前までに、その会員に対し、除名する旨を通知すること（法17条3項）

ロ　総(代)会において、会員に弁明の機会を与えること（同条同項）

ハ　総会員（または総総代）の半数以上が出席する総会（または総代会）において、その議決権の3分の2以上の多数による決議（特別決議）があること（同条同項・48条の3第3号）

ニ　除名した会員にその旨の通知をすること（通知をしなければ、除名をもってその会員に対抗することができない）（法17条4項）

2　保証債務の不履行を事由とする会員の除名の可否

定款における会員の除名事由は前述のとおりであり、「保証債務の不履行」は除名事由とはされていませんので、会員である保証人が保証債務を長期間履行しないからといって、「貸付金の弁済、貸付金の利子の支払又は手形債務の履行を怠り、期限後6月以内にその義務を履行しないとき」という除名事由を類推適用して、会員を除名するとことはできないものと解されます。

会員の除名は、会員の意思にかかわりなく、金庫の一方的な決定によって会員としての地位を奪うものであり、その決議は、総(代)会における特別決議事項とされていることからも（法48条の3第3号）、除名は法律・定款の規定に則って厳格に行うことが要求されるからです。　　　（田中敏夫）

Q128

除名の際の出資証券の取扱い

　会員の除名の際に出資証券を回収することができない事態がしばしば生じますが、次のようなケースではどのように取り扱ったらよいでしょうか。

1　出資証券を紛失している場合（回収できない場合を含む）

2　出資証券が第三者に譲渡されていた場合

A　　　1　出資証券は証拠証券にすぎませんから、紛失などの理由で回収することができない場合には、未回収のままでもやむを得ません。

2　金庫の承諾を得ないで行われた持分および出資証券の譲渡はいずれも無効ですから、未回収のままでもやむを得ません。

 解 説

1　紛失していた場合の取扱い

⑴　出資証券は証拠証券にすぎない

　金庫の出資証券は、金庫に加入しようとする者が、定款で定めるところにより加入につき金庫の承諾を得て引受出資口数に応じた金額を払い込み、あるいは持分譲渡人または被相続人の権利を承継して会員となったことを証明するものです。したがって、出資証券は株券や社債券のように権利と証券が不可分一体となった有価証券ではなく、また番号札のような免責証券でもなく、預金証書と同様に一定の事実を証明する証拠証券にすぎません（我妻幸平「金庫の出資証券の法的性質とその再交付の可否」金法170号20頁）。

　しかし、単なる証拠証券にすぎないとはいっても、出資証券は一般には株券などと同視されやすいところから、実務上、出資証券紛失時の取扱いには慎重な対応が必要であり、現にどの金庫においても保証人連署の喪

失届・再発行請求書の提出を求めるなど厳格な取扱いをしています（「Q 136 出資証券の紛失と再発行」参照）。

(2) 出資証券は回収不能として取り扱う

除名手続に際し、出資証券の喪失届の提出に協力してもらえない、あるいは出資証券の提出に非協力的でまったく回収が見込めない場合には、出資証券は単なる証拠証券にすぎないという性質に着目し、「回収不能」として割り切った処理をするより仕方がないものと思われます。

ただし、ここで注意しなければならないのは、後日の紛争に備えるため、出資証券の回収に関する交渉記録を作成し、それを永久保存扱いとする必要があるということです。被除名者の子や孫が出資証券を持参し、出資金の払戻しを請求した場合に、その証券が無効であることを十分説明できるようにしておく必要があるからです。

2 第三者に譲渡されていた場合の取扱い

(1) 金庫の承諾を得ない持分の譲渡は無効

法15条1項には、「会員は、金庫の承諾を得て、会員又は会員たる資格を有する者にその持分を譲り渡すことができる」旨が、また、同条2項には、「会員たる資格を有する者が持分を譲り受けようとするときは、金庫の承諾を得なければならない」旨が規定されています（信金法研究会編112頁）。ここでいう金庫の承諾は、譲渡の効力要件であり、金庫の承諾を得ないで行われた譲渡は無効であると解されています。

(2) 出資証券については譲渡性は認められない

持分は「会員が金庫に対して有する各種の権利義務」（たとえば、議決権、書類閲覧・謄写請求権、役員・支配人・清算人解任請求権、臨時総会招集請求権、同招集権、剰余金配当請求権、持分払戻請求権、出資義務など）であり、譲渡性を有します。

これに対し、出資証券は、証券上に記載された権利の発生、行使または移転について証券の所持を必要とする有価証券ではなく、また信金法上は出資証券に関する規定はないので、出資証券は必ずしも発行しなければならないというものではありません（田代有嗣「金庫の出資をめぐる諸問題『6 出資証券』金法438号18頁以下）。したがって、このような出資証

券について譲渡性を認める必要がないのは当然のことです。

　しかしながら、金庫の承諾を得ないで行われた第三者に対する出資証券の譲渡は、法律上当然に無効であるといっても、将来、その証券の所持人から払戻しの請求を受け、トラブルが生じることもありますので、前記1の場合と同様、記録とその保存が必要となります。

（田中敏夫）

Q129

法定脱退の勘定処理

....

法定脱退の勘定処理、および自由脱退と比較した場合の事務手続上の留意点について教えてください。

A 法定脱退は、法17条1項・2項に規定されている事由が発生すれば、会員の意思にかかわりなく、当然に金庫を脱退するというもので、その勘定処理も金庫が会員の持分を譲り受ける自由脱退の勘定処理とはまったく異なります。

 解 説

1 法定脱退は会員の意思に関係なく行われる

法17条は、法定脱退の事由として、その1項において、①会員たる資格の喪失、②死亡または解散、③破産手続開始の決定、④除名、⑤持分の全部の喪失の5つを規定し、2項においていて、最低出資額の未達を規定しています。

会員についてこの①～⑤までの事由が1つでも発生すれば、会員はその瞬間から当然に会員たる資格を失ってしまいますが、これを法定脱退といいます。

なお、出資額の未達については、1年の猶予期間が設けられていますが、特別な場合のことですので、ここでは触れないことにします。

自由脱退が会員の意思に基づいて行われるのに対し、法定脱退は、①会員の意思、②金庫への通知の有無、金庫が法定脱退事由が発生した事実を知っていたか否かに関係なく当然に脱退してしまうという点にその特徴があります。

2 法定脱退は「その他負債」で取り扱う

勘定処理についても、日計表上、自由脱退が「純資産の部」の中の処分未済持分という会員勘定の控除項目で処理されるのに対し、法定脱退は「そ

の他負債」の中の払戻未済金および払戻未済持分で処理されるという違いがあります。

法定脱退の勘定処理の具体例を示すと、次のようになります。

（例）

令和4年9月30日に法定脱退の事由が発生した場合には、その日に金庫の総出資金からその法定脱退分の出資金額（たとえば10万円）を減額し、払戻未済金に振り替えます。

令和4年9月30日

（借）　出資金 10万円

（貸）　払戻未済金 10万円

この払戻未済金は、法18条2項の規定によって、財産確定時（総(代)会終了後という意見もあるが、現在は年度末とされている）までこの勘定に計上しておき、翌期首、すなわち令和5年4月1日に払戻未済持分に振り替え、請求があったときに払い戻すことになります。

令和5年4月1日

（借）　払戻未済金 10万円

（貸）　払戻未済持分 10万円

令和5年4月1日以降

（借）　払戻未済持分 10万円

（貸）　現 金 10万円

3　勘定処理に関連した問題

⑴　法定脱退の効果

法定脱退の効果は、会員であった者が会員でなくなるということですから、法定脱退者は、会員たる地位にある者が有する議決権等の共益権、剰余金配当請求権等の自益権、その他会員としての貸付を受ける権利等を喪失します。

したがって、年度の途中で法定脱退した者に対しては剰余金の配当はありません。

⑵　持分払戻請求権の消滅時効

持分払戻請求権は、脱退の時から2年間行わないときは、時効によって

消滅しますが（法 19 条）、消滅時効の起算点については、脱退者が金庫に対し脱退事由の発生を通知したか否か、金庫がその発生の事実を知っていたか否かにかかわらず脱退事由発生時であるとする説と、脱退事由発生日の属する事業年度末とする説があります。

　しかし、債権の消滅時効に関する民法の原則は、権利を行使することができることを知った時から進行しますので（民法 166 条 1 項 1 号）、後説が妥当であると解されます（信組の持分払戻請求権につき福岡高判昭和45・5・28）。

　したがって、前記の例でいえば、令和 5 年 3 月 31 日から 2 年間を経過して時効が成立した日の翌日である令和 7 年 4 月 1 日以降に必要な手続をとったうえで、雑益処理をすることができます。

（田中敏夫）

Q130

事後員外（地区外）貸付の業務報告書への記載

　事後員外貸付、事後地区外貸付は、業務報告書第1の9貸付金の「会員外の内訳」には該当欄がありませんが、どこに記載したらよいのでしょうか。

A　　　事後員外貸付および事後地区外貸付については、「会員外」とはなりませんので、「うち会員外」の欄の左側に「先数」「金額」を記載することとなります。

 解 説

　平成19年9月に全信協から発行された「決算関係書類等の作成要領」の中の「業務報告書等への記載上の留意点」（50頁）では、「会員、会員外の区分は、期末時点の状態によるものではなく、卒業生貸出を除き融資実行時の状態による。したがって、事後員外貸付及び事後地区外貸付については『会員外』としないので留意する」とされています。

　したがって、事後員外貸付、事後地区外貸付は、業務報告書上では、「会員外」および「会員外の内訳」に計上することなく、「9.貸出金」の中の「Ⅱ金額別」の「先数、金額」欄（「うち会員外」の左側）に計上することになります。

　つまり、事後員外貸付、事後地区外貸付がある場合には、「Ⅱ金額別」の表の貸出「先数、金額」から、うち会員外の「先数、金額」を差し引いた数字が、必ずしも会員に対する貸付「先数、金額」ではないということを意味しています。

　なお、このような貸付金が内在している場合には、業務報告書の一層の真実性を期するためにも、また、正確な会員貸付の実態報告のためにも、その旨を欄外に脚注しておくことが好ましいと思われます。

（田中敏夫）

Q131

脱退事由の生じている会員が総㈹会で議決権を行使した場合の
決議の効力

･･･

脱退事由の発生している会員が、総㈹会において議決権を行使し
たことが判明した場合、その決議は無効になるのでしょうか。

A 　決議の方法が法令に違反しているので、決議の取消しの
訴えの対象となりますが、違反する事実が重大ではなく、
かつ、決議に影響を及ぼさないものであるときは、その決議は有効
です。

解 説

　法定脱退事由が発生しても、金庫は通常その事実を知りえないので、す
でに金庫を脱退し、会員でない者が、総㈹会において議決権を行使すると
いった事態が生じることもあり、その場合、決議の効力が問題となります。

　会員でない（議決権を有しない）者が参加した総㈹会の決議は、決議方
法が法令に違反したものとして、決議取消しの訴えの対象となるからです
（法48条の8、会社法831条1項）。しかし、決議方法が法令に違反する
場合であっても、裁判所は、その違反する事実が重大ではなく、かつ、決
議に影響を及ぼさないものであると認めるときは、請求を棄却することが
できるとされています（法48条の8、会社法831条2項）。

　したがって、脱退会員の議決権が結論に影響を及ぼさない場合には、決
議の取消しは認められないものと解されます（最判昭和30・10・20民
集9巻11号1657頁）。

（田中敏夫）

Q132

脱退者に対する配当金の支払

••

　当金庫の通常総㈹会は毎年６月下旬に開催され、出資配当に関する決議も、その際行われていますが、金庫の持分譲受けにより、前年度末ですでに会員でなくなった自由脱退者に対しても配当金を支払っており、不合理に思われます。自由脱退者にも配当金を支払わなければならないのでしょうか。

A　　　金庫の配当については、事業年度末の会員にその事業年度分の配当金受領資格を与えるのが相当であると考えられることから、自由脱退者に対しても配当金を支払うこととなっています。

解 説

1　自己の出資金を凍結されながら配当を受けられないのは不合理である

　法16条１項は、「会員は、何時でも、その持分の全部の譲渡によって脱退することができる。この場合において、その譲渡を受ける者がいないときは、会員は、金庫に対し、定款で定めるところにより、その持分を譲り受けるべきことを、請求することができる」としており、これを受けて定款例13条１項は、「会員が金庫に対しその持分の譲り受けを請求したときは、金庫はその請求の日から６月を経過した日以後に到来する事業年度末においてその持分を譲り受けるものとする」旨を規定しています。

　その結果、毎年10月１日以降、金庫に対し持分の譲受けを請求した場合には、当該事業年度末には脱退できず、翌期の事業年度末に脱退することになっています。すなわち、令和４年10月１日に持分の譲受けを請求した場合には、脱退の時期は、令和５年の３月末ではなく、令和６年の３月末になりますので、持分の譲受けを請求してから脱退するまで１年半の

期間を要することになります。

　これは、金庫の自己資本維持のためにとられた措置であり、金庫の公共性の見地や出資金の性質からいえば、やむを得ないものと思われます。

　しかし、「配当金の受領資格を有するのは通常総代会の開催日現在の会員」であるとすると、このような脱退希望会員は、最長では１年半近く自己の出資金を凍結されながら、最後の１年間の出資についてはまったく配当を受けられないこととなるので、はなはだ不合理なことといえます。

2　事業年度末に会員であれば出資配当を受けられる

　配当金の受領者については、株式会社の場合には、学説上「利益配当は株主総会の決議で確定するから、配当金を受領すべき者は、当該決議当時の株主である」とする見解が通説です。

　しかし、株式会社においては、一定の日（「基準日」という）を定めて、基準日において株主名簿に記載され、または記録されている株主をその権利を行使することができる者と定めることができるので（会社法 124 条１項）、４月１日以降定時総会までの間も名義書換請求には応じるが、「定時総会において議決権を行使する者は一定の日（３月 31 日）現在の株主名簿上の株主」と定めることによって、当該営業年度末の株主が配当を受けられるようにしています。

　なお、平成 16 年改正前商法のもとでは、「４月１日以降定時株主総代会終了まで名義書換に応じない」と定めることも認められていましたが（「株主名簿の閉鎖」）、この制度は事務のコンピュータ化の進歩にともない不用となったので、同年改正で廃止されました。

　金庫の場合は、株式会社と異なり、もともと信金法上に会員名簿の閉鎖・基準日についての規定がありませんが、それだからといって、総代会の開催日現在の会員でなければ配当金受領請求権がないと決め付けてしまうのは不合理であると思われます。

　また、前述のとおり、総代会の開催日現在の会員でなければ配当を受けられないという解釈では、自由脱退者は、最後の１年間の出資についてはまったく配当を受けられないという不利益を被ることになります。

　この点について、旧大蔵省は、「出資配当は、会員の出資を基礎とした

金庫の事業活動が生み出した当該事業年度の利益（剰余金）を会員に分配しようとするものであるから、その配当を受ける者は当該事業年度末に会員であれば足りるものと解する」との見解を示しており、全信協では、昭和44年4月11日付全信協発第7号文書「脱退会員の出資配当について」によって、各金庫に対し、「当該事業年度末日以後に脱退する会員に対しても、配当金をお支払い下さるよう」という趣旨の連絡をしています。

3 法定脱退者に対する出資配当について

上記1で述べたような問題は、法定脱退の場合にも生じます。たとえば、事業年度終了後、決算総(代)会の日までに会員が死亡した場合には（相続人が相続加入をしない限り）、その出資については当該年度分の配当を受けられないことになりますが、当該年度終了後における法定脱退事由の発生によって、当該年度分の配当の受領資格に差異が生じるということには疑問の余地があります。

また、法定脱退の場合の持分の払戻額については、各金庫とも定款で、「出資額を超えることはできない」旨を定め、実際には出資額相当額を払い戻すこととしていますので、払戻額に配当相当額を加味する方法によってこの問題を解決するというわけにもいきません。

したがって、当該事業年度末に会員であれば、その後、通常総(代)会の開催日までに法定脱退事由が発生しても配当を支払う取扱いとするのが合理的です。

（田中敏夫）

Q133

事業年度終了前における脱退者に対する持分の払戻しの可否

破産によって金庫を法定脱退した会員の破産管財人から、「金庫の持分の換価だけが残っているので最後配当を実施することができないが、何とかならないか」という相談を受けました。持分の払戻しの時期は、脱退した事業年度の終了後になるということですが、何かよい方法はないでしょうか。

A 持分払戻請求権を第三者に譲渡する方法によって、脱退した事業年度末が終了する前であっても、持分の払戻しを受けたのと同様の経済的利益を受けることが可能です。

 解 説

1 法定脱退した会員による持分の払戻し

会員は破産手続開始の決定を受けると、決定と同時に金庫を法定脱退しますが（法17条1項3号）、法定脱退した会員は、定款の定めるところにより、その持分の全部または一部の払戻しを金庫に対し請求することができます（法18条1項）。

法定脱退した会員に持分払戻請求権が発生するのは、法定脱退の時ですが、金庫が払戻しを履行する時期については、信金法に明文の規定がありません。しかし、法定脱退した会員が払戻しを請求することができる持分は、脱退した事業年度の終わりにおける金庫の財産によって定めることとされていますので（同条2項）、その事業年度末までは会員が払戻しを受ける金銭の額は確定しません。したがって、持分払戻請求権の履行期は、その事業年度の終了後ということになります。

2 破産手続の終結

破産裁判所は、最後配当（破産法195条）または最後配当に代わる簡易配当（同法204条）・同意配当（同法208条）が終了したときは、破

産手続終結の決定をしなければなりませんが（同法220条1項）、たとえ1万円といえども破産財団に属する持分の換価が終了していない場合には破産手続を終結することができません。

そこで、破産財団に属する資産のうち持分の換価だけが残っている場合に、破産管財人から標記のような相談を受けることがあります。

3　持分払戻請求権の譲渡

破産管財人は脱退した事業年度の終了後でなければ持分の払戻しを受けることができませんが、持分払戻請求権は単なる金銭債権であって、その譲渡は持分の譲渡のように会員の異動等の問題を生じないので、金庫の承諾を得ることなく、自由に行うことができます。

そのため、破産管財人が持分払戻請求権を第三者に譲渡し、譲受人から譲渡代金の支払を受けることによって、持分の換価は終了しますので、裁判所は破産手続を終結させることが可能となります。

ただし、持分払戻請求権の譲渡に際しては、以下の点について注意が必要です。

① 持分払戻請求権は指名債権であり、債務者に対する通知または債務者の承諾が債務者に対する対抗要件となるので（民法467条1項）、破産管財人から金庫に対して譲渡の通知を行ってもらうこと

② 持分の払戻しの請求は、譲受人が金庫に対して行うことになりますが、その時期は、脱退した会員が請求する場合と同様、脱退した事業年度の終了後になること

なお、法定脱退した会員は、「定款の定めるところにより、その持分の全部又は一部の払戻を請求」することができますが（法18条1項）、定款では「払戻しの額は、その会員の出資額を超えることができない」としています（定款例16条ただし書）。したがって、現実にはあまり問題となることはありませんが、破産管財人である弁護士自身が破産財団に属する持分払戻請求権の譲渡を受けることは好ましいこととはいえないので、通常は破産管財人が事前に譲受人の候補者（サービサー等）を選定し、破産裁判所の許可を得たうえで、その者に持分払戻請求権を譲渡するのが一般的な取扱いです。

4 貸金と持分払戻請求権の相殺の可否

　金庫の会員が破産手続開始の決定を受けた場合には、金庫が会員に対して有する貸金債権を自働債権とし、会員が金庫に対して有する持分払戻請求権を受働債権として相殺することができますが（東京地判平成 15・5・26 金判 1181 号 52 頁）、法定脱退した会員に対する持分の払戻しの場合と同様、脱退した事業年度の終了後でなければ相殺を行うことができません。

　そこで、法的な裏づけはありませんが、破産手続開始の決定を受けた会員に対して金庫が貸金を有している場合には、破産管財人と事前に協議のうえ、事実上相殺を行ったこととして破産管財人に対して相殺通知を行い、その後、持分相当額について届出債権の取下げをして、脱退した事業年度の終了後に相殺充当を行うといった便法をとることも考えられます。

（田中敏夫）

5

出資持分

Question & Answer

Q134

金庫が会員の持分の一部を譲り受けることの可否

••

　大口出資者である会員から、その出資金の一部を処分したい旨の申出がありましたが、金庫がその出資金の一部を譲り受けることは可能でしょうか。

A　　法16条（自由脱退）による金庫の持分の譲受けは、会員が脱退を希望する際に、その持分を譲り受ける者がいない場合の例外的な措置であり、この場合の譲受けは、その会員の持分の全部でなければなりません。

 解 説

1　自己持分の取得の禁止

　法16条1項は、「会員は、何時でも、脱退することができる。この場合において、その譲渡を受ける者がないときは、会員は、金庫に対し、定款で定めるところによりその持分を譲り受けるべきことを、請求することができる」と規定しています。

　持分の譲渡は、会員または会員たる資格を有する者に譲渡することを原則としており、金庫は、権利を実行するため必要がある場合または法16条（自由脱退）の規定により譲り受ける場合のほかは、会員の持分を取得することはできません（法21条）。

　金庫の自己持分の取得を原則的に禁止しているのは、もしもこれを認めると、実質的には持分の払戻しと同じことになり、自己資本の維持が損われることになるからです。

　この点、中企法において、組合員は、原則として90日前に予告し、事業年度の終わりにおいて脱退することができ、脱退した組合員は持分払戻請求権を有する（法18条・20条）とされているのとは本質的に異なります。ちなみに、信組には「組合が持分を譲り受ける」旨の規定がないため、会

員の自由脱退によって、金庫がその持分を譲り受けた場合に処理する「処分未済持分」という勘定科目はありません。

2　脱退に必要な持分全部の譲受請求

信金法では、金庫の自己資本の充実という見地から、出資金の減少を防止するため、会員の自由脱退は持分全部の譲渡による方法を採用し、金庫の出資額に変更（減少）を来たすことのないようにしています。

そのため、持分の譲受人がいないときは、その脱退希望会員は実質的に脱退が不可能となりますので、法16条1項後段ではこのような場合に配慮して、「会員は、金庫に対し、定款で定めるところによりその持分を譲り受けるべきことを、請求することができる」として、救済の途を開いています。

したがって、この請求は他に方策がないときの最後の手段であって、むやみに行うべきものでないことはもちろんであり、またそれはあくまで脱退に必要な持分全部の譲受請求ですから、質問のように金庫が会員の持分の一部を譲り受けるというようなことはできません。

なお、法15条1項は、持分の譲渡について、「全部譲渡」とも「一部譲渡」ともいっていないので、他の会員または会員たる資格を有する者に対する一部譲渡は当然に可能であり、さらにその一部譲渡を受ける者の数に制限があるわけではないのですから、金庫は可能な限り複数の有資格者に斡旋して譲渡する方法をとるべきであると思います。

（田中敏夫）

Q135

出資証券の不発行

　会社法の施行により、上場会社の株式については株券の発行が廃止されましたが、金庫においても出資証券の発行を廃止することは可能でしょうか。

A　金庫はもともと出資証券の発行を義務づけられていないので、出資証券の発行を廃止することは可能です。

 解 説

1　出資証券の法的性格

　金庫の出資証券は、出資の払込をした会員に対し、出資の履行があったこと、すなわちその所持人が金庫の会員であり、金庫に対し出資に応ずる持分を有することを証明するために交付されるものです。しかし、信金法には出資証券に関する規定はないため、金庫は、出資証券の発行、会員への交付が義務づけられているものではありません。

　そもそも、出資証券は、証券上に記載された権利の行使または移転について証券の所持を必要とするという性質を有する有価証券ではなく、また、証券の所持人が真の権利者でない場合でも所持人に対してなした給付によって債務者が債務を免れるという効力を有する免責証券でもありません。また、金庫の会員は会員名簿に登載され、会員である事実はそれによって明らかにされるので、出資証券を保有していなくても会員であることに変わりはありません。

　以上のとおり、出資証券は、金庫が任意に出資金の受領について後日の証拠のために発行・交付しているものであり、預金証書や借用証書のように、単に一定の事実を証明する証拠証券にすぎないものと解されています。

2　出資証券の不発行による登録制度への移行

　平成18年5月の会社法の施行により、上場会社の株式については、株

券の電子化（株式のペーパーレス化）が行われましたが、このような流れの中で信用金庫業界においても出資証券の発行を廃止し、登録制度に移行する金庫が増加しており、令和3年12月15日現在で、254金庫のうちの191金庫が登録制度に移行しています。

信用金庫はもともと出資証券の発行が義務づけられていないので、出資証券を廃止しても、法的には差し支えありません。

なお、出資証券を廃止する理由としては、①会員にとっては、証券を手元で保管することによる紛失・盗難などのリスクが排除されること、持分の譲渡・脱退等の手続の際に証券を提出する必要がなくなること、②金庫にとっては、証券の偽造のチェックをする必要がなくなること、証券の発行に伴う印刷代や回収・再発行等のコストが削減されることなどが挙げられます。

出資証券の廃止により、すでに発行されている出資証券は無効となりますが、出資金の効力には何ら影響はなく、また会員としての権利等についても従前と変わりありません。

3 出資証券の廃止への対応

出資証券の廃止に際しては、①出資証券を廃止すること、②それにともない出資証券が無効となること、③出資金額や会員の権利については変更がないことなどを会員に対する個別の通知およびホームページへの掲載等によって、会員に十分周知することが必要です。

また、出資証券の廃止後は、会員の保有出資口数・金額を証明するため、会員の加入・脱退等による出資金の異動時や事業年度末における持分の確定時に、次により出資金残高通知書（出資証明書）を発行することとなります。

●定期発行

年1回（通常総(代)会の終了後の7月頃）、「出資金残高通知書兼出資配当金計算書」を発送し、出資金残高と配当金額を通知します。

●随時発行

定期発行とは別に会員から依頼があった場合には、随時、出資金残高通知書（出資証明書）を発行します。

なお、出資証券の廃止後は、譲渡・脱退等の手続の際に会員から証券の提出を受けるということがなくなりますので、手続の相手方の本人確認については十分慎重を期すことが必要になります。

（田中敏夫）

Q136

出資証券の紛失と再発行

　会員が出資証券を紛失した場合、当金庫では出資証券喪失届の提出を受けたうえで、保証人連署の再発行依頼書を徴求して再発行に応じていますが、公示催告・除権決定の手続をとる必要はないのでしょうか。

A　　公示催告・除権決定の手続は、有価証券を喪失したときに行われるものであり、証拠証券である金庫の出資証券は、この手続の対象とはなりません。

解説

1　出資証券の性質

　公示催告・除権決定の手続（非訟事件手続法114条〜118条）とは、有価証券の所持人がその証券を喪失した場合、有価証券の性質上権利を行使することができなくなり不便なため、これを保護するため簡易裁判所が公示催告をなし、一定の期間内に正当な権利者の届出がないときには、除権決定によりその証券を無効とする制度です。

　ところで、金庫の出資証券（信組や農業協同組合の場合も同じ）は、預金証書や借用証書のように単に一定の事実を証明する証拠証券にすぎず、これを紛失しても、証券以外の方法によりその権利を証明しうるものですから、このような証券は公示催告・除権決定手続の対象とはなりません（田代有嗣「金庫の出資をめぐる諸問題『6　出資証券』」金法438号19頁参照）。

2　出資証券の再発行手続

　前述のように、金庫の出資証券は単なる証拠証券であり、また信金法には出資証券に関する規定がないので、法的にはこれを発行するかしないかは自由であり、したがって、再発行の手続も基本的にはそれぞれの金庫で定めている方法でよいわけです。

しかし、出資証券が単なる証拠証券にすぎないといっても、これを安易に再発行すると、後日どのようなトラブルに巻き込まれないとも限りませんので、預金証書の紛失・再発行手続以上の配慮が必要ではないかと思われます。

　出資証券の再発行にあたっては、たとえば、他の会員を保証人に立てることを原則とするとか、必要に応じて印鑑登録証明書、登記事項証明書（商業登記簿謄本）の提出を求めるとか、あるいは紛失の届出があった旨を一定期間店頭掲示するなど慎重な手続をとることが必要です。

（田中敏夫）

Q137

剰余金配当金通知の要否

会員に対する配当通知は、所在不明の会員に対しても行う必要があるのでしょうか。

A 配当通知が5年以上継続して到達しなかった会員に対しては、配当通知の発送を省略することができます。

 解説

配当金の支払方法には、口座振替の方法と現払の方法とがありますが、口座振替が原則であり、この方法をとる場合には、配当金を指定の預金口座に振り込んだ後、速やかに「出資配当金振込のお知らせ」を会員に送付します。一方、現払の方法をとる場合には、総代会による出資配当の決議があった後、速やかに「出資配当金支払のお知らせ（出資配当金領収書）」を発送し、この出資配当金領収書と届出印を会員に持参してもらい、届出印鑑と照合のうえ配当金を支払うこととなります。

なお、会員に対する通知は、会員名簿に記載した住所または居所（別に通知を受ける場所を金庫に通知した場合にはその場所）にあてて発すれば足り、通知が到達しなかった場合でも、通常到達すべきであった時に到達したものとみなされます（法48条1項・2項）。

会員は、その住所を変更したときは、遅滞なく金庫に届け出る義務を負っており（定款例12条）、会員がその届出を怠ったことにより、会員名簿に記載された住所にあてた通知が返戻された場合、それは当該会員の責に帰すべきものです。したがって、会員の所在が不明でも届出の住所に配当通知を発すれば、たとえ到達しなかった場合でも到達の効力が生じますが、金庫の負担軽減の観点から、会員に対する通知が5年以上継続して到達しなかったときは、当該会員に対する配当通知を省略できるものと解されています（会社法196条1項参照）。

（田中敏夫）

Q138

出資証券の併合と分割

　会員から複数の出資証券を1枚にしてもらいたいとか、大きな金額の出資証券を何枚かの証券に分割してもらいたいとの申出を受けることがありますが、このような申出に応じても差し支えないでしょうか。

A　出資証券の併合・分割は可能です。ただし、旧証券の回収や新証券の発行など厳正な事務手続を踏む必要があります。

 解 説

1　出資証券の併合・分割

　金庫の出資証券は証拠証券であり、再発行も可能です。

　出資証券がこのような性質を有していることから（粗雑に扱ってよいという意味ではないが）、出資証券の併合や分割の申出があった場合、これに応じても差し支えないことは当然のことであり、要は旧証券の回収を怠ったことなどから派生する事故を防止すべき事務処理が、いかに確実に行われているかがポイントになります。

2　併合・分割の事務手続

　実務上は、会員から「出資証券併合・分割申請書」と出資証券の提出を受け、これらと会員名簿を照合・確認したうえで、申請書記載の内容に沿った新出資証券を発行することになります。

　受付から新証券の交付に至るまでの事務手続は、それぞれの金庫の定めるところによりますが、出資証券を紛失したままの状態で併合・分割の申出があったときは、出資証券の再発行手続をあわせて行ってもらうことが必要です。

（田中敏夫）

Q139

出資配当金の計算方法

∙∙∙

　事業年度の中途で新規加入あるいは増口加入した会員の出資配当金の計算は、加入あるいは増口をした日の翌月からの月割計算と、加入日の当日からの日割計算のどちらがよいのでしょうか。

A　　月割計算と、日割計算のどちらでもかまいませんが、出資金の運用期間などを考慮すると、加入日の当日からの日割計算によるほうが無難でしょう。

 解 説

1　出資配当金の計算についての解説

(1)　全信協通信講座「初級職員講座」計算・庶務・出資からの引用

　「事業年度の中途で新たに取得した出資持分に対する配当金については、月割、日割のいずれかにより計算しますが、通常は月割で計算します。この場合、取得日がその月の 15 日以前のときは 1 か月とし、16 日以降のときは切捨てとすることが多いようです。」

(2)　「金庫取引実務の再検討＜第6回＞」（金法 931 号）からの引用

　「新規加入・増口加入の場合……加入のあった時点を基準とし、日割りもしくは月割り計算により配当金を支払う。この場合には、加入の日・月を算入するべきであろう」

2　実務の対応

　以上、いくつかの計算方法がありますが、どういう計算方法がよく、どういう計算方法ではよくないということの法的根拠は乏しいようで即断しかねる実情にあります。しかし、昨今の顧客保護の高まり、さらには、株式会社における営業年度の中途で新株の発行があった場合の配当金計算方法等を勘案すると、加入日からの日割による計算方法が最も無難、かつ、説明しやすい計算方法であると思われます。　　　　　　（田中敏夫）

Q140

出資配当金の消滅時効期間

金庫の出資配当金の消滅時効期間は何年でしょうか。また、その期間を短縮する方法はあるのでしょうか。

A 　金庫の剰余金配当請求権の消滅時効期間は、5年と解されます。また、この期間を定款の規定によって短縮することは、理論上は可能と考えます。

 解 説

1　剰余金配当請求権の性質

金庫の会員は、会員として、金庫に対して剰余金の配当請求権を有しますが、この剰余金配当請求権には、抽象的な剰余金配当請求権と具体的な剰余金配当請求権の2種類があります。

2　抽象的な剰余金配当請求権

抽象的な剰余金配当請求権は、会員がその地位に基づいて有する剰余金の配当にあずかる権利ですが、これは会員権の一内容として会員権に包含され、それ自体独立した権利ではありませんので、単独で時効消滅することはありません。

3　具体的な剰余金配当請求権

具体的な剰余金配当請求権は、毎事業年度の終了後に総(代)会の配当承認決議によって生ずる具体的な確定額についての配当請求権です。

具体的な剰余金配当請求権は、会員権から独立した債権であり、それ自体単独で時効にかかります。民法166条1項は、債権は、①債権者が権利を行使することができることを知った場合はその時（主観的起算点）から5年間、または、②その知・不知にかかわらず権利を行使することができる時（客観的起算点）から10年間のいずれかが経過した場合には、時効により消滅する旨を規定しています。剰余金配当金請求権については、

主観的起算点と客観的起算点は通常一致するため、5年間で消滅時効が完成すると解されています。

4　消滅時効の起算点

債権の消滅時効は、権利を行使することができることを知った時から進行しますが（民法166条1項1号）、具体的な剰余金配当請求権は、総(代)会において配当承認決議があった時から行使が可能となると解されますので、その時点から時効が進行するものと解されます。

5　消滅時効期間の短縮の可否

株式会社における株主の利益配当請求権の消滅時効期間も5年と解されていますが、ほとんどの会社では定款において、利益配当請求権の行使期間を一定の期間(たとえば、3年)に制限するということが行われています。

このような定款の定めが有効であることは判例によって認められており（大判昭和2・8・3民集6巻484頁）、学説にも異論がないようですが、通説は、これを時効期間ではなく除斥期間と解し、定款は会社内の自主法規であるから、このような定めがあれば、利益配当請求権はそのような除斥期間が付着した権利として生ずるという理論構成をとっています。これを時効期間と解すると配当金請求権の画一的な処理が困難となり、整理上支障を来たすからです。

金庫においても、その定款が金庫内部の自主法規で会員を拘束すること、剰余金配当請求権が会員たる地位から派生することは、株式会社の場合と同様ですから、金庫の定款において、「剰余金配当請求権の支払期日から一定の期間の経過によって金庫がその義務を免れる」旨を定めれば、その期間が不当に短く、会員の剰余金配当請求権の行使を不当に制限するものでない限り、その定めは有効であると考えられます。

（田中敏夫）

Q141

出資名義書換停止の法的根拠

当金庫では、毎年4月1日から通常総代会（6月下旬開催）の当日まで出資の名義書換を停止し、各店舗の店頭にその旨を掲示しています。金庫の出資名義書換停止には法的根拠がないという意見もありますが、当金庫のとっている措置に問題はないでしょうか。

A 信金法には、会社法124条（基準日）のような規定がないので、出資名義書替停止の法的根拠はありません。

解 説

1 配当金受領権者の確定

金庫で出資名義書替停止の措置をとっている例は、現在ではほとんどありませんが、過去においてこれを採用していた理由のほとんどが、「配当金受領権者を確定するため」ということにあったようです。

その他の理由として、「議決権を行使する者を確定するため」ということもあるにはあるのですが、金庫においては、ほとんどが総代会制度を採用しており、各会員が議決権を行使するということはめったにありません。したがって、ここでは、議決権行使者の確定という問題には触れず、もっぱら配当金受領権者の確定のため出資名義書替の停止を行うことの可否について述べることとします。

まず、信金法には会社法124条で規定している基準日というような規定が置かれていないことはすでにA（アンサー）欄で述べました。そして、株式会社においては、配当金受領権者は「利益配当を決議した総会当時の株主である」との解釈（通説）のもとに営業年度の末日から定時株主総会の日まで株主名簿を閉鎖（名義書替を停止）することにより、当該年度末現在の株主に配当を受けられるようにしているとの説明がなされていましたが、株主名簿の閉鎖の制度は平成16年の商法改正で廃止されました。

2　当該事業年度の会員に対する配当

　金庫の場合、この解釈・説明をそのままあてはめると困ったことになってしまいます。金庫の場合には、昭和43年6月1日の信金法の改正以降、配当金受領権者を、従来の「会員の配当請求権は、総会における配当決議によって発生するものであり、総会当時の会員がこの権利を取得する。したがって、現実に配当を請求できるのは、事業年度末から配当決議まで引き続き会員であったものに限られ、この間に持分の全部譲渡によって脱退した会員は、請求権を有しないと解される」という考え方から……「出資配当は、会員の出資を基礎とした金庫の事業活動が生みだした当該事業年度の利益（剰余金）を会員に分配しようとするものであるから、その配当を受ける者は、当該事業年度末に会員であれば足りるものと解する」……〔大蔵省銀行局中小金融課見解（昭和44年4月11日付全信協発7号）〕という考え方に変わっています。

　このような剰余金配当請求権者についての解釈変更の理由は、配当請求権は総(代)会開催時の会員でなければならないとすると、①法16条に基づく金庫の持分譲受けによる自由脱退の場合には、その譲受けの日は、その請求のあった日から6か月を超えた事業年度末であるため、その脱退会員は配当を受けられないこと、②当該事業年度終了後、総(代)会の日までに法定脱退となった会員は配当を受けられないことなど、脱退会員にとって不合理な結果が生じることによります。

　以上のことから、金庫の場合、剰余金配当請求権者は当該事業年度末に会員であれば足りる（当該事業年度末日に脱退した会員を含む）ものとすると、次年度初日から総代会開催の日まで出資の名義書替を停止することの理論的根拠は、はなはだ乏しいように思われます。

　もっとも、出資事務処理の都合により名義書替の停止をお願いするということであれば、これはまた別の問題となりますが、少なくとも法的根拠を問われた場合には、困ることになるのではないかと思われます。

（田中敏夫）

Q142

持分の質受け

．．．

　銀行では、自己の株式を担保にすることができるようですが、金庫の場合にも自己の持分（出資金）を担保にとることができるのでしょうか。

A　　　平成13年6月の商法改正により自己株式の質受けが自由になりましたが、類似の規定の置かれている法21条は改正されていませんので、金庫が会員の持分を質受けすることは、金庫が権利を実行するため必要とする場合を除いて不可能です。

 解 説

1　自己株式の質受け

　平成13年6月の商法改正前は、自己株式の質受けは、取得と同様に原則的に禁止されていましたが、これは自己株式を担保とする貸付を行うことによって、いろいろな弊害を伴う自己株式取得の規制を潜脱することを防止することを目的としていました。しかし、平成13年6月の商法改正で自己株式の質受けは規制の対象からはずされましたので、株式会社である銀行は自由にその株式を質権の目的とすることができるようになりました。

　ただ、法21条は、従来どおり、「金庫は、会員の持分を取得し、又は質権の目的としてこれを受けることができない。ただし、金庫が権利を実行するため必要がある場合又は第十六条の規定により譲り受ける場合においては、この限りでない」と規定していますので、金庫は、原則として会員の持分を質権の目的とすることができません。

　なお、この規定は、金庫が会員の持分を質受けすることを制限したものであり、金庫以外の第三者の質受けを制限しているものではありません。

2　権利の実行の必要性

「金庫が権利を実行するため必要がある場合」とは、たとえば、会員が金庫から借入をしている場合に、債権者たる金庫に対する持分のほかには適当な資産がなく、債権保全のため、金庫としては、他に方法がない場合をいいます。

（田中敏夫）

Q143

会社分割により持分を承継する際の金庫の承諾の要否

　金庫の会員であるA社が、会社分割により設立したB社にその持分を譲渡することになりましたが、この場合、譲渡について金庫の承諾を要するでしょうか。

A　会員が持分を譲渡するときは、金庫の承諾を要しますが、これは会社分割により持分を承継する場合も同様と解されます。

 解説

　法15条1項は、会員は金庫の承諾を得なければ持分を譲渡することができない旨を規定しています。その趣旨は、金庫は資本団体である株式会社とは異なり、相互扶助の精神を基調とする人的結合体であるところ、会員が持分を譲渡することは金庫の基礎をなす会員の信頼関係に影響を及ぼすことから、会員が持分を譲渡するときは金庫の承諾を要するとしたもの解されています。

　一方、会社分割により、B社は、新設分割計画の定めに従いA社の権利義務を承継しますが、その効果は一般承継であると解されていますので、会社分割による持分の承継の場合にも法15条1項による金庫の承諾が必要になるのかが問題となります。

　この点については、会社分割による持分の承継も、持分の譲渡と同じく、会員の変更や出資口数の増減を生じさせるものであり、会員の信頼関係に影響を及ぼすものであることから、法15条1項が持分の譲渡に先立って金庫の承諾を要するとした趣旨は、会社分割により会員の持分を承継する場合にも該当するものと解されています（信組の持分の譲渡につき大阪地判平成29・8・9金判1533号50頁）。なお、この判決の射程は、合併により持分を承継する場合にも及ぶものと解されます。　　　　（田中敏夫）

Q144

出資１口の金額の増加と総会員の同意

当金庫の出資１口の金額は、信組であった当時から１口 50 円の
まま現在に至っていますが、これを１口 1,000 円に変更したいと考
えています。この場合には、全会員の同意を得ることが必要なので
しょうか。

A 　出資１口の金額の増加は、定款の変更とさらに総会員の
同意を必要とするものと解されています。

解 説

1　定款変更の手続

　法 51 条・52 条には、出資１口の金額の減少が規定されていますが、
これは金庫の資産状況が悪化し欠損が生じた場合に損失てん補のためなど
に行われるものです。これに対し、出資１口の金額の増加は信金法上の規
定はありませんが、出資金の増加（増資）の１つの方法ということになり
ます。

　この場合、出資１口の金額は、定款の絶対的必要記載事項ですから（法
23 条３項７号）、定款変更の手続を必要とします。しかし、出資１口の金
額が増加すると、会員は、その意思にかかわりなく、その有する出資の口
数に応じて、出資１口の金額の増加額を金庫に追加出資しなければならな
いことになり、会員の有限責任の規定（法 11 条５項）に反することにな
ります。

2　総会員の同意

　出資１口の金額の増加については、通常の定款変更の場合のように総(代)
会の特別決議（法 48 条の３第１号）では足りず、総会員（総総代）の同
意を必要とするものと解されています。この件については、昭和 31 年３
月に法務省民事局長から中小企業庁長官宛に、また同年 12 月に農林省農

林経済局長宛に「組合員有限責任の原則により、組合員全員の同意がなければ所問の定款変更はなしえないと考える」という趣旨の回答がなされています。

　なお、出資1口の金額の増加とは、会員の追加出資を伴う金額の増加のことをいい、1口50円の出資を、20口まとめて1口1,000円と読み替えるような場合とは異なります。

（田中敏夫）

Q145

貸付金と出資金との相殺

会員である貸付先が電子交換所の取引停止処分を受けて倒産した
ので、預金との相殺を行いたいと思っていますが、出資金も相殺す
ることができるのでしょうか。

 　　　出資金（持分）は、預金と異なり、財産権的要素と身分
　　　権的要素を包含するものですから、身分権的要素が失わ
れ、単純な金銭債権に転化した後でなければ相殺することができま
せん。

解説

1　持分の本質

　金庫の会員たる地位を取得するためには、金庫に対して1口以上の出資
をしなければなりませんが（法11条1項）、出資金は、払い込まれるの
と同時に会員が金庫に対して取得する持分の構成要素となり、独立の金銭
債権としての性格を失います。

　そして、この持分は、会員の金庫に対する身分権的な権利義務としての
要素と財産的な権利義務としての要素を包含するものであって、単純な金
銭債権ではありません。

2　金庫の出資金と貸付金との相殺の可否

　金庫の出資金と貸付金との相殺の可否については、明文の規定がありま
せんが、相殺は相互に同種の目的を有する債務を負担する場合において、
その対当額についてその債務を免れることができる制度ですから（民法
505条1項）、対立する債務が存在していても、両者の性質が異なってい
れば相殺することはできません。

　ところで、会員が有する出資金は、前述のとおり、財産権的要素と身分
権的要素を包含するものですが、一方、貸付金は単純な金銭債権ですから、

5

出資持分

そのままの状態では相殺することはできません。

しかし、持分が、次のような事由により、単純な金銭債権に転換した場合には、貸付金との相殺が可能になります。

(1) 金庫が会員の持分を譲り受けたとき（法16条）

会員が自由脱退をする際に金庫に対しその持分の譲受けを請求したときは、金庫はその請求があった日から6か月を経過した日以降に到来する事業年度末にその持分を譲り受けることになり（定款例13条）、譲受代金の支払債務を負担します。

金庫が負担するこの代金債務は単純な金銭債務ですから、その支払期である事業年度末に相殺することができます。

(2) 会員に法定脱退の事由が生じたとき（法17条）

会員は、①会員たる資格の喪失、②死亡または解散、③破産手続開始の決定、④除名などの事由が生じたときには、当然に金庫を脱退し、持分は持分払戻請求権に転化します（法18条1項）。

金庫が負担するこの持分払戻債務は単純な金銭債務ですから、相殺することができます。なお、脱退者に払い戻す持分の額は、脱退した事業年度末における金庫の財産によって定まりますので（同条2項）、相殺することができる時期は、脱退した事業年度の末日以後となります。

なお、会員は、その有する持分の全部または一部を金庫の承諾を得て他に譲渡することによって持分譲渡代金を取得しますが、この代金債務の債務者は譲受人である第三者であり、金庫がその債務を負担するものではありませんから、金庫の貸付金との相殺が問題となる余地はありません。

（田中敏夫）

Q146

破産手続における貸付金と持分との相殺

会員である貸付先について破産手続開始の決定があった場合でも、会員の持分を相殺することができるのでしょうか。

A 会員である貸付先について破産手続の開始があった場合には、金庫はその事業年度末以降に貸付金と持分払戻請求権とを相殺することができます。

 解 説

1 持分払戻請求権の性質

金庫の会員の破産手続開始の決定は法定脱退事由ですから（法17条1項3号）、会員は破産手続開始の決定と同時に金庫を脱退し、脱退した事業年度の終りにおける金庫の財産によって持分の払戻しを受けることができます（法18条1項・2項）。

この持分払戻請求権は、会員が持分を取得した時から、その持分に内在する停止条件付きの債権として存在し、法定脱退後、脱退した事業年度の終りにおいて、金庫の正味財産の存在を条件として具体的に発生するものであると解されています。

2 破産債権者が破産手続開始後に停止条件が成就した債権を受働債権として相殺することの可否

持分払戻請求権を停止条件付債権であると解すると、破産手続開始時には「事業年度の終りにおける正味財産の存在」という条件はまだ成就していないため、この条件が成就した後に持分払戻請求権を受働債権とする相殺の意思表示がなされることとなりますが、このような相殺が、停止条件付債権を受働債権とする相殺について規定する破産法67条2項後段との関係で許容されるものであるか、また、破産手続開始後に債務を負担した場合の相殺を禁止する破産法71条1項1号に抵触するものでないかが問

題となります。

　この点について、東京地裁平成 15 年 5 月 26 日判決は、破産法 67 条
2 項後段により、破産債権者は停止条件付きの受働債権の現実化を承認し
て相殺することだけでなく、破産手続開始後に停止条件が成就するのを
待って相殺することもでき、かつ、破産手続開始後に停止条件が成就した
ときであっても、破産手続開始時に相殺に対する合理的な期待が存在して
いた場合には、同法 71 条 1 項 1 号による相殺禁止にも抵触しないと解し、
さらに、金庫は、会員が持分を取得した時から将来その持分が金銭債権た
る持分払戻請求権に転化したときには会員に対する貸金債権との相殺によ
りその貸付金を回収することを期待していたと認められ、このような期待
は合理的であると認定しています（金判 1181 号 52 頁）。

　破産法においては、民事再生法 92 条 1 項や会社更生法 48 条 1 項のよ
うに相殺権行使の期間を制限する定めを設けていないので、金庫は、会員
が破産手続開始によって法定脱退した場合には、脱退した事業年度末以降
であれば、持分払戻請求権を受働債権として相殺することができます。

　なお、最高裁平成 17 年 1 月 17 日判決は、積立普通傷害保険契約の解
約ないし満期返戻金との関係において、「破産債権者は、破産者に対する
債務がその破産宣告の時において期限付または停止条件付である場合に
は、特段の事情のない限り、期限の利益または停止条件不成就の利益を放
棄したときだけでなく、破産宣告後に期限が到来しまたは停止条件が成就
したときにも旧破産法 99 条後段の規定により、その債務に対応する債権
を受働債権とし、破産債権を自働債権として相殺をすることができる」と
していますが（民集 59 巻 1 号 1 頁）、この判決の射程は金庫の持分払戻
請求権を受働債権とする相殺にも及ぶものと解されています（野村秀敏「民
事法判例研究」金判 1225 号 10 頁）。

3　破産管財人の催告権

　再建型の再生手続や更生手続においては、相殺は債権届出期間内に行わ
なければなりませんが（民事再生法 92 条 1 項、会社更生法 48 条 1 項）、
清算型の手続である破産手続にはこのような制限はありません。これは、
再建型の法的整理手続においては、再建計画を適切に作成するために、債

務者の債権額および債務額を一定時点までに確定する必要があるのに対し、清算型の法的整理手続においては、そのような必要がないからです。

　しかし、相殺権の行使が可能であるにもかかわらず、破産債権者が相殺をするか否かの態度を明らかにしない場合には、破産管財人の管財事務に支障を来し、配当を遅らせる原因にもなりかねません。

　そこで、破産手続の円滑な進行を図るという観点から、破産管財人は、一般調査期間が経過した後または一般調査期日が終了した後は、相殺をすることができる破産債権者に対し、1か月以上の期間を定めて催告をすることができ、その期間内に破産債権者が相殺するかどうかを確答しない場合には、破産手続において相殺権を行使することができないこととしています（破産法73条）。

　ただし、破産債権者の負担する債務が弁済期にない場合には、この制度の対象となりませんので（同条1項ただし書）、持分払戻債務の履行期である事業年度末が破産管財人から催告を受けてから1か月経過後に到来するような場合でも相殺は可能です。

（田中敏夫）

Q147

民事再生手続における貸付金と持分との相殺

会員である貸付先について民事再生手続開始の決定があった場合でも、貸付金と会員の持分との相殺は可能でしょうか。

A 貸付金と持分との相殺は理論上は可能ですが、民事再生手続において相殺を行うためには、再生手続開始当時に再生債務者に対して債務を負担していることが必要ですから、実際に相殺を行うことは困難です。

 解 説

1 相殺権とその制限

再生手続が開始すると、再生債権者は再生手続によらなければ弁済を受けることができなくなりますが（民事再生法85条1項）、再生債権者が再生手続の開始当時に再生債務者に対して債務を負担している場合で、かつ、債権届出期間の満了前に相殺適状になっている場合には、再生手続によらないで相殺を行うことができます（同法92条1項）。

なお、再生手続においても、破産手続の場合と同様の相殺禁止規定が置かれています（同法93条1項）。

2 相殺の時期

相殺の意思表示は、再生債権届出期間の満了前に行わなければなりません（民事再生法92条1項）。しかし、再生手続の開始は、破産の場合と異なり、法定脱退事由には該当しませんので（法17条1項参照）、会員に対し再生手続が開始しても持分が払戻請求権に転化することはありません。

したがって、再生手続において、貸付金と持分を相殺するためには、

① 再生手続の開始以前に、会員から金庫に対し持分全部の譲受請求がなされ、かつ、その請求日から6か月経過以後の事業年度末が債権届

出期間の満了前に到来し、金庫が持分譲受債務を負担するに至っているか

② 再生手続の開始前に、除名処分その他の法定脱退事由が発生し、持分が払戻請求権に転化しており、かつ、その債権届出期間の満了前にその履行期である事業年度末が到来している

ことが必要になります。

（田中敏夫）

Q148

会社更生手続における貸付金と持分との相殺

会員である貸付先について会社更生手続開始の決定があった場合でも、貸付金と会員の持分との相殺は可能でしょうか。

A 　貸付金と持分との相殺は、理論上は可能ですが、会社更生手続において相殺を行うためには、会社更生手続開始当時に更生会社に対して債務を負担していることが必要ですから、実際に相殺を行うことは困難です。

 解 説

1 相殺権とその制限

会社更生手続が開始すると、更生債権者は更生手続によらなければ弁済を受けることができなくなりますが（会社更生法 47 条 1 項）、更生債権者が更生手続の開始当時に更生会社に対して債務を負担している場合で、かつ、債権届出期間の満了前に相殺適状になっている場合には、更生手続によらないで相殺を行うことができます（同法 48 条 1 項）。

なお、会社更生手続においても、破産手続の場合と同様の相殺禁止規定が置かれています（同法 49 条）。

2 相殺の時期

相殺の意思表示は、更生債権届出期間の満了前に行わなければなりません（会社更生法 48 条 1 項）。しかし、会社更生手続の開始は、破産の場合と異なり、法定脱退事由には該当しませんので（法 17 条 1 項参照）、会員に対し会社更生手続が開始しても、持分が払戻請求権に転化することはありません。

したがって、会社更生手続において、貸付金と持分を相殺するためには、

① 会社更生手続の開始以前に、会員から金庫に対し持分全部の譲受請求がなされ、かつ、その請求日から 6 か月経過以後の事業年度末が債

権届出期間の満了前に到来し、金庫が持分譲受債務を負担するに至っているか

②　会社更生手続の開始以前に、除名処分その他の法定脱退事由が発生し、持分が払戻請求権に転化しており、かつ、その債権届出期間の満了前にその履行期である事業年度末が到来している

ことが必要になります。

（田中敏夫）

Q149

特別清算手続における貸付金と持分との相殺

　会員である貸付先について特別清算開始の決定があった場合でも、貸付金と会員の持分との相殺は可能でしょうか。

A　特別清算手続においては、貸付金と持分との相殺は可能です。

 解説

1　相殺権とその制限

　特別清算とは、解散によって清算手続を遂行中の株式会社について行われる清算手続です（会社法510条）。特別清算が開始すると、債権者は特別清算手続によらなければ弁済を受けることができなくなりますが（同法537条1項）、債権者が特別清算手続の開始前に清算会社に対して債務を負担していた場合には、特別清算手続によらないで相殺を行うことができます。

　なお、特別清算手続には相殺禁止規定が置かれていますが（同法517条）、貸付先は清算手続を開始した時に法定脱退しますので（法17条1項2号）、金庫は、破産手続の場合と同様、脱退した事業年度末における金庫の正味財産によって払い戻す持分の具体的な金額が確定すれば、持分払戻請求権を受働債権として相殺することができます。

　金庫は清算会社に対して負担する持分代金払戻債務の履行期（解散の日の属する事業年度末）が到来すれば、貸付金と持分代金払戻債務を相殺することができるようになります（民法511条）。

2　相殺の時期

　特別清算においては、民事再生や会社更生の場合と異なり、相殺権の行使の時期について特に制限はありませんが（民事再生法92条1項、会社更生法48条1項）、協定認可の決定が確定し、協定が効力を生じた（会

社法 570 条）後は、協定の条件によらなければ相殺することができない
と解されていますので、その前に相殺を行わなければなりません。また、
特別清算手続が終結するまでに相殺しなければならないのは当然のことで
す。

　なお、相殺の意思表示は、特別清算人に対して行います。

（田中敏夫）

Q150

貸付金と持分譲受代金債権との相殺

....

　会員が金庫に対する持分譲受請求によって取得する持分譲受代金債権は、貸付金と相殺することができるのでしょうか。

A　　　持分は単純な金銭債権ではないため持分と貸付金を相殺することはできませんが、持分譲受請求によって持分譲受代金債権に転化した場合には、貸付金と相殺することができるようになります。

 解　説

1　持分と貸付金との相殺の可否

　持分と貸付金との相殺の可否については、明文の規定はありません。しかし、相殺は「二人が互いに同種の目的を有する債務を負担する場合」に認められるものですから（民法505条1項）、身分権的な性格と財産権的な性格を併せ持ち、単純な金銭債権である貸付金とは性格が異なる持分は、当然には貸付金と相殺することができません。

2　持分譲受請求の制度

　会員は、いつでもその持分の全部の譲渡によって金庫を脱退することができます（法16条1項前段）。この自由脱退の方法には、持分の全部譲渡と金庫に対する持分譲受請求とがありますが、信金法は、金庫の自己資本の維持・安定を図るため、会員または会員資格を有する者への持分の全部譲渡による脱退を原則としています。

　しかし、持分の譲受人がいない場合には、金庫を脱退することができず、実質的に脱退を制限することとなります。そこで、脱退の自由を最終的に確保する手段として、会員はその持分の譲渡を受ける者がいないときには、金庫に対し、定款で定める期間内にその持分を譲り受けるよう請求することが認められており（法16条1項後段）、これを持分譲受請求といいます。

なお、この持分譲受請求は、会員の自由脱退を実質的に保障するために認められているものですから、持分の一部についての譲受けを請求することはできません。

3　持分譲受代金債権との相殺

　会員から金庫に対し持分譲受請求があった場合には、金庫はその請求の日から6月を経過した日以後に到来する事業年度末において、その持分を譲り受けることとなりますが（定款例13条1項）、この場合、会員が金庫に対して有することとなる持分譲受代金債権は単純な金銭債権なので、金庫は弁済期の到来した貸付金と持分譲受代金債権を当然に相殺することができます。

（田中敏夫）

Q151

持分に対する強制執行

持分は身分権と財産権を併せ持ち、単純な金銭債権である預金・積金とはその性質が異なるとのことですが、持分も預金・積金と同様に差押えの対象になるのでしょうか。

A 持分を差し押さえることができるかどうかについて、信金法には明文の規定がありませんが、持分は財産的性格を有していることから、その差押えは可能であると解されています。

 解 説

1 持分に対する差押えの可否

　会員の有する金庫の持分を差し押さえることができるかどうかについて、信金法は明文の規定をおいていませんが、以下のような理由から差押えは可能であると解されており、これを認めた下級審の裁判例もあります（東京地判昭和44・5・29下民集20巻5・6号396頁、東京高判昭和45・11・26金判250号13頁）。

① 　金庫の会員の持分は、財産権としての性格も有していること

② 　金庫の会員の有する持分と法律的性質が類似している合名会社、合資会社、合同会社の社員の持分については、差押えを認めることを前提とした規定があること（会社法609条1項・611条7項）

③ 　「消滅する金融機関の株式または出資の差押え（仮差押えを含む）は、当該消滅金融機関の株主または会員等が合併により受けるべき金銭等にその効力を有する」旨を規定する金融機関の合併および転換に関する法律49条1項は、金庫の持分に対する差押えを認めることを前提としたものであること

2 差押えの手続

持分に対する差押えの手続は、債権執行の例によることとなり（民事執

行法 167 条 1 項）、差押命令が第三債務者である金庫に送達された時に効力が生じます（同法 145 条 4 項）。

3 差押えの効力

(1) 処分禁止効

持分に差押えがあると、差押債務者である会員は、その持分の譲渡・質入れ等の処分をすることができなくなります（民事執行法 145 条 1 項）。しかし、この処分禁止効は絶対的なものではありませんので、差押債務者である会員が金庫の承諾を得てその持分を譲渡した場合には、その譲渡が差押えの効力が生じた後に行われたときでも、譲渡自体は有効です。ただし、持分の譲渡は差押債権者に対抗することができませんので、差押債権者はその譲渡がなかったものとして以後の手続を進めることができます。

(2) 差押えの効力の及ぶ範囲

信金法には、会社法 611 条 7 項・621 条 3 項（合名会社、合資会社、または合同会社の社員の持分の差押えの効力）のような明文の規定はありません。

しかし、差押え後に生ずる具体的な剰余金配当請求権は、法定果実ではありませんが（民法 88 条）、これに類するものとして、差押えの効力が及ぶものと解されます。

持分が、会員の法定脱退により持分払戻請求権（法 18 条）に転化した場合、または金庫の解散により残余財産分配請求権に転化した場合にも、持分払戻請求権および残余財産分配請求権は持分の内容そのものですから、差押えの効力はこれらにも及ぶものと解されます（清水湛「金庫の出資をめぐる諸問題『4 持分に対する強制執行』」金法 438 号 15 頁参照）。

(3) 差押債務者の身分権への影響

持分の差押えは、持分を 1 個の財産権として、これに対してなされるものですから、差押えの効力は持分に含まれる身分権的な権利には及びません。したがって、持分に差押えがあっても、差押債務者たる会員は議決権を行使し、または会員として役員に選任されることができます。

4 金庫による差押えの可否

金庫は、権利を実行するため必要がある場合には、会員の持分を取得す

ることができますので（法21条1項）、その前提として会員の持分を差し押さえ、自ら競落人となり譲受人となることができると解されています。

（田中敏夫）

Q152

差し押さえた持分の換価

差し押さえた持分は、どのような方法によって換価するのでしょうか。

A 差押持分の換価は、執行裁判所の売却命令または譲渡命令の方法によって行われます。

 解説

持分は身分権的な要素を含んでおり、単純な金銭債権ではないので、転付命令（民事執行法159条）によって換価することはできず、また差押命令に基づく取立権（同法155条1項）を行使して取り立てることもできません。

差押持分の換価は、民事執行法167条1項が準用する同法161条1項が規定する譲渡命令、売却命令等の方法によって行われます。

なお、滞納処分による差押えの場合には、1万円以下の金額の持分については、その譲受けの請求をしないものとされていますが（Q153参照）、民事執行法による差押えの場合には、そのような制限がないので、差し押さえた持分の全部を換価することができます。

1 譲渡命令

差押持分を執行裁判所の定めた価額で支払に代えて差押債権者に譲渡する命令による換価方法です。会員は、その持分を金庫の承諾を得て、会員または会員たる資格を有する者に譲渡することができるので（法15条1項・2項）、差押債権者に持分の譲受人になる資格があり、事前に金庫の承諾を得ることができる場合には、譲渡命令の方法によるのが一般的です。

2 売却命令

執行裁判所の定める競り売り、任意売却等の方法により持分の売却を執行官に命ずる命令による換価方法です。

持分の時価は、通常、出資額が限度となること、買受人の資格に制限があることなどから、売却命令による換価は事実上困難です。

3 その他相当な方法

執行裁判所は、譲渡命令や売却命令のほか、「その他相当な方法による換価」を命ずる命令を発することができるので、差押債権者が自分で持分の譲受人となる資格を有する買受希望者を探し出し、持分の譲受けについて、事前に金庫の承諾を得ることができれば、その買受希望者に譲渡することを内容とする命令の発令を受けることもできます。

4 金庫の承諾の必要性

差押持分を換価するような場合においても、持分の譲渡については法15条1項および2項の規定による金庫の承諾が必要ですから、実際の運用としては、裁判所が、持分を取得することができる者（法15条1項）について、あらかじめ金庫の承諾を得られるよう手配したうえで、換価を命ずることになると思われます。この場合、金庫は正当な理由がないのに承諾を与えないことは許されません。

なお、法15条1項の規定による金庫の承諾は、本来、会員が請求すべきものですが、この場合においては、国家（裁判所）が差押債務者たる会員から徴収した処分権能に基づいて譲渡命令を発するので、差押債務者たる会員の譲渡意思の表示の存否は問題とされません。

5 債権者代位権の行使の可否

持分の譲渡については、金庫の承諾が効力要件になるので（法15条）、金庫が正当な事由がないにもかかわらずこの承諾をしない場合、差押債権者が差押債務者たる会員に代位して、金庫に持分を譲り受けるべきことを請求することができるかどうかという問題があります。

この点については、信金法には会社法609条（持分の差押債権者による退社）のような明文の規定が置かれていませんが、民法423条1項の規定により、持分を換価しようとしても譲受人がいない場合または金庫が譲渡を承諾せず他に譲受適格者がいない場合で、かつ差押債務者たる会員に他に財産がない場合には、債権者は債務者に代位して、法16条の規定により金庫に対して差押持分を譲り受けるべきことを請求することが可能

であると解されています。ただし、法 16 条の規定は、会員の自由脱退を
保障するために設けられたものですから、差押債務者の持分の全部につい
て差押えがなされており、かつ、その全部について金庫に譲受けを請求す
ることが必要です。

（田中敏夫）

Q153

持分に対する滞納処分

持分は強制執行の対象になるとのことですが、同様に滞納処分の対象にもなるのでしょうか。

A 金庫の会員の持分は滞納処分の対象となり、その手続については国税徴収法に独自の規定が設けられています。

 解説

1 差押えの手続

金庫の会員の持分に対する差押えは、第三債務者である金庫に対する差押通知書の送達によって行われ、その差押えの効力は差押通知書が金庫に送達された時に生じます（国税徴収法73条1項・2項）。

2 金庫に対する差押持分の譲受請求

税務署長は、金庫の会員たる滞納者の持分を差し押さえた場合において、①その持分を再度換価に付してもなお買受人がいないか、またはその持分の譲渡について金庫が承諾をしないため譲渡することができず（法15条）、かつ、②その持分以外の財産について滞納処分を執行してもなお徴求すべき国税に不足すると認められる場合には、金庫に対し、その持分の一部の譲受けを請求することができます（国税徴収法74条1項）。ただし、この請求は、会員の金庫からの脱退について、金庫の定款上、一定期間前に金庫に予告することが必要とされている場合には、その期間前にその予告をした後でなければ行うことができません（同条2項）。

譲受請求の範囲が、持分の全部ではなく、その一部に制限されているのは、持分の全部について譲受けを請求すると、会員が金庫の会員としての地位を失うこととなるので、その会員としての地位を保全しつつ滞納処分の目的を達成しようとしているためです。

法16条の譲受請求の規定が、会員の自由脱退を実質的に保障するため

に設けられたものであるのに対し、国税徴収法74条の譲受請求は、この点において本質的に異なり、法16条の特則をなすものといえます。

　なお、譲受請求の対象となる持分の一部については、1万円（出資1口の金額で1万円を整除することができないときは、1万円を超え1万円に最も近い整除できる金額）以下の金額の持分については、その譲受けの請求をしないものとされています（国税徴収法基本通達74条関係7）。

（田中敏夫）

5

出資持分

Q154

滞納処分による差押えを受けた出資金（持分）の支払

滞納処分による差押えを受けた出資金を支払うには、どのような手続が必要なのでしょうか。

A 滞納処分をした税務署が差押持分の払戻しを受けるためには、金庫に対し、譲受請求の予告通知をした後、譲受請求をすることが必要です。

 解 説

1 税務署による差押財産の換価手続

税務署は、滞納処分による差押財産が預金などの金銭債権であれば、直接取り立てることができますが（国税徴収法 67 条 1 項）、出資持分は単純な金銭債権ではなく、身分権的な要素も含まれているので、預金のように直接取り立てることはできません。

差押財産が不動産のように直接取り立てることができないものである場合には、税務署長が換価することになります。この換価手続は、公売によるのが一般的ですが（同法 94 条 1 項）、随意契約によって売却されることもあります（同法 109 条）。随意契約とは、公売のように競り売りや入札などの競争の方法によらずに、適当と思われる者に任意売却する方法です。

2 出資持分の換価手続

差押財産が出資持分の場合も、原則として公売または随意契約による売却によって換価されることになりますが、出資持分を売却（譲渡）するには、買受人が会員であるか会員たる資格を有する者でなければならず、また金庫の承諾を得ることが必要です（法 15 条）。出資持分についてはこのような制約があるため、公売しても買受人がないのが一般的です。そこで、持分の換価方法として、税務署長は、金庫に対して持分の一部の譲受請求をすることが認められています（国税徴収法 74 条 1 項）。

信金法では、持分の一部の譲受請求は認められていませんので（法16条）、国税徴収法74条1項の譲受請求は、法16条の特則をなすものといえますが、これは会員としての地位を奪うことなく滞納処分の目的を達しようという趣旨によるものです。

3　税務署長による持分譲受請求の手続

税務署長が、金庫に対して差押持分の譲受請求をし、金庫から譲渡代金の支払を受けるためには次の手続をとることが必要です。

(1)　譲受請求の予告通知

持分に対し差押えをした後、「組合員等の持分の払戻し等請求の予告通知書」により金庫に対して譲受請求の予告通知をします。

(2)　譲受請求

予告通知後30日経過した後に、「組合員等の持分払戻請求書」により金庫に対して持分の譲受請求をします（国税徴収法74条2項）。

なお、会員としての地位を奪わないため、1万円以下の部分については譲受請求をしないことになっていますので（国税徴収法基本通達74条関係7）、請求書に記載されている譲受請求の口数が出資額1万円に相当する口数を除いたものであること（譲受請求が金額で記載されている場合には、1万円を控除した額であること）を確認する必要があります。

4　税務署に対する支払の時期

税務署長による譲受請求の効力は、会員による譲受請求と同様です。したがって、金庫は、「組合員等の持分払戻請求書」が金庫に送達されてから6か月経過後に到来する事業年度末に持分の譲受処理をし、その代金を税務署に支払うこととなります。

なお、徴収職員には1万円を控除した金額を支払いますが、前述のとおり税務署はこの1万円に相当する持分を取り立てることができないので、放置しておくと差押えがそのまま残ることになり管理上支障が生じます。したがって、税務署に譲受代金を支払う際には、その旨を会員に連絡し、会員と税務署との間で1万円の差押えの処理について話合ってもらうのが得策であると思われます（差押えを取り下げてもらうのが望ましい）。

（田中敏夫）

Q155

持分差押え後に生じた剰余金配当請求権に対する差押えの効力

　当金庫の会員であるＡさんの持分が、Ａさんの債権者によって差し押さえられ、当金庫にもその差押命令が送達されてきました。その後、この差し押さえられた持分について、剰余金の配当が行われる時期になったのですが、この剰余金の配当請求権についても差押えの効力が及ぶのでしょうか。

A 　持分に対する差押えの効力は、差押え後の剰余金配当請求権にも及ぶものと解されます。

 解 説

1　持分に対する差押えの方法

　強制執行あるいは担保権の実行として持分を差し押さえる場合（注１）の手続については、実は民事執行法や民事執行規則に明確な規定はありません。

　この点、持分は、民事執行法 143 条にいう「金銭の支払又は船舶若しくは動産の引渡しを目的とする債権」であるとは直ちにいえませんが、いわばそれに準じるものと考えられており（東京地判昭和 44・5・29 下民集 20 巻 5・6 号 396 頁、同判決の控訴審である東京高判 45・11・26 金判 250 号 13 頁参照）、持分に対する差押えは、同条以下の債権執行の例により行われています（民事執行法 167 条 1 項）。

　具体的には、会員を債務者とし、金庫を第三債務者として、持分の処分や弁済等を禁止する差押命令を会員と金庫に送達することにより、持分に対する差押えが行われます（なお、差押えの効力は差押命令が金庫に送達された時点で生じる）。

2　持分に対する差押えの効力（客観的範囲）

　そもそも「持分」とは、「会員が会員たる資格において金庫に対して有

する権利義務の総称またはこれらの権利義務発生の基礎たる法律関係、すなわち剰余金配当請求権、残余財産分配請求権などのような自益権と、議決権、業務執行権、代表権のような共益権を包含する会員権とも称すべきもの」と「金庫が解散するか、または会員が脱退した場合に会員がその資格において金庫に対し請求し、または金庫が支払うべき観念上あるいは計算上の数額」を意味し（前掲東京地判昭和44・5・29）、個々に発生する剰余金配当請求権とは別個の権利となります。したがって、持分を差し押さえたからといって、当然にその持分から派生する剰余金配当請求権にもその差押えの効力が及ぶものではありません。

　この点、会社法における持分会社（合同会社、合名会社および合資会社）については、会社法621条3項として「社員の持分の差押えは、利益の配当を請求する権利に対しても、その効力を有する」との明文規定が置かれている一方、信金法にはそのような規定がありません。しかし、持分から派生する個々の剰余金配当請求権は、持分の内容が具体化したものであり、法定果実に類するものであるといえます。したがって、少なくとも差押え後に発生する剰余金配当請求権に対しては、持分に対する差押えの効力が及ぶものと考えるべきでしょう（清水湛「持分に対する強制執行」金法438号14頁、信用金庫実務研究会「金庫取引実務の再検討＜第7回＞」金法934号26頁等）。

　なお、実務的には（理屈的にはともかく）、差押命令において、会員（債務者）に対しては剰余金の配当請求を、金庫（第三債務者）に対しては剰余金の配当を、それぞれ禁止する旨を定めることが一般的です。

3　差押債権者が配当金を受領する方法

　以上のとおり、持分に対する差押えの効力は、差押え後に発生する剰余金配当請求権にも及ぶものと解されています。したがって、差押債権者は剰余金配当請求権について改めて差押命令を得ることなく、取立権の行使（民事執行法155条）あるいは転付命令（民事執行法159条）を得ることにより、その剰余金を取り立てることができます。

　なお、転付命令を受けるには、対象の権利について金額が確定していること（券面額のある債権といえること）が必要ですので、未だ数額が定ま

らないうちは、剰余金配当請求権について転付命令を受けることはできないと解されています（注2）。

（注1）　かつては、そもそも持分に対する差押えが可能かどうか（執行適格の問題）についても議論がありましたが、現在ではこれを否定する見解はほとんど見られませんので、ここではその論点は割愛します。

（注2）　金庫の出資金返還請求権について数額が定まっていないとして転付命令を認めなかった大阪地判昭和47・1・27全判307号18頁、株式における利益配当請求権について株主総会で金額および時期が確定した後は転付命令を発することができるとした大判大正2・11・19民録19輯974頁等参照。

（麻生裕介）

Q156

債権差押通知書によって持分を差し押さえた場合の差押えの効力

　滞納処分により金庫の持分に対する差押えが行われる場合、本来は第三債務者である金庫に「差押通知書」が送付されることになりますが、仮に税務署から「債権差押通知書」が金庫に送達された場合でも、持分に対する差押えの効力は生じるのでしょうか。また、実際に「債権差押通知書」の送達を受けた場合、金庫としてはどのように対応すべきでしょうか。

A　　　債権差押通知書による持分の差押えは不適法であり、差押えの効力が否定される可能性があります。したがって、「債権差押通知書」の送達を受けた金庫としては、原則として、差押えの効力が生じていないものとして行動すれば足りるものと考えられますが、その「債権差押通知書」の内容によっては後に差押えの効力が生じていると判断される可能性がありますので、紛争を避けるためにも税務署に適法な通知書の再送を促すべきといえます。

解説

1　滞納処分による持分の差押えの方法

　国税について滞納があった場合の処分について定めている国税徴収法は、債権に対する差押えについては「債権差押通知書」を第三債務者に送達することによって行い（国税徴収法62条）、債権や不動産、動産以外の財産（第三債務者等が存在するもの）については「差押通知書」を第三債務者等（第三債務者等とは、第三債務者またはこれに準ずる者をいう（国税徴収法24条5項2号））に送達することによって行う（同法73条）旨を規定しています。

　この点、国税徴収法62条における「債権」とは、金銭または換価に適する財産の給付を目的とする債権をいうと解されていますので（国税徴

収法基本通達62条関係1）、金庫の持分はここでいう債権には該当せず、同法73条の「第三債務者等のある」無体財産権等に当たるものと考えられています（国税徴収法基本通達73条関係1(3)）。したがって、持分を差し押さえる場合には、国税徴収法73条の手続に従い、「差押通知書」を第三債務者等に送付することによって行うことになります。

2　債権差押通知書が金庫に送達された場合の差押えの効力の有無

上述したように、国税徴収法は、民事執行法とは異なり、金銭債権の差押手続と持分の差押手続とを明確に区別して定めており、前者については国税徴収法62条1項において「第三債務者に対する債権差押通知書の送達により行う」と規定し、後者については同法73条1項において「第三債務者等に対する差押通知書の送達により行う」と規定しています。

そして、債権差押通知書や差押通知書に記載すべき事項やその様式は、それぞれ国税徴収法施行令や同法施行規則において詳細に定められていますので（注1）、「債権差押通知書」と「差押通知書」とはあくまで異なる書面であるといえます。

これらのことからすれば、「債権差押通知書」によって持分を差し押さえることは不適法といわざるを得ません。そして、国税徴収法73条2項が「差押の効力は、その差押通知書が第三債務者等に送達された時に生ずる」と規定しているところ、金庫には同法施行令30条、同法施行規則3条・別紙第六号書式に準拠した書面（差押通知書）が送達されていないわけですから、「差押通知書が第三債務者等に送達された」とはいえず、原則として、差押えの効力も生じないと考えられます。

3　金庫の対応について

以上のとおり、一般論としては、債権差押通知書によって持分の差押えはできないと考えられるので、通知書の送達を受けた金庫としても、差押えの効力は生じていないものとして対応すれば足りることになります（注2）。

もっとも、金庫に送達された書面が、「債権差押通知書」という表題で、かつ債権差押通知書の様式に従ったものであったとしても、その内容が差押通知書の要件を満たしている場合（国税徴収法施行令30条の記載事項が記載されている場合）には、なお差押えの効力が生じていると判断され

る可能性も皆無とはいえません。なぜなら、差押通知書の要件を満たしている書面が届けば、第三債務者等としては、どのような財産について差押えの効力が生じるのか（どのような財産について弁済禁止効が発生するのか）を認識することが可能であり、法が第三債務者等に対する書面の送達を求めた趣旨は満たされるとも考えられるからです。もちろん、それでも書面の表題や様式を誤っていることは確かですが、差押えの効力を否定するほどの手続の違背ではないと判断される可能性も否定できません（注3）。そのため、債権差押通知書の送達を受けた金庫としては、後日、紛争となることを防ぐために、送達元である税務署に対して、適法な書面を再度送達するよう促しておくべきといえるでしょう。

（注1） 債権差押通知書の記載事項は国税徴収法施行令27条1項、その様式は国税徴収法施行規則3条・別紙第四号書式。差押通知書の記載事項は国税徴収法施行令30条2項、その様式は国税徴収法施行規則3条・別紙第六号書式。

（注2） なお、仮に、債権差押通知書の送達によっても差押えの効力が生じると解したとしても、差押後の剰余金配当請求権については別途差押えが必要です（国税徴収法基本通達73条関係18）。この点は、民事執行法による差押えの場合（Q155参照）とは考え方が若干異なりますので、留意する必要があります。

（注3） たとえば、納税通知書について、「法規の要求する一定の形式を欠き瑕疵があっても、その処分の内容上本質的意義を有する事項の欠缺する場合に限って無効となるものと解すべきであるところ、……その内容上本質的意義を有する事項につき欠缺する場合に当らないから、第二次納税義務か保証義務かの点第二次納税義務の根拠法上、異議申立先の記載に欠ける杜撰なものであっても、これを取消しの理由とすることはともかく未だ本件納付告知処分を無効とする重大な瑕疵であると解することはできない」と判示した裁判例（神戸地判昭和46・11・16行政事件裁判例集24巻11・12号1237頁、なお控訴審の大阪高判昭和48・11・8行政事件裁判例集24巻11・12号1227頁でも維持）もあり、差押通知書についても、同様に、その記載内容が差押通知書の送達を要求した法の趣旨を損なわず、本質的意義を有する事項について欠缺がなければ、差押えの効力自体は否定されない可能性もあります。

（麻生裕介）

Q157

差押通知書と予告通知書が同時に送達された場合における予告通知の効力

　国税徴収法74条によれば、税務署長等は、滞納処分として金庫の持分を差し押さえた場合には、一定期間前に予告をすることによって、持分の払戻しまたは譲受けを請求することができることとされています。通常は、差押通知書を金庫に送達して持分を差し押さえてから予告通知書を送付し、一定期間（予告期間）の経過後に譲受けを請求することになると思いますが、稀に差押通知書と予告通知書が同時に送達されることがあります。この場合、これらの通知書の送達を受けた金庫としてはどのように対応すればよいのでしょうか。

A　差押通知書と予告通知書が同時に届くことには問題があるといえますが、金庫の側からは国税徴収法74条1項の要件充足性を問題にしないという前提に立てば、結論としては、差押通知書の送達時から予告通知書の効力が発生したものとして対応すべきことになると考えられます。

解説

1　持分の譲受請求の手続

　税務署長等（注1）は、滞納処分により金庫の持分を差し押さえた場合には、以下のいずれかの理由がある場合で、さらに持分以外の財産につき滞納処分を執行してもなお徴収すべき国税に不足すると認められるときに限り、金庫に対してその持分の譲受けを請求することができます（国税徴収法74条1項）。

①　当該持分を再度換価に付してもなお買受人がないこと（同項1号）

②　その持分の譲渡につき法律または定款に制限があるため、譲渡する

ことができないこと（同項2号）

　このうち、②に該当する場合としては、たとえば、金庫の持分のように
その譲渡について金庫の承諾を得なければならない（法15条1項）と
いった法律上の制限があり、かつ、金庫からその承諾を得られない場合が
挙げられます（浅田久治郎ほか『租税徴収実務講座改訂版2一般徴収手
続』160頁、信用金庫実務研究会「金庫取引実務の再検討＜第9回＞金
法939号11頁）。

　なお、税務署長等がこのような請求をするには、30日（金庫からの脱
退について定款でこれと異なる一定期間前に金庫に予告することを必要と
する場合には、その期間）前に金庫に予告をする必要があります。

2　差押通知書と同時に送付される予告通知書の問題点

　(1)　質問のように差押通知書と予告通知書が同時に金庫に到着すること
については、以下のような問題があると考えられます。

　①　未だ差押えの効力が発生していない段階で予告通知が行われている
　　点

　②　予告通知が行われた時点では国税徴収法74条1項の要件を満たし
　　ていないのではないかが疑われる点

　(2)　まず、①の点については、そもそも税務署長等は、差し押さえた持
分（差押えの効力が生じた持分）についてしか国税徴収法74条1項の譲
受請求をすることはできませんので（注2）、その予告をするにあたっても、
当然、持分を差し押さえていることが前提になります。なぜなら、国税徴
収法74条2項の「予告」とは、同条1項の譲受請求を行うことを予告す
るものであって、譲受請求をする権限がないにもかかわらず、その予告だ
けをするということは認められないと考えられるからです（注3）。した
がって、未だ差押えの効力が生じていないにもかかわらず、譲受請求の予
告通知を行うことについては、手続的に問題があるといえます。

　次に、②の点については、上記のとおり予告を行うには譲受請求をする
権限を有していること、つまり譲受請求の要件を満たしていることが前提
であると考えられるところ、前述のように、金庫から承諾が得られない場
合にはじめて国税徴収法74条1項の要件を満たすわけですから、差押え

の効力が生じていないにもかかわらず当該要件が満たされることは、通常は想定しにくいといえます。このように、差押通知書と同時に予告通知書を送付することについては、国税徴収法74条1項の要件を充足するかどうかという観点からも、問題があるといえます。

(3) 以下のとおり、差押通知書と同時に送付される予告通知書には問題があるといえますが、それでは、実際に予告通知書が差押通知書と同時に到着した場合には、金庫としてはどのように処理すればよいのでしょうか。

この点、②の問題点については、国税徴収法74条1項の解釈およびその要件充足性を一次的に判断するのは税務署長等であり、金庫からその判断をするのは困難ですので、金庫の立場としては、専ら①の観点からのみ、対応を検討すべきことになると思われます。

そこで、①の点について考えますと、前述のとおり差押えの効力発生前に予告通知を行うことは問題といえますが、他方で、実際に差押えの効力が発生することによって当該問題は治癒されるものとも考えられます（注4）。また、そもそも払戻しや譲受けを請求するにあたって予告期間を設けた国税徴収法74条2項の趣旨は、当該請求を受ける金庫等の利益を考慮したものといえますので、仮に税務署長等のとった手続に問題があったとしても、実際に予告期間（法定の30日または金庫の定款において定められた期間）さえ確保されれば、金庫等に不利益を及ぼすものではありません。

そして、仮に予告通知が先行してしまい、その後に差押えの効力が発生した日を起算日とする予告期間の経過前に譲受け請求が行われたような場合であれば、本来、金庫に与えられるべき期間の利益を害しているといえますが、質問のケースのように差押えの効力発生日と予告通知の到着日とが同時の場合には、（差押えの効力が発生した後に予告通知書が送付された場合と比べて）金庫に与えられる予告期間には特に変わりはないといえます。

したがって、（金庫の立場からは）国税徴収法74条1項の要件充足性を問題にしないという前提に立てば、差押通知書と予告通知書が同時に金庫に届いたとしても、その時点で予告通知の効力が認められるものと考え

られます（注5）。

（注1）　国税以外の場合（地方税など、国税の滞納処分の例によるものとされている場合）には、税務署長以外の者が徴収職員となることもあります。ここでは、税務署長以外の徴税職員を含めて、「税務署長等」と表記しています。以下同様です。

（注2）　国税徴収法74条1項は「滞納者の持分を差し押さえた場合」と規定しており、差押えの効力が生じた後に、同項に基づく払戻しまたは譲受けの請求が行われることを前提としています。

（注3）　法的にいえば、債権者代位権により滞納者の譲受請求権や払戻請求権を代位行使する方法も考えられますが、ここでは国税徴収法74条1項により譲受けを請求する場合だけを念頭に置いています。なお、実務的には、国税徴収法74条により払戻しまたは譲受けの請求ができる場合には、債権者代位権の行使は行わないものとされています（国税徴収法基本通達74－10）。

（注4）　この点については、差押えの効力発生前に公売公告が行われた事案において、当該手続を「違法」と判断しつつ、差押えの効力発生によって当該違法性が治癒されることを示唆した最判昭和33・5・24民集12巻8号1115頁（なお、当該事件の第一審判決である高松地判昭和27・12・10は、差押えの効力発生によって違法性が治癒されることを明示している）が参考となります。

（注5）　もっとも、これは結論としてそのように考えられるというだけであり、差押えの効力が生じてから予告通知を行うべきであるという原則論に変わりはありません。

（麻生裕介）

Q158

予告通知書と譲受請求書が同時に送達された場合における
譲受請求の効力

　国税徴収法74条では、税務署長等が金庫の持分を差し押さえて
その持分の譲受けを請求する場合、一定期間前に予告を行ってから、
譲受けを請求することになっています。ところが、実際には予告通
知書と同時に譲受請求書が送られてくることがあります。

　この場合の譲受けの請求には効力があるのでしょうか。それと
も、一定期間の経過後に、改めて譲受請求書を送付してもらうべき
でしょうか。

A　　税務署長等としては、予告期間の経過後に譲受請求書を
　　　　送付すべきであり、予告期間が経過していないにもかかわ
らず譲受請求書を送付することは不適切といわざるを得ません。し
たがって、予告通知書と譲受請求書を同時に受け取った金庫として
は、予告期間の経過後に改めて譲受請求書を送付してもらうべきと
いえます。

　もっとも、仮に税務署長等が再度の送付には応じない場合であっ
ても、当該譲受請求書に譲受請求の効力が認められる場合も考えら
れますので、留意する必要があります。

 解　説

1　差し押さえた持分の譲受請求

　Q157の解説でも触れましたが、滞納処分により金庫の持分を差し押
さえた税務署長等は、一定期間前に金庫に予告をしたうえで、金庫に対し、
持分の譲受けを請求することができます（国税徴収法74条）。

　この場合、税務署長等としては、予告通知書の送付後、予告期間が経過
した後に譲受請求書（実際の書面では「持分の払戻等請求書」といった表

記になっていることもある）を送付するのが原則です（国税徴収法基本通達74条関係9参照）。

したがって、予告期間の経過前に譲受請求書を送付することは不適切といえますので、金庫としては、予告期間の経過後に改めて譲受請求書を送付するよう、税務署長等に求めるべきといえます。

2 税務署長等が再度の譲受請求書の再送付に応じない場合

それでは、税務署長等が譲受請求書の再送付に応じない場合には、譲受請求の効力が発生していないと理解すればよいのでしょうか。

この点、確かに質問のケースのような税務署長等の取扱いは不適切といえますが、他方で、書類を送付する順序や時期を誤っていることが譲受請求の効力を否定するほどに重大な問題かどうかは、また別の問題と考えられます。そして、いずれにしても国税徴収法74条2項により予告期間が経過しなければ譲受請求の効力は生じないと考えられますし、また、金庫等としても、予告期間さえ確保されれば特段不利益はないともいえます。そのため、後日、裁判等で争いとなった場合には、予告期間の経過前に譲受請求書が送付されているという手続的な瑕疵は、予告期間の経過により治癒されると判断される可能性も否定できません（注）。

実際に質問のようなケースにおいて、税務署長等が譲受請求書の再送付をしない場合には、送付を受けた金庫としても一定の判断を迫られることになりますが、予告期間が金庫の利益のためのものであることを重視すれば、予告期間の経過により譲受請求の効力が生じたものとして対応することもやむを得ないのではないかと思われます。

(注) このほか、書面の記載や実務上の取扱いによっては、譲受請求書による譲受けの請求が、予告期間という停止期限付のものであると解釈される余地もあるように思われます。

（麻生裕介）

Q159

持分に差押えがあった後における自由脱退

当金庫の会員であるＡさんの保有する持分について、Ａさんの債権者の申立により、当金庫に対して差押命令が送達されました。その後、Ａさんから持分譲受請求による脱退の申出があったのですが、当金庫としてはＡさんの申出をどのように取り扱えばよいのでしょうか。

A Ａさんの保有する持分に対して差押えがあったとしても、Ａさんが金庫から脱退すること自体は妨げられませんから、通常どおり手続を進めて差し支えありません。

ただし、持分に対する差押えの効力は、Ａさんに与えられる持分譲渡代金請求権にも及ぶものと解されますので、金庫としては、持分の譲渡代金をＡさんに支払うべきではありません。

 解 説

1 脱退自由の原則

脱退とは、金庫の存続中に、会員たる地位が絶対的に消滅し、会員でなくなることをいいます（逐条解説71頁）。会員は、原則として自己の保有する持分をすべて第三者に譲渡することにより（譲渡を受ける者がないときは、金庫に譲受けを請求することにより）、任意に脱退をすることができます（法16条1項）。

2 持分の差押えと自由脱退の関係

持分について差押えがあったとしても、直ちに債務者である会員の脱退が制限されるわけではありません。もっとも、前述のとおり、会員が脱退するには原則として持分をすべて譲渡する必要があるところ、この持分の譲渡は、差押えの効果として禁止されることになります。したがって、持分が差し押さえられている場合には、少なくとも持分を譲渡する方法によ

る脱退はすることができません。

　これに対して、金庫に対して持分の譲受けを請求する方法による脱退は可能と考えられています（清水湛「持分に対する強制執行」金法438号15頁、信用金庫実務研究会「金庫取引の再検討＜第7回＞」金法934号26頁等）。なぜなら、持分に対する差押えの効力は、会員が持分譲受請求権を行使した場合における譲渡代金請求権に及ぶものと解されており、会員に対して持分譲受請求権の行使（＝その後の脱退）を認めても、差押債権者にとって特段の不都合がないといえるからです。

3　金庫の対応

　以上のとおり、持分が差し押さえられている場合であっても、会員は、金庫に対して持分の譲受けを請求する方法により脱退することが可能です。したがって、質問の場合においても、金庫としては、差押えの事実を特に気にすることなく、通常どおり譲受けの手続を進めればよいことになります。ただし、仮に譲受けの手続の過程で（注）持分を取得したいという人が現れたとしても、その人への譲渡は差押えによる処分禁止に違反することになりますから、その点は留意してください。

　また、前述のとおり、持分の譲受けが完了しても、その譲渡代金請求権には差押えの効力が及んでいると解されますから、代金を会員（債務者）に支払うことはできません（仮に支払っても、差押債権者には対抗できない）。

（注）　通常、金庫の定款では、「会員が金庫に対してその持分の譲受けを請求したときは、金庫はその請求の日から6月を経過した日以後に到来する事業年度末においてその持分を譲り受けるものとする」とされています。したがって、この間に持分の取得を希望する者が現れることも考えられますが、当該希望者への譲渡が差押えによる処分禁止に違反することは、本文に記載したとおりです。

（麻生裕介）

Q160

借入人である再生債務者に対する出資金の払戻しの拒否

　先日、当金庫から借入をしている会員について再生手続の開始決定があったと聞いたのですが、その後、その会員について除名事由があったため、当金庫は当該会員を除名することとしました。これに対して、会員からは持分の払戻請求があったのですが、当金庫としては会員に対して払戻金を支払わず、貸付金の弁済に充当したい（相殺したい）と考えています。そのように処理することは可能でしょうか。

A　質問の場合、金庫としては相殺権の行使を主張して、払戻金の支払を拒むことが可能と考えられます。

 解 説

1　再生手続における債権者の立場

　債務者について再生手続の開始決定があった場合、その債権者は、原則として、再生計画によらなければ弁済を受けることができません（民事再生法85条1項）。ただし、債権者が担保権を有している場合（同法53条）や、相殺権を主張できる場合（同法92条）には、例外的に、担保権の実行や相殺により債権の満足を得ることが可能とされています。

　質問のような事案の場合、もちろん担保権を実行できるわけではありませんが、金庫が会員に対して有する債権と払戻金の支払債務とを相殺することができれば、払戻金の支払を拒むことが可能となります。

2　相殺権行使の可否

　それでは、質問のような事案で、金庫は相殺権を主張することが可能でしょうか。

　この点、再生手続下において相殺権を主張するには、以下の要件を満た

す必要があります。

① 再生手続の開始時点で、債権者が債務者に対して（相殺に供する）債務を負担していること

② 債権および債務の双方が債権届出期間の満了前に相殺に適するようになったこと

③ 民事再生法93条1項各号の相殺禁止に該当しないこと

このうち、特に問題となるのは、「再生手続の開始時点で……債務を負担している」といえるか否かです。質問の事案では、再生手続の開始時点では未だ法定脱退事由が発生していませんので、払戻金の支払債務も発生していないように思えます。しかしながら、会員は、自由脱退の際には持分の譲受請求をすることが、法定脱退の場合には持分の払戻請求をすることが可能ですので、持分を取得したときから、その持分に内在する権利として、停止条件付で譲渡代金の支払請求権あるいは持分払戻請求権を有しているものといえます（東京地判平成15・5・26金判1181号52頁）。そして、停止条件付債権であっても、条件成就の可能性が高ければ、相殺に対する期待が高いといえ、条件が成就しさえすれば相殺適状になると解されています（新堂幸司「保険会社の貸付金と解約返戻金との相殺（上）」金法1437号19頁参照）。これらのことに照らせば、再生手続の開始時点においても、会員が金庫に対して停止条件付で持分払戻請求権を有していたと理解することが可能であると解されます。

したがって、金庫としては、上記のその他の要件も満たし、かつ自働債権である貸付債権について相殺適状に達すれば、相殺を主張して払戻金の支払を拒むことが可能と考えられます（持分について差押えのある場合と相殺との関係について、信用金庫実務研究会「金庫取引の再検討＜第10回＞金法949号27頁、逐条解説69頁等参照。また、破産債権者が停止条件付債権を有していたところ、破産宣告（破産手続の開始決定）後にその停止条件が成就した場合における相殺が破産法71条1項1号（旧破産法104条1号）に反しないことについて、最判平成17・1・17金判1220号46頁）。

3 相殺の時期

　会員が法18条1項に基づいて持分の払戻しを請求したとしても、それが具体的な金銭債権になるのは法定脱退の事由が生じた日の属する事業年度の末日における金庫の財産によって定まりますので（法18条2項）（注）、金庫としては、当該事業年度の末日を待って相殺をすることとなります（前掲再検討＜第10回＞26頁）。

　なお、相殺をするためには自働債権である貸付債権について弁済期が到来している必要があります（民法505条1項本文）。質問の事案では、会員について再生手続の開始決定があったとのことですので、通常であれば信用金庫取引約定書等の定めによって自働債権である貸付債権について会員がすでに期限の利益を喪失していると思われますが、それ以外の事案においては、貸付債権について弁済期が到来（期限の利益の喪失を含む）し、相殺適状に達するまでは、相殺を主張することができません。そのような場合、金庫としては、法20条により持分の払戻停止を主張し、貸付債権の弁済期が到来するまで待つことになるでしょう。

（注）　前掲東京地裁平成15年5月26日判決は、持分払戻請求権は、脱退した事業年度の終わりまでは、その具体的な数額が定まらず、行使することのできない権利である（法18条2項）ことから、脱退後、脱退した事業年度の終わりにおいて、金庫の正味財産の存在を条件として、具体的に発生するものであると判示しています。

（麻生裕介）

Q161

持分払戻請求権の消滅時効の起算点

　当金庫の会員であったＡさんは、３年前に当金庫の地区外に転居したため、会員たる資格を喪失することになり、当金庫を法定脱退しました。その後、Ａさんから持分の払戻請求がないままＡさんと連絡がとれない状態が続いていたのですが、最近になって急に、Ａさんから持分の払戻しを請求する書面が届きました。この場合、当金庫は請求に応じてＡさんの持分を払い戻す必要があるのでしょうか。

A　会員が資格を喪失した場合、その時点で当然に脱退することになり、持分払戻請求権の消滅時効が進行することになります。したがって、特に時効の更新事由がない場合には、Ａさんの持分払戻請求権は時効消滅していますから、金庫は、Ａさんの請求に応じる必要はありません。ただ、実務上は消滅時効の援用はせず、払戻しに応じているのが実情です。

 解説

1　持分払戻請求権とは

　会員が金庫から任意に脱退する場合には、金庫の承諾を得て保有する持分を第三者に譲渡するのが原則であり（法16条1項前段）、譲受人がいない場合に限り金庫に持分の譲受けを請求することができます（同項後段）。

　これに対して、会員について以下の法定脱退事由が生じた場合には、会員は、金庫に対して持分の全部または一部について払戻請求を行うことができるものとされています（法18条）。法が金庫の出資総額の最低限度額を定めている（法5条1項）趣旨や、金庫の自己資本を維持する観点か

らは、金庫にとって持分の払戻しは極力避けるべき事態ですが、法定脱退事由が生じた会員については他に投下資本を回収する手段がないため、特に設けられた制度といえるでしょう。

〈法定脱退事由〉

① 会員たる資格の喪失（法17条1項1号）

② 死亡または解散（同項2号）

③ 破産手続開始の決定（同条同項3号）

④ 除名（同項4号）

⑤ 会員の出資額が金庫の出資一口の金額の減少その他やむを得ない理由により法11条1項に定める出資の最低限度額に満たないこととなり、かつ、その満たないこととなった日から1年以内に当該最低限度額に達しない場合（同条2項）

なお、ここで法定脱退事由のうち「持分の全部の喪失」（法17条1項5号）が含まれていないのは、持分を全部喪失した場合にはもはや持分の払戻請求をすることができないためです。また、②の会員が死亡した場合であっても、相続人のうち1人が法14条に基づいて加入した場合には、持分払戻請求権は発生しません。

2　持分払戻請求権の消滅時効の起算点

持分払戻請求権は2年間で時効消滅するものとされており、また、その消滅時効の起算点は、「脱退の時」とされています（法19条）。なお、ここでいう「脱退の時」とは、法定脱退事由が発生した時を意味し、金庫や会員の認識に左右されるものではありません（逐条解説83頁）（注）。

質問のケースについても、Ａさんが会員たる資格を喪失した時点から時効が進行しますので、時効期間である2年が経過した時点で持分払戻請求権は時効消滅しているといえます。したがって、理論的には特に時効の更新事由のない限り、金庫としてはＡさんの請求に応じる必要はありません。

しかしながら、実務上は原則として払戻しに応じているのが実情です。

（注）　これに対し、民法上、債権の消滅時効の客観的起算点が「権利を行使することができる時」とされている（同法166条1項2号）ことから、「脱退の時」とは、払戻請求権の行使が可能となる脱退事由の発生日の属する

事業年度の末日(法18条2項)を意味するとの見解(信用金庫実務研究会「信用金庫実務研究会報告」金法1230号27頁等)もあります。同見解は、実際には権利を行使できない間も消滅時効の期間が進行することの不都合性を踏まえた解釈と思われますが、法19条が、その文言上、消滅時効の期間(民法166条1項1号の「5年間」および同項2号の「10年間」→法19条「2年間」)だけでなく、起算点についても民法の特則(民法166条1項1号の主観的起算点「債権者が権利を行使することができることを知った時」および同項2号の客観的起算点「権利を行使することができる時」→法19条「脱退の時」)を定めていることと整合せず、解釈論としては無理があるように思われます。

(麻生裕介)

Q162

出資総額の最低限度

　金庫の出資の総額についてはどのような規制があるのでしょうか。また、その規制に違反した場合には、どのような事態になるのでしょうか。

A　　金庫の出資の総額については、「政令で定める額以上でなければならない」との規制があります。仮に金庫の出資の総額が政令で定める額を下回った場合、それによって当然に解散となることはありませんが、免許取消しなどの行政処分を受ける可能性があります。

 解説

1　出資総額の最低限度額

　法5条1項は、金庫の出資の総額は政令で定める額以上でなければならないと規定しており、同条を受けた施行令1条は以下のように規定しています。

　①　東京都の特別区の存する地域または金融庁長官の指定する人口50万以上の市に主たる事務所を有する金庫：2億円

　②　その他の金庫：1億円

　③　全国を地区とする金庫連合会：100億円

　④　その他の金庫連合会：10億円

　つまり、多くの金庫では、最低限1億円から2億円の出資総額が必要ということになります。

2　出資総額が最低限度を下回った場合

　出資総額が上記の最低限度を下回った場合でも、それが当然に金庫の解散事由となるわけではありません（法62条参照）。したがって、直ちに金庫の存立を危うくするわけではありませんが、法令に違反した状態であ

312

ることは確かですので、何らかの行政処分を受ける可能性があります（法89条の準用する銀行法26条に基づく命令あるいは同法27条に基づく免許の取消し）。いずれにしても、万が一、出資総額が法の定める最低限度額以下になってしまった場合には、最低限度額以上に出資の総額を回復することが急務といえるでしょう。

（麻生裕介）

Q163

持分の一部相続

　当金庫の持分 10,000 口を保有していた A さんが亡くなり、その相続人から、弟と 5,000 口ずつ公平に遺産分割したいとの申出があったのですが、そもそも、そのような遺産分割をすることは可能なのでしょうか。

A　金庫の会員が死亡した場合には、原則として法定脱退事由となり、相続人は払戻請求権を相続するにとどまります。例外的に、相続人のうち 1 人だけが被相続人の持分を承継して加入する制度もありますが、いずれにしても、2 人が金庫の持分を 5,000 口ずつ相続することはできません。

解 説

1　会員が亡くなった場合の法律関係

　会員の死亡は法定脱退事由に挙げられています（法 17 条 1 項 2 号）。そのため、会員が死亡した場合には、その保有する持分は相続財産には含まれず、法 18 条 1 項に基づく持分払戻請求権が相続財産となります。

　ただし、例外的に、相続人全員が同意する場合には、相続人のうち 1 人（会員となる資格を有する者に限られる）が被相続人の持分を承継して加入するということも可能です（法 14 条）。この場合、承継人は、被相続人である会員が死亡した時（相続開始時）に会員になったものとみなされることになります（同条 1 項）。

2　遺産分割の方法

　このように、会員の相続人が、遺産分割において、持分を分割して承継することはできませんので、誰か 1 人を加入させることで合意がまとまらないようですと、持分払戻請求権を行使してその払戻金を分配することとせざるを得ないといえます（ちなみに、払戻請求権を行使した場合

の具体的な金額が定まっていれば、各相続人がそれぞれ法定相続分に応じて債権を行使することも可能と考えられる（京都地判平成27・2・6金判1516号23頁およびその控訴審である大阪高判平成27・11・18金判1516号19頁参照））。なお、相続人のうち1人が承継人として加入し、その後金庫の承諾を得て持分を他の相続人に譲渡すること自体は、もちろん妨げられるものではありません。

（麻生裕介）

6

役員の定数・報酬・義務等、役員等の責任

Question & Answer

(1) 役員の任期・定数等

Q164

金庫と役員との関係

金庫と役員とは、どのような関係になるでしょうか。

A 金庫と役員との関係には、原則として委任に関する規定が適用されます（法33条）。その結果、役員は、金庫に対して、受任者として委任の本旨に従い、善良な管理者の注意をもって委任事務を処理する義務（民法644条）等を負うことになります。

解説

1 金庫の役員

　金庫の役員には理事および監事の2種類があり、金庫は、法律上、必要かつ常設の役員として理事および監事を設置しなければなりません（法32条1項）。

　このうち、理事は、金庫の業務執行に関する意思決定および代表理事の職務執行の監督を行う理事会の構成員をいい、監事は（代表）理事の職務の執行を監督する機関をいいます。理事は株式会社（取締役会設置会社）における取締役に対応し、監事は株式会社における監査役と対応しているといえるでしょう。

　金庫の役員は、総(代)会の決議（設立当初の役員については創立総会の決議）によって選任されます（法32条3項）。

2 委任に関する規定の適用

　金庫とその役員との関係について、法33条は、委任に関する規定に従うと定めています。したがって、金庫とその役員との関係には、原則として、民法上の委任契約における受任者と委任者の関係（民法643条～655条）

が適用されることになります。

3 具体的な検討

委任の規定で具体的に適用が問題となる主なものは以下のとおりです。

(1) 善管注意義務

委任において、受任者は、委任者に対して、委任の本旨に従い、善良な管理者の注意をもって委任事務を処理する義務（善管注意義務）を負うものとされています（民法644条）。金庫とその役員の関係にも委任の規定が適用されますので、金庫の役員は、金庫に対して、善管注意義務を負うことになります。善管注意義務は、役員が金庫に対して負う義務の根幹をなすものの1つです。

「善良な管理者の注意」とは、たとえば理事の場合、理事たる地位に基づき一般的に要求される注意をいうと説明することができるでしょう（説明についてはQ169参照）。金庫の役員が善管注意義務に反し、そのことによって金庫または第三者に損害が生じた場合には、当該役員が金庫または第三者に対して損害賠償責任を負うことがあります。この点については後述「(4) 役員等の責任」（Q181〜Q183）を参照ください。

(2) 辞 任

民法上、委任は各当事者がいつでも解除することができるとされています（民法651条）。そのため、金庫の役員も、いつでも自己の意思で役員を辞任することができるものと解されています。ただし、当該役員の辞任によって役員に欠員が生ずる場合には、新任の役員が就任するまで役員の義務を免れることはできないものとされています（法35条の3）。この点についての詳細な説明は後述Q172を参照ください。

(3) 報 酬

民法上、委任は無償を原則とするとされていますので、金庫の役員も原則は無償となります（民法648条1項）。しかし、通常は、金庫の役員は報酬を受けています。この場合、金庫の役員の報酬は定款の定めまたは総(代)会の決議により決せられることとなります（詳細は後述Q168・175参照）。

（近藤祐史）

Q165

役員の欠格事由

法律上、金庫の役員となれないのはどのような場合ですか。

A 次の者は、法律上、金庫の役員となることができません（法34条）。

① 法人

② 破産手続開始の決定を受けて復権を得ていない者

③ 成年被後見人もしくは被保佐人または外国の法令上これらと同様に取り扱われている者

④ 信金法、会社法、一般社団法人及び一般財団法人に関する法律、金融商品取引法、破産法等の倒産処理手続に関する法律に定める特定の罪を犯し、刑に処せられ、その執行を終わり、またはその執行を受けることがなくなった日から2年を経過しない者

⑤ 上記④所定以外の罪を犯し、禁錮以上の刑に処せられ、その執行を終わるまでまたはその執行を受けることがなくなるまでの者（刑の執行猶予中の者を除く）

 解説

1 欠格事由

法34条は、上記①～⑤に該当する者は金庫の役員になることができない（欠格事由）と規定しています。この金庫における役員の欠格事由は、②および③を除き、株式会社における取締役の欠格事由（会社法331条1項。監査役についても同法335条1項において準用する）とほぼ同じ内容となっています。

かつて、破産手続開始の決定を受けて復権を得ていない者（上記②）は、株式会社において取締役の欠格事由とされていましたが、経営者が会社債務につき個人保証することが多い中小企業において、会社と同時に同人も

破産手続開始の決定を受けた場合に、免責（復権）を得るまでに時間がかかるケースが多いこと等から、当該規制に対しては批判が強く、平成18年に施行された会社法においては欠格事由から外されました。

また、成年被後見人等（上記③）についても、同様に、かつては株式会社において取締役の欠格事由とされていたものの、ノーマライゼーションの観点から、令和元年の会社法改正において欠格事由から外されています（ただし、就任承諾には成年後見人等の同意が必要（会社法331条の2））。

しかし、信金法においては、なお、これらが役員の欠格事由として残っていますので注意が必要です。

2　兼職・兼業の制限

役員の欠格事由に該当しない場合であっても、役員を選任する場合には、役員の資格等に関する法律上の条件を満たす必要があります。たとえば、役員の兼職・兼業は制限されており、代表理事ならびに金庫の常務に従事する役員は、原則として、他の金庫もしくは法人の常務に従事し、または事業を営んではならないとされています（法35条1項）。

3　員外理事の制限

理事に関しては、定数の少なくとも3分の2は、会員または会員たる法人の業務を執行する役員でなければなりません（法32条4項）。

4　監事に関する制限

他方、監事に関しては、理事または支配人その他の職員と兼ねてはならないとされています（法35条3項）。また、員外監事の選任義務を免除されない金庫にあっては、監事のうち1名以上は、①当該金庫の会員または当該金庫の会員たる法人の役員もしくは使用人以外の者であって、②その就任前の5年間、当該金庫の理事もしくは職員または当該金庫の子会社の取締役、執行役もしくは使用人でなかったものでなければなりません（法32条5項）。

5　定款による制限

これらの法律上の制限のほか、定款上、役員の資格を制限している場合もありますので、その場合にはかかる定款の制限による制約も受けることとなります。

（近藤祐史）

Q166

役員の任期の伸長

・・

役員の任期を定款で定めることはできますか。

A 役員の任期は、理事については 2 年以内、監事については 4 年以内で、定款に定めることになります（法 35 条の 2 第 1 項・2 項)。

 解 説

1 原 則

金庫の役員の任期は、かつては原則として 2 年でなければならないとされていましたが、現在、そのような定めはありません。

金庫の役員の任期は、理事については 2 年以内、監事については 4 年以内の期間を、各金庫が定款で定めるものとされ、当該定款に定めた期間が理事および監事の任期となります（法 35 条の 2 第 1 項・2 項)。

株式会社の監査役の任期と比較すると、株式会社の監査役の任期については定款または株主総会の決議によっても短縮することは認められませんが（会社法 336 条・332 条 1 項ただし書)、金庫の監事の任期は、4 年以内の期間を定款で定めることが認められている点に違いがあります（法 35 条の 2 第 2 項)。

2 補欠役員の任期

補欠役員の任期は前任者の残任期間となります（法 35 条の 2 第 3 項)。これは、補欠として選任された役員と他の在任中の役員の任期の終期をそろえ、全役員につき同時に改選決議を行えるようにするためです。

3 通常総会の日までの伸長

上記 1 で述べたように、役員の任期は、定款で定めた期間が満了すると終わるのが原則です。しかし、役員の選任は通常総会で行われるのが一般的であるところ、通常総会の行われる日は毎年同じ日というわけではない

ため、定款によって、任期を任期中の最終の事業年度に関する通常総会の終結の時までと定め、その分、任期を伸長することが許されており（法35条の2第5項）、実務上はそのような定めを置くのが一般的です。この場合、例外的に2年または4年の上限を超えた任期となっても許されることとなります。

4　設立当初の役員の任期

設立当初の役員の任期は創立総会に定める期間となります（法35条の2第4項本文）。ただし、1年を超えてはならないものとされています（同項ただし書）。

（近藤祐史）

Q167

役員の定数

定款に、「理事は15人以内、監事は3人以内とする」と定められており、総会において、理事が13人、監事が3人選ばれ就任しましたが、任期途中で理事の4人が辞任した場合、当該金庫は理事を補充しなければならないでしょうか。

A 理事について、定数15人中6人が欠員となっていますので、3か月以内に補充する必要があります。

解 説

1 役員の定数

役員の定数は定款の絶対的記載事項とされており（法23条3項10号）、役員の定数は定款で定められることとなります。ただし、定款で定められる理事の定数は5人以上、監事の定数は2人以上でなければなりません（法32条2項）。実務上は、役員の員数の上限のみを定款において定めるのが一般的です。役員の員数の上限を定めた場合、上限として定めた人数が定数とされます。

なお、近時、定款において、理事の定数を、確定数ではなく、上限・下限で定めている場合、役員の定数は実際に総（代）会で選任された役員の員数と考えるべきとする見解も示されていますが（岸本寛之『信用金庫役員の職務執行の手引き』47頁以下）、役員の定数を定款で定めるべきとした法の趣旨に照らすとその正当性には疑問があります。

2 役員の補充

本来であれば、役員が定数を欠けた場合は速やかに補充すべきですが、信金法においては、役員の定数の3分の1を超えるものが欠けた時から3か月以内に補充すればよいとされ（法32条8項）、役員の補充に関する義務が緩められています。

3　質問の検討

　役員の定数は、定款に上限として定められている人数ですので、質問の場合では理事は 15 人、監事は 3 人が役員の定数となります。理事の定数15 人のうち、2 人が欠員であったところに 4 人が辞任したため、当該辞任によって、理事の欠員は 3 分の 1 を超えることになります。

　したがって、金庫は、その後 3 か月以内に理事の補充をしなければなりません。

4　欠員の場合の措置

　役員が欠けた場合または信金法もしくは定款で定めた役員の員数が欠けた場合、任期の満了または辞任により退任した役員は、新たに選任された役員が就任するまで、なお役員としての権利義務を有することとされます（法 35 条の 3）。これは、新役員選任までの混乱を避ける趣旨によるものです。他方、任期の満了または辞任によって役員が欠けるなどした場合にのみ、役員としての権利義務を有し続けることとされるのは、それ以外の理由（役員の死亡、解任、欠格事由の発生、定款所定の資格の喪失、金庫の解散）により役員が欠けるなどした場合には、役員としての権利義務を有し続けさせることが適切でないからと考えられるからです。

　なお、法 35 条の 3 は、代表理事が欠けた場合についても準用されます（法35 条の 9 第 4 項）。したがって、代表理事が欠けた場合、任期の満了または辞任により退任した代表理事は、新たに選任された代表理事が就任するまで、なお代表理事としての権利義務を有することになります。

5　員外理事等の定数に対する割合

　役員の定数そのものではありませんが、信金法は、役員の定数の一定割合を会員理事・員外監事が占めなければならないと定めています。すなわち、理事の定数の 3 分の 2 以上は会員理事でなければならず（法 32 条 4 項）、監事のうち 1 人は原則として員外監事でなければなりません（同条5 項）。

　員外理事・員外監事についての詳細は Q 179 を参照してください。

（近藤祐史）

(2) 理事の報酬・権限等

Q168

理事の報酬

理事の報酬はどのように決めるのですか。

A 定款に定めのない場合、総代会の決議によって定めます。

 解説

1 報酬の決定方法

金庫と理事との関係には委任の関係が適用されます（法33条）。民法上の委任は原則として無償ですが（民法648条1項）、金庫の理事は、株式会社における取締役などと同様に、報酬を受け取るのが通常です。

理事の報酬は、職務執行の対価として金庫から支払われます。

理事の報酬等の金額は、定款に確定した金額または算定方法を定めた場合は当該金額または当該算定方法により算定された金額となります。他方、定款に定めを置いていない場合は、総代会の決議によって定めることとされています（会社法361条1項1号2号・法35条の6）。実務上、定款に定めを置くことは稀で、総代会の決議で定めるのが通常です。

なお、会社法では、令和3年改正により、株式会社の取締役の報酬に関する規定が追加され、株式報酬やストックオプション（新株予約権）等を用いる場合に株主総会で定める事項が明確化されました（会社法361条1項3号～5号）。信金法は、理事の報酬の定め方に関し、原則として会社の株式会社の取締役の報酬に関する規定を準用していますが、この追加規定は準用していません（法35条の6）ので、この会社法改正による影響はありません。

2　報酬総額を定める方法

　このように理事の報酬を定款または総(代)会で定めると法が定めた趣旨は、理事会で決定することができることとすると理事によるお手盛り的な弊害が生じるおそれがあるため（すなわち、理事を構成員とする理事会において理事の報酬を決めるとすると、理事が自身のために多額の報酬を決定してしまい金庫が損害を被るリスクがある）です。そのため、総(代)会で理事の報酬の総額を定めれば、（それがどのように分配されても金庫に損害は生じないので）個々の理事の報酬まで総(代)会で定める必要はなく、理事会にて定めることができます。

　実務上も、総(代)会では理事の報酬の総額のみを定めるのが一般的です。

（近藤祐史）

理事の義務

....

理事はどのような義務を負いますか。

A 理事が金庫に対して負う義務には、善管注意義務（民法
644条・法33条）、忠実義務（法35条の4）ならびに職
務執行状況の報告義務（法36条6項）などがあります。

解 説

1 善管注意義務

金庫と理事の関係は、委任に関する規定（民法643条以下）に従うと
規定されています（法33条）。そのため、金庫と理事との関係には、原
則として、委任契約における委任者と受任者の関係が適用され、理事は善
良な管理者の注意をもってその職務を遂行する義務を金庫に対して負いま
す（善管注意義務・民法644条）。

「善良な管理者の注意」とは、理事の場合、理事たる地位に基づき、一
般的に要求される注意と説明することができます。

2 忠実義務

理事は、金庫の業務執行に携わることから、法令および定款ならびに総
(代)会の決議を遵守し、金庫のため忠実にその職務を負う義務、いわゆる忠
実義務も負っています（法35条の4）。忠実義務は、主に、自己または
第三者の利益と金庫の利益が対立する場面において、前者を犠牲にしては
ならないことを内容とするものと解されています。忠実義務は、後述の兼
業・兼職の制限（法35条1項）などにも具体化されています。

ただし、忠実義務は善管注意義務と重なるところが多く（忠実義務違反
が問題となる場面では善管注意義務違反も成立する）、金庫の利益と自己
または第三者の利益が対立する場面についても重要なものについては個別
の規定に具体化されていることから、忠実義務を善管注意義務と分けて考

える実益はないと一般的には考えられています。

3　善管注意義務または忠実義務の程度

(1)　理事に善管注意義務違反または忠実義務違反が認められた場合、当該理事は、金庫または第三者に対して損害賠償責任を負うことがあります（Q 182・183 参照）。善管注意義務や忠実義務は、様々な場面で問題となりえますが、過去の裁判例で義務違反が問題となったものには主に以下のようなものがあります。

(2)　まず、理事は、法令を遵守して職務を行わなければならないという義務（法令遵守義務）を負います（法 35 条の 4）。この法令遵守義務には、金庫が法令を遵守するようにする義務も含まれるとされています（最判平成 12・7・7 民集 54 巻 6 号 1767 頁・野村証券事件。ただし株式会社に関するもの）。したがって、理事は、自らが法令を遵守するのみならず、金庫が法令違反行為をしないようにする義務も負うことになります。もっとも、金庫に法令違反行為があった場合であっても、理事に帰責事由（故意または過失）がなければ、理事に義務違反は生じません。

(3)　次に、理事は、金庫の業務を監督する義務（監視義務）も負っているとされます。これは、理事会が金庫の業務を監督する義務を負う（法 36 条 3 項 2 号）ことから導かれるものです（最判昭和 48・5・22 民集 27 巻 5 号 655 頁。ただし株式会社に関するもの）。この監視義務は、単に理事会に上程された内容を監視すればいいというものではなく、必要であれば自ら是正を求めたり、理事会を招集するよう求めたり、弁護士に相談したり、場合によっては自ら辞任する等の積極的な行動を求めるものですので注意が必要です。ただし、理事ごとに担当業務が分担されている場合などにおいて、他の理事が担当する業務については、特に内容の適正さに疑いを持つような事情がない限りは、適正に行われているであろうと信頼することも許されるとされています（信頼の原則）。

(4)　また、理事は、金庫の業務の適正を確保するために必要な体制を整備する義務（内部統制システムの整備義務）を負うものとされています。これは、内部統制システムの整備の決定を理事会が行うものとされていること（法 36 条 5 項 5 号・施行規則 23 条）から導かれるもので、判例で

も義務として認められています（最判平成21・7・9金判1330号55頁。ただし、株式会社に関するもの）。内部統制の対象としては、法令遵守・リスク管理・業務に関する情報管理・監査機関の職務執行体制など多岐にわたります。

　近年、特に金融機関に関しては内部統制システムの重要性が多く論じられるようになっており、金融機関の従業員が不正行為を行ったような場合に取締役に対して内部統制システムの整備義務違反を主張して責任追及がなされる例も多く見受けられますので、留意が必要です。もっとも、上記最判の事例では、代表取締役が従業員の不正行為について内部統制システムの整備義務違反を追及されたものの、最高裁は、代表取締役が通常想定される不正行為を防止しうる程度の管理体制を整えていたと認めて義務違反を認めていません。このように、内部統制システムの整備義務は、理事に結果責任を負わせるものではありませんから、理事としては、金庫の内部統制システムを整備するとともに、日々、これを改良していく意識を持つことが求められていると思われます。

　(5)　理事は、業務に関する決定（経営判断）に関しても善管注意義務を負うものとされています。このような経営判断に関しては、理事の義務違反を容易に認めては経営が委縮してしまうので、理事の経営判断には広い裁量が認められるべきで、その判断の過程・内容に著しく不合理な点がない限り、理事としての善管注意義務に違反することはないという理論が存在します（経営判断の原則）（最判平成22・7・15・金判1353号26頁・アパマンショップホールディングス事件）。

　しかし、裁判所は、融資等の銀行業については、公共性が高いとして、銀行の取締役の善管注意義務は一般の株式会社の取締役に比べて高い水準にあり、その分だけ経営判断の原則が適用される余地は限定的なものにとどまると判断しています（最決平成21・11・9・刑集63巻9号1117頁・旧北海道拓殖銀行事件、東京高判平成29・9・27・金判1528号8頁・日本振興銀行事件）。この理屈は金庫の理事にも当てはまると考えられます。したがって、金庫の理事は、その業務（特に融資業務）については高い注意義務を負っていることを意識して業務を行う必要があるものと考え

られます。

4　兼業・兼職の制限

代表理事ならびに金庫の常務に従事する役員および支配人は、原則として他の金庫もしくは法人の常務に従事し、または事業を営んではならないとされています（法35条1項）。このように、同業種等への兼業・兼職が制限されるのは、忠実義務の1つの表れと考えられるでしょう。なお、かかる兼業・兼職は、金庫の業務の健全かつ適切な運営を妨げるおそれがないと認められ、内閣総理大臣の認可を受けた場合には例外的に許されるものとされています（法35条1項ただし書・2項）。

5　報告義務

理事は、種々の報告義務を負っています。

まず、3か月に1回以上、自己の職務の執行の状況を理事会に報告しなくてはなりません（法36条6項）。理事会の決議は書面または電磁的記録による意思表示によって省略できるようになりましたが（法37条3項）、説明を省略することは許されていませんので、注意が必要です。

次に、理事は、総(代)会において、会員から説明を求められた場合には、当該説明を求められた事項が総(代)会の目的に関係のないものである場合や説明することが会員の共同の利益を著しく害する場合などの例外的な場合を除き、必要な説明を行わなければなりません（法48条の4）。この総(代)会での説明義務に関しては、罰則も設けられており、正当な理由なく説明をしなかった場合には、100万円以下の過料が科せられることがあります（法91条1項4号の3）。

さらに、理事は、金庫に著しい損害を及ぼすおそれのある事実があることを発見したときは、直ちに、当該事実を直接会員に対して報告しなければならないという義務も負っています（会社法357条1項・法35条の6）。これらの報告義務が課せられていることも、理事が金庫に対して善管注意義務を負うことの表れということができるでしょう。

（近藤祐史）

Q170

理事が総代を兼ねることの適否

理事が総代を兼ねても問題ありませんか。

A 　法律上、理事と総代の兼務は制限されていません。しかし、実務上は理事が総代を兼務することに問題のある場合も想定されます。そのため、慎重を期すのであれば、兼務を避けることが望ましいと考えられます。

 解 説

1　法律上の制限の有無

　法35条は、理事の兼務・兼職の制限を規定しており、代表理事・常勤役員らは、内閣総理大臣の認可を受けない限り、ほかの金庫や会社の常勤役員になることができません。しかし、信金法は、理事が金庫の総代を兼ねてはならないとは定めていません。また、総代が金庫の理事を兼ねてはならないとする規定もありません。したがって、理事が総代を兼ねることは、法律上、禁じられていません。

2　実務上の問題点

　しかし、実務上は、理事が総代を兼ねることが問題となる場面もありえます。すなわち、総代は、自分以外の会員から選ばれた者であり、総代会では会員の代表として、会員の総意を金庫の経営に反映する役割を担っていますが、かかる総代の会員に対する役割が、理事としての立場と対立する場面が想定されるからです。

3　問題となる場面①

　たとえば、総代会では、理事の選任や理事の報酬などといった、理事の利益に直接かかわる事項について決議されることもありますが、理事が総代を兼ねていると、このような事項について総代として自分の代表する会員の総意をきちんと反映させることは困難とも思われます。また、仮に会

員の総意をきちんと反映させることができたとしても、公平性に関する疑念を会員に抱かせてしまうことも考えられます。

4　問題となる場面②

また、理事が理事会を通じて金庫の業務を行っていくのに対し、総代は、総代会を通じて理事や理事会のかかる業務執行について監視すべき立場にあります。したがって、理事が総代を兼ねると、監視される者と監視する者が同一になってしまいます。

5　結　論

以上のとおり、理事と総代については、その立場・利害の対立する場面が想定されます。したがって、理事が総代を兼ねることは、法律上禁じられるわけではないものの、慎重を期すのであれば、理事が総代を兼ねることは避けるべきであると思われます。

（近藤祐史）

Q171

計算書類の監事への提出期限

....

理事は計算書類をいつまでに監事に提出すればいいでしょうか。

A 　計算書類は、遅くとも通常総(代)会を予定する日の６週間前（会計監査人がいる金庫の場合は７週間前）までに監事に提出する必要があります。

 解説

1　会計監査人の要否

　計算書類の監査の手続は、会計監査人の有無により異なり、会計監査人のいない金庫ではより簡易な監査の手続が認められています。会計監査人は、事業年度の開始の時における預金等総額が 200 億円に達しない金庫（施行令５条の５）以外の金庫および金庫連合会においては設置することが必要とされており（法 38 条の２第１項）、それ以外の金庫においても任意に設置することができます（同条２項）。

2　計算書類等の作成

　金庫は、毎事業年度の終了後、計算書類（貸借対照表、損益計算書、剰余金処分案、損失処理案など）および業務報告ならびにこれらの附属明細書を作成しなければなりません（法 38 条１項）。これらの書類は理事が作成することになります。

3　監事の監査（会計監査人がいない金庫）

　会計監査人がいない金庫においては、作成した計算書類等は、監事の監査を受けなければなりません（法 38 条３項）。監査を行う監事は、以下の①～③のいずれか遅い日までに監査を行い、監査報告の内容を理事に通知しなければなりません（施行規則 30 条１項）。

　①　計算書類の全部を受領した日から４週間を経過した日
　②　計算書類の附属明細書を受領した日から１週間を経過した日

③　理事と監事が合意によって定めた日があるときは、その日

4　会計監査人および監事の監査（会計監査人がいる金庫）

（1）　会計監査人がいる金庫においては、作成した計算書類等は、監事に加え、会計監査人の監査を受けなければなりません（法38条の2第3項）。会計監査人は、以下の①～③のいずれか遅い日までに監査を行い、監査報告の内容を理事および監事に通知しなければなりません（施行規則32条1項）。

①　計算書類の全部を受領した日から4週間を経過した日

②　計算書類の附属明細書を受領した日から1週間を経過した日

③　会計監査人と理事と監事が合意によって定めた日があるときは、その日

（2）　会計監査人による監査の後、監事は、以下の①・②のいずれか遅い日までに監査を行い、理事および会計監査人に通知しなければなりません（施行規則34条1項）。

①　会計監査報告を受領した日から1週間を経過した日

②　理事と監事の間で合意により定めた日があるときは、その日

5　理事会の承認

監事（および会計監査人）の監査を受けた計算書類等は、次に、理事会の承認を受けなければなりません（法38条4項・38条の2第4項）。

6　通常総㈹会の承認

理事会の承認を受けた計算書類等は、通常総㈹会に提出され（法38条6項・38条の2第6項）、理事によって報告されたうえで（法38条8項・38条の2第8項）、通常総㈹会の承認を受けなければなりません（法38条7項・38条の2第7項。ただし、会計監査人の監査がなされた計算書類等に関しては、例外的に通常総㈹会の承認を要しない場合がある（法38条の2第9項、施行規則37条））。通常総㈹会に先立ち、計算書類等は、通常総会の招集の通知に際して、監事（および会計監査人）の監査の報告も含めて、会員に対して提供されるものとされています（法38条5項・38条の2第5項）。

7　備置きおよび閲覧

　金庫は、各事業年度に係る計算書類等（監事（および会計監査人）の監査の報告を含む）を、主たる事務所には通常総(代)会の日の2週間前から5年間、従たる事務所にも原則として通常総(代)会の日の2週間前から3年間、それぞれ備え置かなければならないとされています（法38条9項・10項、38条の2第12項）。そして、金庫は、会員および債権者から計算書類等の閲覧等を求められた場合は、原則として業務取扱時間内であればいつでもこれに応じなければなりません（法38条11項）。

8　設問の検討

　これまで述べてきた手続に照らすと、通常総(代)会の2週間前には監事の監査の報告が作成されて主たる事業所等に備え置かれていなければなりません（法38条9項・10項）。なお、通常総(代)会の招集通知は7日前までになされる必要があるとされています（法45条1項）。そして、会計監査人がいない金庫では計算書類等を監事が受領してから4週間（施行規則30条1項）、会計監査人がいる金庫ではそれに1週間を加えた5週間（同規則32条1項・34条1項）が、監事の監査の報告が作成される最短期限となります。

　したがって、決算関係書類は、遅くとも通常総(代)会を予定する日の6週間前（会計監査人がいる金庫の場合は7週間前）までに監事に提出する必要があるといえるでしょう。

　なお、かつては理事による計算書類等の提出期限が信金法上明記されていましたが、改正によりかかる提出期限の定めは削除されました。上記で見てきたとおり、監査の報告についても、別途の合意がある場合等においては、期限が延びますので、理事は通常総(代)会の予定日まで余裕を持って計算書類等の作成を行うべきでしょう。

（近藤祐史）

Q172

理事の辞任と承認

••

理事は自ら辞任することができるのでしょうか。

A 　理事はいつでも辞任することができます。辞任するために理事会や総㈹会の承認などの手続をとる必要もありません。

 解 説

1 委任の規定の適用

金庫とその役員との関係には、委任の規定が適用されます（法33条）。民法上、委任は各当事者がいつでも解除することができるとされていますので（民法651条）、理事も、いつでも自己の意思で役員を辞任することができるものと解されています。

2 辞任のための承認等の要否

このように、理事は、いつでも自己の意思で役員を辞任することができますので、理事は、辞任の意思表示を金庫に対して行えば、理事会や総㈹会の承認などの手続を何ら必要とせずに、辞任することができます。

辞任の効果は、理事による辞任の意思表示が金庫に到達した時点で発生します。

3 補充の要否

金庫においては、役員の定数の3分の1を超えるものが欠けたときから3か月以内に補充するものとされています（法32条8項）。したがって、理事の辞任によって理事の定数の3分の1を超えるものが欠けた場合には、3か月以内に新たな理事を選任して補充する必要が生じます。

4 欠員の場合の措置

役員が欠けた場合または信金法もしくは定款で定めた役員の員数が欠けた場合、任期の満了または辞任により退任した役員は、新たに選任された

役員が就任するまで、なお役員としての権利義務を有することとされます（法35条の3）。これは、新役員選任までの混乱を避ける趣旨によるものです。

したがって、理事が辞任によって欠員になるような場合には、当該理事は、金庫に対して辞任の意思表示をしたとしても、新たな理事が就任するまでは、なお理事としての権利義務を有することとなります。

なお、代表理事が辞任して欠員となった場合も、同様に、新たな代表理事が就任するまでは、当該代表理事を辞任した者が、なお代表理事としての権利義務を有することになります（法35条の9第4項）。

5　登記の必要等

代表権を有する理事に異動があった場合には登記を要しますので（法65条2項8号・66条1項）、代表理事が辞任した場合、金庫は、その旨の登記をする必要があります。

また、金庫は、代表理事または金庫の常務に従事する理事が辞任により退任した場合には、内閣総理大臣に届け出なければなりません（法87条1項6号、施行規則100条1項1号）。

（近藤祐史）

Q173

理事の解任手続

••

　理事の解任請求は、理事のうち1人だけに対して行うことができますか。

A　　　理事の解任請求は、原則として、全員について同時にしか行うことができません。ただし、法令または定款に違反したことを理由とするときは、例外的に理事のうち1人だけを対象とした解任請求をすることができます。

 解　説

1　会員による役員解任請求

　役員解任の手続としては、①会員による役員解任請求に基づく解任、および②内閣総理大臣による役員解任命令があります。会員による役員解任請求とは、総会員の5分の1以上の連署をもって、役員の解任を請求することができる制度であり（法35条の8第1項）、少数会員によるリコールが認められています。

　役員解任請求は、総総代会が設けられている金庫においても、必ず総会員の5分の1以上の連署によることが必要であり、総総代の5分の1以上と読み替えることはできないと解されています（信金法研究会編170頁）。

　なお、従前は理事会が決議に基づき理事の解任を総㈹会の議案とし、その総㈹会で解任議案が可決された場合には、役員解任請求によらずとも役員を解任できると解されていましたが、現在では、かかる手続による解任はできないと解されています（最判平成16・10・26金判1241号41頁参照）。

2　役員解任請求の手続

　役員解任請求は、法令または定款に違反したことを理由として解任を請求する場合を除き、理事の全員または監事の全員について同時にしなけれ

ばなりません（法35条の8第2項）。役員解任請求は、解任の理由を記載した書面を金庫に対して提出してなされ（同条3項）、かかる請求がなされた場合、理事会はその請求がなされた日から3週間以内に臨時総㈹会を招集することを決し（法35条の8第5項・43条2項）、役員解任請求を総㈹会の議題としなければなりません（法35条の8第5項）。役員解任請求の対象となった役員には、総㈹会において弁明する機会が与えられます（同条6項）。

　役員解任請求をしたにもかかわらず、理事会が2週間以内に総㈹会招集の手続をしないときは、役員解任請求を行った会員が、内閣総理大臣の認可を受けて総㈹会を招集することができます（同条5項・44条）。

3　内閣総理大臣による役員解任命令

　以上のほか、金庫が法令・定款等に違反した場合または公益を害した場合には、内閣総理大臣は、当該金庫に対して、役員の解任を命じることができます（法89条1項・銀行法27条）。

（近藤祐史）

(3) 監事の報酬・権限等

Q174

監事の選任議案についての監事の同意権等（特定金庫）

特定金庫の監事の選任は、特定金庫以外の金庫の監事の選任と異なり、事前に必要な手続がありますか。

A 　特定金庫の監事の選任については、事前に監事の過半数の同意が必要となります。

 解 説

1　監事の選任

金庫の監事は、総(代)会の決議によって選任されます（法32条3項）。当該決議は、定款において特に異なる定めがない限り、通常決議によります。

2　監事の選任についての意見陳述

監事は、総(代)会において、監事の選任もしくは解任または辞任について意見を述べることができます（法35条の7・会社法345条）。他の監事の選任についてはもちろん、自分が再任されないことについても意見を述べることができます。これは、監事に総(代)会における意見陳述権を保障することにより、監事の選任議案に関する理事・理事会の決定に監事の意向がよりよく反映させる趣旨によるものです。

3　特定金庫

特定金庫においては、特定金庫以外の金庫とは監事の選任手続が異なっています。

特定金庫とは、会計監査人を置く金庫のことです（法38条の2第3項）。会計監査人は、事業年度の開始のときにおける預金等総額が200億円に

達しない金庫（施行令5条の5）以外の金庫および金庫連合会においては設置することが必要とされており（法38条の2第1項）、それ以外の金庫においても任意に設置することができます（同条2項）。

4 選任に関する監事の同意権等

特定金庫においては、監事の地位を強化するための制度が存在します。そのうちの1つが、選任に関する監事の同意権です。理事が監事の選任に関する議案を総(代)会に提出するためには、事前に監事の過半数の同意を得なければなりません（法38条の2第13項・会社法343条1項）。監事が、理事が総(代)会に提出する監事選任議案に関して拒否権を有するということができるでしょう。

なお、かかる同意は、総(代)会提出議案の決定のための理事会開催前に取得するべきとされています。理事会決定後に監事の同意を求めたにもかかわらず同意を得られないときには、再度、理事会を開かなければならなくなってしまうからです。

5 選任議案の提案権

特定金庫の監事は、理事に対し、監事の選任を総(代)会の目的とすることを請求することができます（法38条の2第13項・会社法343条2項前段）。また、監事の候補者を特定して選任に関する議案を総(代)会に提出することもできます（法38条の2第13項・会社法343条2項後段）。

理事が監事の選任に関する議案を総(代)会に提出する際の同意権は、監事の有する拒否権ということができますが、監事は、監事の選任に関して、主導権を持つこともできるのです。

（近藤祐史）

Q175

監事の報酬

監事の報酬は理事の報酬といっしょに決めることができますか。

A 監事の報酬を理事の報酬といっしょに決めることはできません。監事の報酬は、原則として定款または総(代)会の決議で決まりますが、理事の報酬とは別に定められます。

解説

1 報酬等の決定方法

金庫と監事との関係には委任の関係が適用されます（法33条）。民法上の委任は原則として無償ですが（民法648条1項）、金庫の監事は、株式会社における監査役などと同様に、報酬を受け取るのが通常です。

監事の報酬等（報酬、賞与その他の職務執行の対価として監事が金庫から受ける財産上の利益）は、定款に定めのないときは、総(代)会の決議によって定められます（法35条の7・会社法387条1項）。

定款の定めまたは総(代)会の決議を要する点は理事と同じですが、理事の報酬等を総(代)会で定めるものとされることの趣旨がお手盛り防止にあるのに対し、監事の報酬等を総(代)会で定めるのは、監事の独立性を保ち、監事による監査の適正を守ることにあるとされています。そのため、総(代)会において理事の報酬等と監事の報酬等とを一括して決議することは認められないと解されています。

なお、監事は、総(代)会において報酬等につき意見を述べることが認められています（法35条の7・会社法387条3項）。

2 報酬総額を定める方法

各監事の受ける報酬等について定款および総(代)会の決議で定められていない場合、監事は、定められた報酬等の総額の範囲で、協議により監事間の配分を決めることになります（法35条の7・会社法387条2項）。

監事の独立性保持という趣旨にかんがみ、理事(会)に報酬等の配分の決定を一任することはできません。しかし、その原案の作成を監事が依頼し、理事(会)が報酬等の配分の原案を作成することは許されると解されています。

　ただし、この場合も、監事の協議は必要となります。

　これも監事の独立性を保持する趣旨に基づくものですから、監事全員が協議し、全員が合意することが必要です。監事のうち1人でも反対すれば協議は不成立となり、各監事は金庫に報酬等の支払を請求できないと解されています。

　なお、監査費用請求権は別に認められています（法35条の7・会社法388条）。詳細についてはQ178を参照してください。

（近藤祐史）

Q176

監事の義務

監事はどのような義務を負いますか。

A 監事が金庫に対して負う義務には、善管注意義務（民法 644 条・法 33 条）のほか、理事会出席義務（法 35 条の 7・会社法 383 条）などがあります。

 解 説

1 善管注意義務

金庫と監事の関係は、委任に関する規定（民法 643 条以下）に従うと規定されています（法 33 条）。したがって、監事は、理事と同様、善良な管理者の注意をもってその職務を遂行する義務を負います（善管注意義務・民法 644 条）。「善良な管理者の注意」とは、監事の場合、監事たる地位に基づき、一般的に要求される注意をいいます。

なお、監事は、理事と異なり、金庫の業務執行を行うものではないため、忠実義務は負いません。

2 理事会出席義務・意見陳述義務

監事の職務は、理事の職務の執行を監査することです。

そのため、監事は、理事会を監査するために、正当な理由がある場合を除き、常に理事会に出席し、必要な場合は意見を述べなければならないという義務を負っています（法 35 条の 7・会社法 383 条 1 項）。

3 理事会に対する報告義務

監事は各理事の監査も行います。そのため、理事が不正の行為をなし、もしくはそのおそれがあると認めるとき、または法令もしくは定款に違反する事実もしくは著しく不当な事実があると認めるときは、遅滞なく、その旨を理事会に報告しなければなりません（法 35 条の 7・会社法 382 条）。

なお、監事は、かかる義務に関連した権限として、理事が不正の行為を

なし、もしくは不正の行為をするおそれがあると認める場合、または法令もしくは定款に違反する事実もしくは著しく不当な事実があると認める場合において、必要と認めるときは、理事に対して理事会の招集を請求することができ、当該請求にもかかわらず理事会が招集されない場合は、当該理事会の招集を請求した監事自身が理事会を招集することができます（理事会招集請求権・法35条の7・会社法383条2項・3項）。

4　総(代)会に対する報告義務

監事は、総(代)会において会員が適切な判断ができるよう、理事が総(代)会に提出する議案などを調査しなければなりません。そして、法令もしくは定款に違反し、または著しく不当な事項があると認めるときは、その調査の結果を総(代)会に報告しなければなりません（法35条の7・会社法384条）。

調査の対象は、理事が総(代)会に提出する議案と計算書類（貸借対照表、損益計算書、剰余金処分案または損失処理案）、業務報告書、附属明細書のほか、総(代)会に判断の対象として提出されるすべての書類などです。

5　総(代)会における説明義務

監事も、理事と同様、総(代)会において、会員から説明を求められた場合には、当該説明を求められた事項が総(代)会の目的に関係のないものである場合や説明することが会員の共同の利益を著しく害する場合などの例外的な場合を除き、必要な説明を行わなければなりません（法48条の4）。

この総(代)会での説明義務に関しては、違反に対する罰則も設けられています（法91条1項4号の3）。

6　計算書類・業務報告等の監査

監事は、事業年度ごとに理事によって作成される計算書類および業務報告ならびにこれらの附属明細書の監査を行わなければなりません（法38条3項）。

監査の手続は、会計監査人の有無により異なり、会計監査人がいる場合は、会計監査人が監査した後に監事が監査することになります（詳細はQ171参照）。監事は、受領した計算書類および業務報告等を監査し、報告書を作成して理事に通知しなければなりません。

監事が監査報告書に記載すべき事項（施行規則 26 条以下）を記載せず、または不実の記載をした場合には、100 万円以下の過料に処せられます（法 91 条 1 項 4 号の 2）。

（近藤祐史）

役員の定数・報酬・義務等、役員等の責任

Q177

辞任監事の総(代)会出席権・意見陳述権

辞任した監事にも総(代)会の招集通知を出さなければならないのですか。

A 辞任した監事も辞任後最初の総(代)会に出席することができますので（法35条の7・会社法345条2項）、理事は辞任した監事に対しても総(代)会の招集通知を出さなければなりません（法35条の7・会社法345条3項）。

 解説

1 監事の意見陳述権

監事は、総(代)会において、監事の選任もしくは解任または辞任について意見を述べることができます（法35条の7・会社法345条1項）。かかる監事による意見陳述は、他の監事の解任・辞任についてはもちろん、自分が解任されることについても認められています。

2 辞任監事の総(代)会出席権・意見陳述権

なお、辞任した監事は、すでに監事ではない以上、会員であるなど他の資格に基づかない限り、総(代)会には出席できないのが原則です。

しかし、法35条の7が準用する会社法345条2項は、監事を辞任した者は辞任後最初に招集される総(代)会に出席して辞任した旨およびその理由を述べることができると定めていますから、理事は、辞任した監事に対しても、招集通知を出さなければなりません（会社法345条3項）。

3 趣 旨

監事の意見陳述権に関する制度の趣旨は、監事が執行部との軋轢から意に反して辞任するようなケースが少なくない現状に照らし、辞任した監事に総(代)会に出席して意見を陳述する権利を与えることで、監事の地位の安定と強化を図ることにあります。

（近藤祐史）

Q178

監事の業務監査権限

監事には会計監査だけでなく業務監査の権限があるとのことですが、業務監査とは具体的にどのようなことですか。

A 業務監査とは、理事の職務執行に関し、不正の行為または法令・定款違反行為がないかどうかを監査することです。業務監査権限の具体的な内容として、業務・財産調査権、子会社調査権などがあります。

解説

1 業務監査権限

監事は、会計監査権限（法38条以下）のほかに、業務監査権限を有しています。

すなわち、監事は、理事の職務の執行を監査するとされ、理事の職務執行に関し、不正の行為または法令・定款違反行為がないかを監査することができ、この場合、監事は監査報告を作成しなければなりません（法35条の7・会社法381条1項）。

2 業務監査権限の具体的内容

業務監査権限の内容として、監事は、主に以下のような権限を有しています。

(1) 業務・財産調査権

監事は、いつでも理事または支配人その他の使用人に対して事業の報告を求め、または金庫の業務および財産の状況の調査をすることができます（法35条の7・会社法381条2項）。また、会計監査人がいる場合は、必要に応じて会計監査人に対して会計監査人の監査に関する報告を求めることもできます（法38条の3・会社法397条2項）。

役員の定数・報酬・義務等、役員等の責任

(2) **子会社調査権**

　監事は、必要があるときは、子会社等に対して事業の報告を求め、またはその子会社等の業務および財産の状況の調査をすることができます（法35条の7・会社法381条3項）。ただし、子会社等は正当な理由がある場合はこれを拒否できます（会社法381条4項）。

(3) **理事会への出席**

　監事は、理事会に出席しなければなりません（法35条の7・会社法383条1項）。かかる理事会出席義務は、監事の義務として規定されていますが、理事会が監事の出席を拒むことができないという点からは、監事の業務監査を行うための権限と考えることもできるでしょう。

3　理事の不正な職務行為を防ぐための権限（義務）

　監事は、業務監査の結果、理事の職務執行に関し、不正の行為または法令・定款違反行為がある（予定されている）場合に、これを防ぐための権限（義務）として、主に以下の権限（義務）を与えられています。

(1) **理事会での意見陳述義務**

　監事は、理事会に出席し、必要があると認めるときは意見を述べる義務があります（法35条の7・会社法383条1項）。

(2) **理事会への報告義務**

　監事は、理事が不正の行為をし、もしくは当該行為をするおそれがあると認めるとき、または法令もしくは定款に違反する事実もしくは著しく不当な事実があると認めるときは、遅滞なくその旨を理事会へ報告しなければなりません（法35条の7・会社法382条）。かかる報告義務の趣旨は、各理事の不正な職務行為を防ぐことにあります。

(3) **理事会招集請求権・招集権**

　監事は、理事が不正の行為をし、もしくは当該行為をするおそれがあると認めるとき、または法令もしくは定款に違反する事実もしくは著しく不当な事実があると認めるときは、必要に応じ、理事会の招集を請求する権利があり、請求から5日以内に、請求から2週間以内の日を理事会とする招集通知が発せられない場合は、請求をした監事自らが理事会を招集することができます（法35条の7・会社法383条3項）。

⑷ 理事に対する違法行為差止請求権

　監事は、理事が金庫の目的の範囲外の行為その他法令・定款違反の行為をし、またはこれらの行為をするおそれがある場合において、これにより金庫に著しい損害が生ずるおそれがあるときは、理事に対してその行為を止めるよう請求することができます（法35条の7・会社法385条）

4　監事の地位強化のための権限

信金法は、監事による監査を実効たらしめるために、監事にその地位を強化するための権限を与えています。主な権限は以下のとおりです。

⑴ 監査費用請求権

　監事は、監査に関する費用について強い権限を有しています。すなわち、監事が金庫に対して、監査に必要な費用について、次の①～③に掲げる請求をした場合、金庫はその費用が監事の職務執行に必要でないことを立証しなければその請求を拒むことができません（法35条の7・会社法388条）。

　①　費用の前払請求
　②　支出した費用および支出の日以後におけるその利息の償還の請求
　③　負担した債務の債権者に対する弁済（弁済期にないときは相当の担保の提供）の請求

⑵ 報酬に関する意見陳述権

　監事の報酬は総㈹会において決められますが（法35条の7・会社法387条1項）、監事は総㈹会において報酬について意見を述べることができます（同条3項）（詳細はQ175参照）。

⑶ 監事任免に関する意見陳述権

　監事は、総㈹会において、監事の選任もしくは解任または辞任について意見を述べることができます（法35条の7・会社法345条1項）。辞任した監事についても、意見陳述権が認められています（会社法345条2項）。かかる意見陳述権が認められている趣旨は、監事がその職務を忠実に履行した結果として辞任要求の圧力をかけられることを防ぐこ

とにあります（詳細はＱ177参照）。

⑷ 監事の選任議案についての監事の同意権等（特定金庫）

特定金庫においては、理事が監事の選任に関する議案を総(代)会に提出するために、監事の過半数の同意を得なければなりません（法38条の2第13項・会社法343条1項）。

また、特定金庫の監事は、理事に対し、監事の選任を総(代)会の目的とすることを請求することができます（法38条の2第13項・会社法343条2項前段）。この場合、監事の候補者を特定して選任に関する議案を総(代)会に提出することもできます（法38条の2第13項・会社法343条2項後段）。

これらは、監事に、監事の選任に関して権限を与えることにより、監事の地位を強化するものということができるでしょう（詳細はＱ174参照）。

⑸ 会計監査人の任免に関する権限（特定金庫）

特定金庫の監事には、①会計監査人の選任・不再任・解任の議案の決定権（法38条の3・会社法344条1項）、②一定の要求のもとに会計監査人を解任する権限（法38条の3・会社法340条）、③会計監査人に欠員が生じたときに一時その職務を行うべき者（一時会計監査人）を選任する権限（法38条の4）が付与されています。

5　理事との訴訟における金庫代表権

上記とは若干趣を異にしますが、監事特有の権限として、理事との訴訟における金庫代表権があります。すなわち、監事は、金庫が理事に対して訴えを提起する場合、または理事が金庫に対して訴えを提起する場合には、その訴えについて金庫を代表し、また、会員から理事の責任を追及するための訴訟提起の請求を受けこれを受ける場合等においても、その訴えについて金庫を代表するものとされています（法35条の7・会社法386条）。

（近藤祐史）

Q179

員外理事・員外監事

員外理事とはどのような理事ですか。また、員外監事とはどのような監事ですか。

A 　員外理事とは、金庫の会員や会員たる法人の業務を執行する役員でない理事をいいます。また、員外監事とは、金庫の会員または会員たる法人の役員もしくは使用人でないものであって、その就任の前5年間金庫の理事もしくは職員または金庫の子会社の取締役、会計参与、執行役もしくは使用人でなかった監事をいいます。

解 説

1 員外理事

員外理事とは、金庫の会員や会員たる法人の業務を執行する役員でない理事をいいます。

法32条4項は、金庫の会員による協同組織性を担保するために、理事の定数の少なくとも3分の2は、会員理事（員外理事でない理事）でなければならないとしています。

員外理事の資格については、定款においてさらなる制限が課せられていることもありますので、注意が必要です。

2 員外監事

員外監事とは、①当該金庫の会員または会員たる法人の役員もしくは使用人以外の者であって、②その就任の前5年間金庫の理事もしくは職員または金庫の子会社の取締役、会計参与、執行役もしくは使用人でなく、③当該金庫の理事または支配人その他重要な使用人の配偶者または二親等以内の親族以外の者である監事をいいます。なお、子会社とは金庫等がその株式等の総議決権の100分の50を超える議決権を保有する会社等をいい

6
役員の定数・報酬・義務等、役員等の責任

ます（法32条6項以下を参照）。

　法32条5項は、監事のうち1名以上は員外監事でなければならないと定めています。この規定の趣旨は、員外監事は金庫の経営執行部から一定の距離があることから、かかる員外監事を置くことを義務づけることにより適正な監査を実現することにあります。

　ただし、金庫の事業年度の開始時における預金および定期積金の総額が50億円に達しない金庫についてはかかる員外監事の選任義務は免除されています（施行令5条の2第1項）。

（近藤祐史）

Q180

常勤監事（特定金庫）

·····································

常勤監事とはどのような監事ですか。

A 　常勤監事とは、特定金庫において設置される常勤の監事をいいます。「常勤」の意味については議論のあるところですが、他に常勤の仕事がなく、金庫の営業時間中原則としてその金庫の監事の職務に専念するものをいうと考えられています。

解 説

1　常勤監事

　特定金庫（会計監査人を置く金庫をいう。なお、事業年度開始時の預金等総額が 200 億円以上の金庫は、会計監査人を設置しなければならないため、特定金庫となる）は、監事の互選によって少なくとも 1 人を常勤監事として選任しなければなりません（法 38 条の 2 第 13 項・会社法 390 条 3 項）。

　常勤監事の選任は監事の過半数の決定によって行われ、実務上は常勤監事が誰であるかを明確にしておくために、互選の結果について「常勤互選書」を作成するとともに監事が理事会に出席してその旨を報告するものとされています（森井編 162 頁以下）。

　特定金庫であるにもかかわらず常勤監事を定めなかった場合、金庫の役員は 100 万円以下の過料に処せられます（法 91 条 1 項 10 号の 2）。

　常勤監事が 1 人しかいない場合、当該常勤監事が事故などで欠ける事態が発生したときは、後任の常勤監事を選任しなければなりません。監事が数人いれば、その中から常勤の可能な監事を監事の互選によって選任することができますので、実務上はあらかじめ監事を定款で定めた定数どおり選任しておき、1 名の常勤監事のほか、非常勤監事の中から常勤監事になりうる者を予定しておく方法も考えられるとされています（森井編 162

6

役員の定数・報酬・義務等、役員等の責任

頁）。

2 「常勤」とは

　「常勤」の意味については、議論のあるところです。しかし、株式会社の常勤監査役に関する会社法での議論においては、「他に常勤の仕事がなく、会社の営業時間中原則としてその会社の監事の職務に専念する者」とするのが通説ですので（江頭 562 頁以下）、会社法の常勤監査役の規定を準用する信金法においても、常勤監事の「常勤」も同様の意味を有すると解釈すべきでしょう。かかる見解によれば、常勤監事を 2 つ以上兼任することはできないことになります。

（近藤祐史）

⑷ 役員等の責任

Q181

役員等の金庫に対する責任

　金庫の理事や監事、会計監査人は、どのような場合に金庫に対して責任を負うのでしょうか。

　　理事や監事、会計監査人が「その任務を怠ったとき」に、金庫に対して損害賠償責任を負うことになります。

解 説

1　理事の責任

⑴　総　論

　法 39 条 1 項によれば、理事が「その任務を怠ったとき」は、金庫に対して損害賠償責任を負うものとされています。理事は、法令上金庫に対して善管注意義務（法 33 条、民法 644 条）および忠実義務（法 35 条の 4）を負っていますから、理事に善管注意義務違反または忠実義務違反があった場合には、その任務を怠ったものとして、金庫に対して責任を負うことになります。

　また、理事が利益相反取引を行った場合など一定の場合には、理事の任務懈怠が法律上推定されるものとされています（法 39 条 2 項）。

⑵　善管注意義務違反の類型

　理事が善管注意義務違反に問われる場合としては、法令（遵守義務）違反の場合、監視義務違反の場合、組織管理責任を負う場合、そして経営判断を逸脱した場合といった類型が考えられます（注 1）。

　まず、「法令（遵守義務）違反」は、文字どおり理事自身が法令に違反する行為を行うことを意味します。理事は、善管注意義務の内容として（一

般的にだけでなく、金庫に対しても）法令を遵守すべき義務を負っている
といえますので、理事が業務執行に関して法令に違反することは、金庫と
の関係でも善管注意義務に違反することになります。なお、ここでいう「法
令」には、信金法だけでなく、独禁法や金融商品取引法などあらゆる法令
が含まれます。

　次に、「監視義務」とは自分以外の役員や従業員の違法行為を防止すべ
き義務をいいます。理事自身の法令遵守義務については上述のとおりです
が、理事には、自分以外の役員や従業員の業務執行を監視する義務があり
ますから、適切に監視する義務を怠ったことにより他の役員や従業員の違
法行為を看過した場合には、監視義務違反に問われる可能性があります。

　また、「組織管理責任」とはそもそも違法行為が発生しないような内部
統制システムを構築する義務をいいます。裁判例にも、株式会社の事案で
はあるものの、この内部統制システムの構築義務を肯定しているものがあ
ります（大阪地判平成12・9・20金判1101号3頁）。

　最後に「経営判断の逸脱」とは、理事が、業務執行について裁量を逸脱
した判断ないし行為を行うことです。この「経営判断」の考え方（注2）
は、理事の責任を積極的に認めるものというよりも、むしろ一定の行為に
ついては理事の判断について結果責任を問わないための考え方として用い
られています。なぜなら、理事は不確実な状況で迅速な決断を迫られる場
合が多いため、結果だけを事後的に判断して理事の責任を問うことは、か
えって理事の業務執行を萎縮させることにもなりかねないからです。そこ
で、理事の業務執行に関する結果が善管注意義務違反になるかどうかにつ
いては、主として、①その行為の当時の状況に照らして合理的な情報収集
や検討等が行われた否かという点と、②その状況および理事に要求される
能力水準に照らして不合理な判断でなかったか否かの2点から判断すべき
であると考えられています。

2　監事の責任

　監事も、理事と同様に金庫に対して善管注意義務を負っています（法
33条、民法644条）から、かかる善管注意義務に違反した場合には、そ
の任務を怠ったものとして金庫に対する損害賠償責任を負います（法39

358

条1項)。

　なお、監事は、金庫の業務執行そのものを行うわけではありませんから、理事による業務執行の結果について直ちに責任を負うわけではありません。もっとも、監事には「理事の職務の執行を監査する」義務がありますので（法35条の7・会社法381条1項）、理事の職務執行が適法性を欠く場合には、その監視義務違反が善管注意義務となり、損害賠償責任を負うことがあります。

　なお、監事の監査権限は、原則として理事の職務執行の適法性に限られ、妥当性には及ばないものと考えられますが、理事の職務執行が著しく妥当性を欠く場合には当該理事の職務執行が善管注意義務に違反することになり、適法性を欠くことになりますので、監事が理事の職務執行を監視するにあたって妥当性の点をまったく問題にしなくてよいわけではありません。

3　会計監査人の責任

　会計監査人が任務を怠った場合も、理事や監事と同様に、金庫に対して損害賠償責任を負います（法39条1項）。具体的な責任原因としては、虚偽の計算関係書類の作成に関与して金庫に分配可能額を超える剰余金の配当を行わせることや、不適切な監査の実施により金庫の業務に支障を生じさせること、従業員の不正経理を見逃すこと、守秘義務に違反することなどが考えられます（江頭650頁参照）。

（注1）　久保利英明＝中村直人＝菊池伸『取締役の責任』102頁以下参照。なお、理事の善管注意義務が問われる場合は、必ずしもこの4つの類型に限られるものではないと考えられますが、どのような場面で責任を問われるかを分類することには意義があると思われますので、ここではこの分類を採用して整理しました。

（注2）　このような経営判断の原則については、一部の裁判例でも肯定されています。たとえば、株式会社に関する名古屋地判平成9・1・20（全判1012号14頁）は、「取締役はその職務を執行するにあたって、企業経営の見地から経済情勢に即応し、流動的で多様な各般の事情を総合した合理的な判断が求められるが、会社経営は極めて波乱に富むものであり、多少の冒険とそれに伴う危険はつきものである。それゆえ取締役が業務

の執行にあたって、企業人として合理的な選択の範囲内で誠実に行動した場合には、その行動が結果として間違っており不首尾に終わったため会社に損害を生ぜしめたとしても、そのことのゆえに取締役の注意義務違反があったとして責任を問われるべきではない。」と判示しています。

（麻生裕介）

Q182

役員等の第三者に対する責任

・・

　金庫の理事や監事、会計監査人は、どのような場合に第三者に対して責任を負うのでしょうか。

A　理事や監事、会計監査人が「その職務を行うについて悪意または重大な過失があったとき」に、第三者に対して損害賠償責任を負うことになります。

 解　説

1　理事の第三者責任

(1)　原　則

　理事は、その職務を行うについて悪意または重大な過失があったときに、これによって第三者に生じた損害を賠償する責任を負います（法39条の2第1項）。

　なお、「その職務を行うについて」とあるように、第三者が法39条の2第1項に基づいて理事に損害賠償を請求するには、任務懈怠について理事に悪意または重大な過失があることを要します（株式会社に関する最判昭和44・11・26民集23巻11号2150頁参照）。この点で、（金庫に対してではなく）第三者に対する故意または過失を必要とする不法行為責任（民法709条）とは異なります（ちなみに、第三者に対する故意または過失があれば、第三者は、別途、民法709条に基づく損害賠償請求をすることも妨げられない）。

　また、理事の任務懈怠の行為と第三者の損害との間に相当の因果関係がある限り「損害」には、直接第三者が被った損害（直接損害）だけでなく、金庫が理事の任務懈怠によって損害を被った結果、第三者に生じた損害（間接損害）も含まれます（前掲最判昭和44・11・26参照）。前者（直接損害）の例としては履行の見込みのない取引や返済の見込みのない借入を行った

場合（注）における取引相手方の損害などがあり、後者（間接損害）の例としては放漫経営により金庫の責任財産が減少し、その結果、金庫の債権者が被る損害などがあります。

(2)　不実の情報開示に関する理事の責任

理事は、①計算書類および事業報告ならびにこれらの附属明細書に記載し、または記録すべき重要な事項についての虚偽の記載または記録をしたとき、②虚偽の登記をしたとき、③虚偽の公告（法89条において準用する銀行法16条1項の規定による金庫の事務所の店頭に掲示する措置および法89条において準用する銀行法38条の規定による金庫のすべての事務所の公衆の目につきやすい場所に掲示する措置を含む）をしたときは、これらの行為をすることについて注意を怠らなかったことを主張・立証しなければ、これによって第三者に生じた損害を賠償する責任を負います（法39条の2第2項1号）。

ここでは、これらの不実の情報開示の重大性にかんがみ、過失に関する挙証責任が転換され、かつ、軽過失の場合にも理事が免責されないものとされています。

2　監事の第三者責任

監事も、理事と同様に、その職務を行うについて悪意または重大な過失があったときに、これによって第三者に生じた損害を賠償する責任を負います（法39条の2第1項）。金庫の監事は理事の職務執行を監査する義務も負っていますから、理事の職務執行が任務懈怠となる場合には、その監視義務を怠ったものとして、監事も任務懈怠の責任を負う可能性があります。

なお、監事が監査報告に記載し、または記録すべき重要な事項について虚偽の記載または記録をした場合には、理事の場合と同様、過失に関する挙証責任が転換され、かつ軽過失の場合にも責任を免れることはできません（法39条の2第2項2号）。

3　会計監査人の第三者責任

会計監査人も、理事や監事と同様、職務を行うについて悪意または重大な過失があったときは、これによって第三者に生じた損害を賠償する責任

を負います（法39条の2第1項）。

　第三者との関係では、主として、粉飾決算を見逃すなど、会計監査報告に記載し、または記録すべき重要な事項について虚偽の記載または記録をした場合が問題となりますが、このような場合、会計監査人は、自らが注意を怠らなかったことを主張・立証しなければ、第三者に対する損害賠償義務を免れることはできません（法39条の2第2項3号）。

（注）　これらの取引が第三者に損害を及ぼしうるものであることはともかく、なぜ金庫に対する関係でも任務懈怠となりうるのかについては議論のあるところで、「会社（金庫）の状況および業務執行の帰結を把握すべく努める義務の違反」であると考える見解（注釈(6) 314頁）や、「会社（金庫の）債権者の損害拡大を阻止するため取締役（理事）には再建可能性・倒産処理等を検討すべき義務が善管注意義務として課されて」いるととらえる見解（江頭536頁）などがあります。このような理論上の問題はあるにしても、裁判例では、一見会社（金庫）のために思えるような行為であっても、任務懈怠につき悪意または重過失があるものとして取締役（理事）の損害賠償義務を認めているものが多数あります。

（麻生裕介）

Q183

役員等の金庫または第三者に対する損害賠償の連帯責任

　当金庫では、粉飾決算を行った理事やそれを見逃した監事、監査法人（会計監査人）に対して損害賠償請求を行うことを検討していますが、理事や監事の中には資力のない者やあまり責任の大きくない者もいますので、一部の者だけを相手方として損害賠償請求をしようと考えています。この場合、個々の理事、監事および会計監査人に対して当金庫が被った損害の全額を請求することができるのでしょうか。それとも、頭割りや個々の責任割合に応じた金額になってしまうのでしょうか。

A 　理事、監事または会計監査人が金庫や第三者に対して損害賠償義務を負う場合、かかる義務は連帯債務となりますので、個々の理事、監事および会計監査人に対して損害の全額を請求することが可能です。

解説

　理事、監事および会計監査人（以下「役員等」という）が金庫や第三者に対して損害賠償義務を負う場合で、その義務者が複数存在する場合には、それらの義務者は連帯債務者となります（法39条の3）。したがって、個々の役員等に請求できる金額が頭割りや責任割合に応じた金額となることはなく、個々の役員等に対して、全額の請求をすることが可能です（民法436条）。

　他方で、金庫や第三者が役員等の1人に対して損害賠償の履行の請求をしたとしても、その効力は他の役員等には及びません（民法441条）。また、金庫や第三者が、責任を負う役員等の1人について債務を免除した場合（役員等の責任の免除についてはQ184参照）にも、その免除の効力は当該免除者についてのみ生じ、他の役員等には効力は及ばず、他の役員

等は引き続き責任を負います（民法441条）。時効の更新事由についても同様で、役員等の1人が自己の責任（債務）を認めた（同法152条1項）としても、それによる時効の更新の効果は他の役員等には及びませんので、時効（債権）管理の観点からは留意する必要があります。

（麻生裕介）

Q184

役員等の責任の免除

理事、監事または会計監査人が、その任務懈怠を原因として金庫に対して損害賠償義務を負う場合、かかる役員等の金庫に対する責任を免除することはできますか。また、免除できるとすれば、どのような要件を満たす必要があるのでしょうか。

A 任務懈怠を原因とする理事、監事または会計監査人の金庫に対する損害賠償責任は、総会員の同意がなければその全部を免除することはできません。ただし、一定の要件を満たした場合には、総(代)会の決議によりその責任の一部を免除することができます。

 解 説

1 総会員の同意による役員等の責任の全部免除

任務懈怠を原因とする理事、監事または会計監査人（以下「役員等」という）の金庫に対する損害賠償責任は、総会員の同意がなければその全部を免除することができません。文字どおり、すべての会員の同意が必要ですから、役員等の責任の全部について免除を受けることは、現実的には困難であるといえます。

2 総(代)会決議による役員等の責任の一部免除

(1) 要 件

役員等が職務を行うにつき善意でかつ重大な過失がないときは、総(代)会の特別決議（注1）により、以下の金額まで役員等の責任を一部免除することができます（注2）。

① 代表理事の場合 $6 \times \alpha$

② 代表理事以外の理事であって、理事会の決議により業務を執行する

366

理事として選定された理事または金庫の業務を執行した理事である場合　$4 \times \alpha$

③　上記①②以外の理事、監事または会計監査人の場合　$2 \times \alpha$

なお、上記計算式のうち「α」とは、役員等がその在職中に金庫から職務執行の対価（注3）として受け、または受けるべき財産上の利益の事業年度ごとの合計額のうち、最も高い金額を意味します（詳しくは施行規則38条参照）。したがって、たとえば、会員外理事が1億円の損害賠償義務を負う場合、事業年度当たりの財産上の利益が1,000万円であった場合には、2,000万円を超える部分、すなわち8,000万円を上限として責任（債務）免除を受けることができることになります。もちろん、責任免除する金額を8,000万円以下とすることも可能です。

⑵　手　続

役員等の責任を一部免除するには、以下の手続による必要があります。

①　（理事が、理事の責任の免除に関する議案を総(代)会に提出する場合）議案について監事の同意を得る（法39条6項）

②　総(代)会において、(a)責任の原因となった事実および賠償の責任を負う額、(b)法39条4項の規定により免除することができる額の限度およびその算定の根拠、(c)責任を免除すべき理由および免除額を開示する

③　総(代)会の特別決議により可決する

⑶　退職慰労金等の支給の制限

法39条4項に基づいて責任の一部免除を受けた役員等に対して退職慰労金等を支給する場合、総(代)会の承認が必要です（法39条7項）。

(注1)　法48条の3第5号により、総会員（総総代）の半数以上が出席し、かつその議決権の3分の2以上の多数による特別決議が必要です。

(注2)　ただし、自己取引により金庫に損害を与えた理事の責任については、総(代)会決議により一部免除することはできません（法39条9項）。

(注3)　職務執行の対価には、月々の報酬だけでなく、賞与も含みます。また、役員等が金庫の支配人その他の職員を兼ねている場合には、職員としての報酬、賞与その他の職務執行の対価も含みます（施行規則38条1項1号）。

（麻生裕介）

Q185

役員の責任限定

株式会社では、あらかじめ定款で定めておくことで、取締役会決議により役員の責任の一部を免除することや、社外役員との間で責任限定契約を締結することが可能とされているようですが、金庫についても同様のことを行うことが可能でしょうか。

A 株式会社とは異なり、金庫については、質問のような方法により役員の責任を限定することはできません。

 解 説

　会社法では、株式会社について、定款であらかじめ定めておくことにより、取締役会の決議で役員の責任の一部を免除すること（会社法426条）や、社外役員との間で責任限定契約を締結しておくこと（同法427条）が可能とされています。これに対し、信金法は、役員等の責任について「総会員の同意がなければ、免除することができない」と定める（法39条3項）一方で、会社法426条や427条に相当する規定を設けていません。したがって、金庫については、理事会で役員の責任を一部免除することや、あらかじめ責任限定契約を締結することにより、役員の責任を限定することはできないと考えられます（注）。

　なお、総会員の同意により役員の責任を減免することや、総(代)会の特別決議により理事、監事または会計監査人の責任を一定の範囲に限定することは、株式会社と同様に可能です（詳細はQ184参照）。

(注)　これに対して、役員の責任を追及する訴訟において、金庫が役員との間で訴訟上の和解をする場合には、必ずしも総会員の同意は必要ありません（法39条の6・会社法850条4項）。

（麻生裕介）

Q186

役員等に対する責任追及の訴え

●●

金庫が役員等の責任を追及しない場合、株式会社の「株主代表訴訟」のように、会員が金庫に代わってその責任を追及する制度があると聞きましたが、どのような制度でしょうか。

A 　金庫の発起人、理事、監事、会計監査人、清算人が、その任務懈怠を原因として金庫に対して損害賠償義務を負うにもかかわらず、金庫がその責任を追及しない場合、当該金庫の会員は、一定の要件のもとで、これらの者に対して、直接、金庫のために責任追及の訴訟を提起することができます。

解説

1　会員代表訴訟の概要

金庫の発起人や理事、監事、会計監査人または清算人（ここでは「役員等」という）が、善管注意義務違反などの理由により金庫に対して損害賠償義務を負う場合であっても、必ずしも金庫がその責任を追及するとは限りません。

その理由は色々考えられますが、金額の多寡や立証の難易、役員等の資力（回収可能性）、訴訟等に要するコスト、敗訴した場合の金庫の信用毀損のリスクといった事情を総合的に判断した結果である場合もあるでしょうし、人間関係上厳しい措置をとりがたいということもあるかもしれません。いずれにしても、責任を追及しうる場合であっても、金庫自身がその責任を追及しないという場面が存在するわけです。

このような場面において、会員の主導による役員等に対する責任追及を認めたのが会員代表訴訟の制度であり、会員代表訴訟では、理事や監事に代わり、会員が、金庫を代表して役員等に対する責任追及の訴訟を追行することになります。

2 会員代表訴訟の要件と手続

(1) 訴訟提起の催告と代表訴訟の提起

　6か月前（定款で6か月を下回る期間とすることもできる）から引き続き会員である者は、原則として、まずは金庫に対して（注1）役員等に対する責任を追及する訴訟を提起するように請求することができます（法39条の4・会社法847条1項）。そして、かかる請求の日から60日以内に金庫が訴訟を提起しない場合（注2）には、その会員が自ら、金庫のために責任追及の訴訟（以下「代表訴訟」という）を提起することが可能となります（法39条の6・会社法847条3項）。

　なお、責任追及の訴訟が会員自身や第三者の不正な利益を図り、または金庫に損害を加えることを目的とする場合には、会員は、そもそも責任追及の訴訟を提起するように請求することはできません。また、代表訴訟は、会員が原告となるものではありますが、あくまでも「金庫のために」行われるものですので、訴訟において、原告である会員自身に対して金員を支払うように請求することはできず、金庫に対して損害を賠償するように請求する必要があります。

(2) 担保提供

　会員による代表訴訟の提起が、悪意による場合、被告となる役員等は、裁判所に対して、会員に相当の担保を立てるべきことを命じるよう申し立てることができます。この場合の「悪意」とは、役員等の責任について、事実的、法律的根拠のないことを知りながら、または代表訴訟の制度の趣旨を逸脱し、不当な目的を持って被告を害することを知りながら訴えを提起した場合をいいます（株式会社に関する大阪高判平成9・11・18金判1042号27頁参照）。

(3) 訴訟提起した会員以外の会員による訴訟参加

　会員は、金庫の提起した訴訟の進行を監視し、または他の会員が提起した訴訟を支援するため、金庫や会員の提起した役員等の責任を追及する訴訟に、原告側の共同訴訟人として参加することができます（法39条の6・会社法849条1項）。そして、会員にこのような参加の機会を与えるため、金庫が役員等に対する責任を追及する訴訟を提起したときは、金庫は、遅

滞なくその旨を公告し、または会員に通知しなければならないとされています（法39条の6・会社法849条4項）。

　他方、金庫も、会員の提起した代表訴訟に共同訴訟人として参加することができるほか、被告となる役員等に責任がないと考えた場合には、被告側に補助参加することもできます（法39条の6・会社法849条1項）。ただし、金庫が理事および清算人ならびにこれらの職にあった者のために代表訴訟に補助参加する場合には、すべての監事の同意を得る必要があります（法39条の6・会社法849条2項）。

⑷　代表訴訟における和解

　代表訴訟において、会員と役員等の間で和解が成立する場合であっても、金庫が和解の当事者でない場合には、当然には金庫にその和解の効力は及びません。しかしながら、この場合でも、裁判所が金庫に対して和解の内容を通知し、金庫が2週間以内に異議を述べない場合には、その通知の内容で会員が和解をすることを承認したものとみなされますので、その結果、金庫に対して確定判決と同一の効力が及ぶことになります（法39条の6・会社法850条）。

　なお、代表訴訟で和解をする場合には、もし役員等の責任の全部を免除する内容であっても、総会員の同意は必要ありません（法39条の6・会社法850条4項）。

⑸　代表訴訟における判決の効果

　代表訴訟の判決の効果は、その結論が認容判決または棄却判決のいずれの場合であっても、金庫に及ぶことになります（民事訴訟法115条1項5号）。

　なお、代表訴訟の判決が請求棄却となった場合で、かつ、敗訴した会員（訴訟参加した会員を含む）が、役員等が責任を負わないことについて悪意であった場合には、金庫に対して損害賠償義務を負うものとされています（法39条の6・会社法852条2項）。逆に、代表訴訟の判決が請求認容（一部認容を含む）となった場合には、金庫に対して、訴訟に要した費用の支払を請求することができます（法39条の6・会社法852条1項）。

（注1）　会員による請求の宛先は、原則として代表理事ですが（法35条の9）、理事に対して責任を追及する場合には監事となります（法35条の7・会社法386条2項1号）。

（注2）　例外的に、60日間の経過を待つことにより、金庫に回復することができない損害が生ずるおそれがある場合には、直ちに訴訟提起することができます（法39条の6・会社法847条5項）。

（麻生裕介）

Q187

役員賠償責任保険の保険料を金庫が支払うことの可否

··

役員が金庫や第三者に対して巨額の賠償義務を負う場合に備えて、金庫が（会社）役員賠償責任保険を契約し、その保険料を自ら保険会社に支払うことは法律上可能でしょうか。

A 　　会社（金庫）が役員のために会社役員賠償責任保険の保険料を支払うことについては、かつて大きな議論がありましたが、現在は、理事会決議（法 39 条の 5）という法律上の手続を経れば、同保険の保険料を会社（金庫）が支払うことは可能と考えられます。

 解 説

1　会社役員賠償責任保険の概要

　会社役員賠償責任保険とは、被保険者である役員が、その業務について行った行為に起因して損害賠償請求を受けた場合に、被保険者が被る損害（具体的には、賠償金そのものと弁護士費用等の訴訟費用がある）をてん補することを内容とする損害保険（責任保険）です。もともとは米国で開発された保険（いわゆるＤ＆Ｏ保険）ですが、わが国でも、平成 5 年 12 月に会社役員賠償責任保険の普通保険約款（和文約款）が当時の大蔵省によって認可されてから広く普及し、現在では上場会社の多くで導入されているといわれています。

　なお、会社役員賠償責任保険では、会社が保険契約者となりますので、保険会社に対する保険料の支払義務も（少なくとも保険会社との関係においては）保険契約者たる会社がすべて負担することになります。

　また、「会社役員賠償責任保険」との名称からもわかるように、同保険は、基本的には株式会社が保険契約者となることを念頭においていますが、金庫が保険契約者となることも可能です（ただし、実際に金庫を保険契約者

とする保険の引受けをするかどうかは各保険会社の個別判断であり、また、引き受ける場合でも、約款の規定内容によっては、読み替え等の特約が必要となるケースもある）。

2　会社役員賠償責任保険の問題点と実務的対応

⑴　会社が保険料を支払うことについて

会社役員賠償責任保険では、会社（以下、金庫が保険契約者となる場合を含めて、「会社」という）が保険料の支払義務を負担することになりますが、このように会社が同保険の保険料を支払うことについては、かつて、以下のような指摘や批判がありました。

①　当該保険料は実質的には役員に対する報酬であり、株主総会決議が必要なのではないか

②　特に役員が会社に対して賠償義務を負う場面において、会社と役員とは利益相反の関係にあるのであり、相手方となる役員のために保険料を支払うのはおかしいのではないか

③　役員の賠償責任が保険によりてん補されるとすれば、賠償義務の違法行為抑止機能が阻害されるのではないか

⑵　上記批判への実務的対応

上記⑴のような批判があったことを踏まえ、平成５年の和文約款の認可時に、役員が株主代表訴訟で敗訴した場合における賠償金および弁護士費用等をてん補する部分を特約（株主代表訴訟担保特約）として普通保険約款から分離（普通保険約款部分および株主代表訴訟担保特約部分のそれぞれのてん補範囲は別表を参照のこと）したうえで、当該特約部分に対応する保険料については役員負担にするという実務的対応が行われました。

これにより、上記⑴の指摘および批判のうち特に問題が大きいとされた②の点について、法的な疑義が一応解消されることになりました。

	第三者訴訟		株主代表訴訟	
	賠償金	争訟費用	賠償金	争訟費用
普通保険約款部分	○	○	×	△
株主代表訴訟担保特約部分	―	―	○	○

※　会社が役員に対して訴訟提起をする場合はてん補の対象外

⑶ 法改正による手続の明確化

上記のとおり、会社による役員賠償責任保険契約の締結や保険料の負担については解釈に委ねられてきましたが、会社法の一部を改正する法律（令和元年法律第70号）による会社法の改正（令和3年3月1日施行）により、会社が役員等賠償責任保険の内容を決定する場合の手続や開示のルールが定められました。

これに伴い、信金法においても、法39条の5第1項において、役員等賠償責任保険契約の内容を決定するには、理事会の決議によらなければならないという手続が明確に定められました。なお、同項は、理事会の決議を要するという手続のみを定めており、保険の内容や保険料の負担については特に規制していません。そのため、保険料については、従前の解釈とは異なり、株主代表訴訟担保特約部分を含めて金庫が負担することも可能と考えられます（太田洋ほか編『令和元年 会社法改正と実務対応』255頁参照）。また、株式会社の場合には、一定の場合に役員等賠償責任保険契約の被保険者の範囲や保険契約の内容の概要を事業報告に含めて開示することが求められますが、金庫についてはそのような開示は求められていません。

以上のとおり、信金法においても、役員等賠償責任保険に関する手続が明確となり、また、保険料の負担に関する議論も収束したといえますが、上記⑴③の問題点、つまり役員賠償責任保険によって賠償義務による役員等の違法行為抑止機能が阻害され、その職務の執行の適正性が損なわれるのではないかという問題点はなお存在するといえます。そのため、株主代表訴訟担保特約部分の保険料を金庫が負担するとしても、それと同時に、たとえば、役員等の自己負担割合を設けたり、（保険者の）免責額を設けたりするなど、役員等の職務執行の適正性を損なわないための措置を講じることが望ましいと考えられます。

（麻生裕介）

Q188

役員等に対する責任追及の訴えと文書提出命令

　現在、当金庫の会員が、当金庫の理事を相手取って責任追及の訴え（会員代表訴訟）を提起して裁判所に係属しています。その訴訟において、原告の会員が、裁判所に、当金庫の保管する貸出稟議書や社内の通達文書について、当金庫に文書提出命令をするよう申立を行ったようです。貸出稟議書や社内通達文書は外部に公開することを前提としていませんから、当金庫としては開示したくないと考えているのですが、これらの文書を提出しなければならないことになるのでしょうか。

A　　貸出稟議書については、特段の事情のない限り、民事訴訟法220条4号ニのいわゆる自己使用文書に該当するため、金庫に対して文書提出命令が出される可能性は低いと考えられます。

　他方で、社内通達文書については、その内容等にもよりますが、自己使用文書には該当しないと考えられますので、金庫が任意に文書を提出しない場合には、文書提出命令が出される可能性が高いものと思われます。

解　説

1　文書提出命令

　訴訟においては、当事者双方が自己の保有する証拠を提出して立証活動を行うのが基本ですが、その証拠が必ずしも手もとにあるとは限らず、相手方や第三者が証拠を保持していることも珍しくありません。そのような場合、訴訟の当事者としては、裁判所に対し、文書の所持人に文書を提出するように命じることを申し立てることができます（民事訴訟法221条）。

　これに対して、文書の所持人は、以下の①から④のいずれかに該当する

場合には、その文書を提出しなければなりません（同法220条）。

① 当事者が訴訟において引用した文書を自ら所持するとき

② 挙証者が文書の所持者に対しその引渡しまたは閲覧を求めることができるとき

③ 文書が挙証者の利益のために作成され、または挙証者と文書の所持者との間の法律関係について作成されたとき

④ 上記①ないし③に掲げる場合のほか、文書が次に掲げるもののいずれにも該当しないとき

　イ　文書の所持者または文書の所持者と民事訴訟法196条各号に掲げる関係を有する者についての同条に規定する事項が記載されている文書

　ロ　公務員の職務上の秘密に関する文書でその提出により公共の利益を害し、または公務の遂行に著しい支障を生ずるおそれがあるもの

　ハ　民事訴訟法197条1項2号に規定する事実または同項3号に規定する事項で、黙秘の義務が免除されていないものが記載されている文書

　ニ　専ら文書の所持者の利用に供するための文書（国または地方公共団体が所持する文書にあっては、公務員が組織的に用いるものを除く）

　ホ　刑事事件に係る訴訟に関する書類もしくは少年の保護事件の記録またはこれらの事件において押収されている文書

2　貸出稟議書の提出義務

それでは、質問のような場合において、貸出稟議書は文書提出義務の対象となるのでしょうか。

この点、銀行の貸出稟議書が文書提出義務の対象となるか否かが正面から問題となった最高裁平成11年11月12日決定は、以下のように述べて、貸出稟議書は特段の事情がない限り民事訴訟法220条4号ニのいわゆる自己使用文書に該当し、文書提出義務の対象にはならない旨を判示しました（民集53巻8号1787頁）。

「①　ある文書が、その作成目的、記載内容、これを現在の所持者が所持するに至るまでの経緯、その他の事情から判断して、専ら内部の者の利用に供する目的で作成され、外部の者に開示することが予定されていない文書であって、開示されると個人のプライバシーが侵害されたり個人ないし団体の自由な意思形成が阻害されたりするなど、開示によって所持者の側に看過し難い不利益が生ずるおそれがあると認められる場合には、特段の事情がない限り、当該文書は民訴法 220 条 4 号ハ所定の「専ら文書の所持者の利用に供するための文書」に当たると解するのが相当である。

②　銀行の貸出稟議書とは、支店長等の決裁限度を超える規模、内容の融資案件について、本部の決裁を求めるために作成されるものであって、通常は、融資の相手方、融資金額、資金使途、担保・保証、返済方法といった融資の内容に加え、銀行にとっての収益の見込み、融資の相手方の信用状況、融資の相手方に対する評価、融資についての担当者の意見などが記載され、それを受けて審査を行った本部の担当者、次長、部長など所定の決裁権者が当該貸出しを認めるか否かについて表明した意見が記載される文書であること、本件文書は、貸出稟議書及びこれと一体を成す本部認可書であって、いずれも抗告人がBに対する融資を決定する意思を形成する過程で、右のような点を確認、検討、審査するために作成されたものであることが明らかである。

③　右に述べた文書作成の目的や記載内容等からすると、銀行の貸出稟議書は、銀行内部において、融資案件についての意思形成を円滑、適切に行うために作成される文書であって、法令によってその作成が義務付けられたものでもなく、融資の是非の審査に当たって作成されるという文書の性質上、忌たんのない評価や意見も記載されることが予定されているものである。したがって、貸出稟議書は、専ら銀行内部の利用に供する目的で作成され、外部に開示することが予定されていない文書であって、開示されると銀行内部における自由な意見の表明に支障を来し銀行の自由な意思形成が阻害されるおそれがあるものとして、特段の事情がない限り、「専ら文書の所持者の利用に供するための文書」に当たると解すべきである。」

以上のとおり、前掲最高裁平成 11 年 11 月 12 日決定は、「特段の事情

がない限り」貸出稟議書は自己使用文書に該当すると述べています。そこで、次に、どのような場合に「特段の事情」があるといえるのかが問題となりました。

　特に、質問のような会員代表訴訟において貸出稟議書が必要とされる場合、開示を求める会員に対する関係では、金庫の秘密や内心領域の自由（意思形成過程の自由）といった保護は及ばないのではないか（言い換えれば、会員が会員代表訴訟において文書提出命令を申し立てた場合には、「特段の事情」があると認めるべきではないか）が問題となりました。

　このことが真正面から問題となったのが、最高裁平成12年12月14日決定です（民集54巻9号2709頁）。同決定は、「特段の事情とは、文書提出命令の申立人がその対象である貸出稟議書の利用関係において所持者である金庫と同一視することができる立場に立つ場合をいうものと解される（注）」としたうえで、「金庫の会員は、所定の要件を満たし所定の手続を経たときは、会員代表訴訟を提起することができるが、会員代表訴訟は、会員が会員としての地位に基づいて理事の金庫に対する責任を追及することを許容するものにすぎず、会員として閲覧、謄写することができない書類を金庫と同一の立場で利用する地位を付与するものではないから、会員代表訴訟を提起した会員は、金庫が所持する文書の利用関係において金庫と同一視することができる立場に立つものではない」とし、結論として「特段の事情があるということはできない」と判示しました。すなわち、会員代表訴訟において会員が文書の開示を求めているからといって、それだけで、貸出稟議書の提出義務が認められるわけではない、ということになります。

　このように、貸出稟議書については、裁判所が文書提出命令の申立を認める可能性は低いと考えられます。

3　社内通達文書の提出義務

　社内通達文書については、最高裁平成18年2月17日決定が次のように述べて、文書提出義務を肯定しています（民集60巻2号496頁）。

　「①　本件各文書（注：問題となった社内通達文書を指す）についてみると、記録によれば、本件各文書は、いずれも銀行である抗告人の営業関

連部、個人金融部等の本部の担当部署から、各営業店長等にあてて発出された、いわゆる社内通達文書であって、その内容は、変額一時払終身保険に対する融資案件を推進するとの一般的な業務遂行上の指針を示し、あるいは、客観的な業務結果報告を記載したものであり、取引先の顧客の信用情報や抗告人の高度なノウハウに関する記載は含まれておらず、その作成目的は、上記の業務遂行上の指針等を抗告人の各営業店長等に周知伝達することにあることが明らかである。

　②　このような文書の作成目的や記載内容等からすると、本件各文書は、基本的には抗告人の内部の者の利用に供する目的で作成されたものということができる。しかしながら、本件各文書は、抗告人の業務の執行に関する意思決定の内容等をその各営業店長等に周知伝達するために作成され、法人内部で組織的に用いられる社内通達文書であって、抗告人の内部の意思が形成される過程で作成される文書ではなく、その開示により直ちに抗告人の自由な意思形成が阻害される性質のものではない。さらに、本件各文書は、個人のプライバシーに関する情報や抗告人の営業秘密に関する事項が記載されているものでもない。そうすると、本件各文書が開示されることにより個人のプライバシーが侵害されたり抗告人の自由な意思形成が阻害されたりするなど、開示によって抗告人に看過しがたい不利益が生ずるおそれがあるということはできない。

　③　以上のとおりであるから、本件各文書は、民訴法220条4号ニ所定の「専ら文書の所持者の利用に供するための文書」には当たらないというべきである。」

　もちろん、文書の作成目的や記載内容等にもよりますが、社内通達文書については、自己使用文書には該当しないとして、裁判所が文書提出命令を出す可能性が高いものと思われます。そのため、むしろ任意に提出することも含めて、対応を検討したほうがよいかと思われます。

（注）　なお、同決定は、当該事案に即して「特段の事情」の有無を判断したものであり、個別の事案を離れて「特段の事情」を一般的に定義づけたものではないと考えられます（福井章代「時の判例」ジュリスト1212号105頁）。

（麻生裕介）

7

理事会

Question & Answer

Q189

理事会の権限

理事会とはどのような組織でしょうか。また、どのような権限を有しているのですか。

A 　理事会は、すべての金庫に設置される必要的機関で、金庫の業務執行の決定や理事の職務執行の監督、代表理事の選定および解職といった権限を有しています。

 解 説

1　理事会とは

　理事会は、金庫のすべての理事により構成される金庫の必要的機関です（法36条1項・2項）。個々の理事の役割が、主として職務の執行にあるのに対して、理事会の役割は主として業務執行の決定と理事の職務執行の監督にあります。したがって、理事は、原則として、理事会の決定に従って日々の職務を執行することになります。

2　理事会の権限

　法に定められた理事会の権限は、①金庫の業務執行の決定、②理事の職務の執行の監督、③代表理事の選定および解職の3点です（法36条3項）。以下、それぞれについて少し詳しくみていきましょう。

(1)　業務執行の決定

　前述したように、金庫の業務執行は理事会が決定します。別のいい方をすれば、業務に関する金庫の意思決定機関は理事会であり、その執行機関は理事（原則として代表理事）であるともいえます。もっとも、個々の貸出や日常業務についてまで、すべて理事会の決定を必要とするのは、きわめて非効率的です。そのため、以下の事項を除く事項については、業務執行の決定を理事に委任することが可能とされています（法36条5項）。

　①　重要な財産の処分および譲受け

② 多額の借財

③ 支配人その他の重要な使用人の選任および解任

④ 従たる事務所その他の重要な組織の設置、変更および廃止

⑤ 理事の職務の執行が法令および定款に適合することを確保するための体制その他金庫の業務の適正を確保するために必要なものとして内閣府令で定める体制の整備

⑥ 以上に掲げるもののほか、重要な業務執行に関する事項

⑦ 理事と金庫間の取引に係る承認（法35条の5）など法令の規定または解釈により個々の理事に委任することが許されない事項

なお、具体的に、どの程度の取引が理事会の決議を要する「重要な財産の処分および譲受け」や「多額の借財」に当たるかについては、法文上は必ずしも明らかではありません。そのため、「重要な財産の処分及び譲受け」に当たるか否かについては当該財産の価額や金庫の総資産に占める割合、当該財産の保有目的、処分行為の態様および金庫における従来の取扱い等の事情（株式会社に関する判例として、最判平成6・1・20民集48巻1号1頁）を、「多額の借財」に当たるか否かについては当該借財の額、金庫の総資産・経常利益等に占める割合、借財の目的および金庫における従来の取扱い等の事情（同じく東京地判平成9・3・17金判1018号29頁）を、それぞれ総合的に考慮して判断することになります。

ちなみに、「従来の取扱い」が事情の1つとして挙がっていることからも明らかなように、金庫が理事会への付議基準を定めており、それに従って実務が行われているようであれば、その基準も裁判において一定程度尊重される可能性が高いといえますので、あらかじめ適切な付議基準を定めておき、日頃からその基準に従って運用しておくことが重要といえます。

(2) 理事の職務執行の監督

理事会は、自ら決定した事項の執行を理事（原則として代表理事）に委ねる一方で、その理事の職務執行を監督する権限を有しています。具体的には、理事から3か月に1度以上、その職務執行に関する報告を受け（法36条6項）、代表理事の職務執行が不適切であると判断すれば、代表理事を解職することができます（法36条3項3号）。

また、理事会が「理事の職務の執行が法令および定款に適合することを確保するための体制その他金庫の業務の適正を確保するために必要なものとして内閣府令で定める体制」を定めることも、理事会の監督権限の一部といえるでしょう。

(3)　代表理事の選定および解職

　代表理事の選定および解職は、上記のとおり、理事会が理事の職務執行を監督すべき立場にあることにかんがみ、理事会の権限とされています。したがって、理事会には、理事の職務の執行を監視し、適切にこの権限を行使することが期待されています。

（麻生裕介）

Q190

理事会の運営

理事会は、誰が招集して、どのように運営されるのでしょうか。また、理事会の議事録については何か法令上の決まりがあるのでしょうか。

A 理事会は各理事が招集し、理事や監事が出席して議事がとり行われます。理事会に関する議事録については、方式や備置期間等が法定されていますので、法令の規定に従って行う必要があります。

 解 説

1 理事会の招集権者および招集手続

理事会は、原則として各理事が招集するものとされていますが、定款や理事会で特定の理事を招集権者とする定めをしたときは、その定めが優先されます（法37条4項・会社法366条1項）。そして、一般には、定款において代表理事である理事長を招集権者とすることが多いといえます。なお、理事会の招集権者を特定の理事とした場合には、当該理事以外の理事は、招集権者である理事に対して、理事会の招集を請求することができます（法37条4項・会社法366条2項）。

理事会を招集する際は、すべての理事および監事に、理事会を開催する日の1週間（定款でこれ以下の期間を定めた場合には、その期間）前までに招集通知を行う必要があります（法37条4項・会社法368条1項）。この「期間」については、3日や5日など、法律上の期間よりも短い期間とする例が多いようです。

なお、法律上は、理事会の招集通知の方式等は定められていませんので、口頭で通知をすることも可能ですし、また、必ずしも会議の目的たる事項を知らせる必要もありません（注）。また、理事および監事の全員の同意

があるときは、招集手続を省略して理事会を開催することが可能です（法37条4項・会社法368条2項）。

2　監事の出席義務

理事会は理事によって組織されるものですが、監事にも、理事会に出席する義務と権限があります（法35条の7・会社法383条1項）。監事は、理事の職務執行を監査する職責を負っていますから（Q178参照）、理事会への出席権限は、そのための調査権限の一環といえます（江頭555頁参照）。

このように、監事にも理事会への出席義務がありますので、理事会を開催する際には、定時であると臨時であるとを問わず、監事にも必ず招集通知を出し（または監事から招集通知の省略について同意を取得し）、また、出席した監事に議事録への署名等を行ってもらう必要があります。

3　理事会の議事

(1)　理事会の議事進行等

理事会の議事については、法令上特に定めはありません。したがって、理事会自身の定めた内部規則や、慣行（特に会議に関する慣行）に従って行われます（江頭434頁参照）。一般には、議事をとり仕切る議長をおくことが多いといえますが、法令上必須ではなく、また、議長の権限等が法定されているわけでもありません。

なお、理事会は、理事や監事が同一の場所に会して行うのが原則といえますが、会議としての理事会の目的は、あくまで相互の協議や意見交換を通じて意思決定を行うことにありますので、テレビ会議や電話会議による出席も可能であると考えられます（施行規則24条3項1号は、「当該場所に存しない理事又は監事が理事会に出席をした場合における当該出席の方法」を理事会の議事録に記載すべき事項として掲げており、物理的に会議の場所に赴く方法以外のテレビ会議等による出席がありうることを当然の前提としている）。

(2)　理事会の決議要件

理事会の決議は、法令に別段の定めがある場合や、定款にこれを上回る割合が定められている場合を除き、議決に加わることのできる理事の過半

数が出席し、かつ、その過半数が賛成することによって行います（法37条1項）。ちなみに、「過半数」とは2分の1を超える数であることを意味しますので、たとえば、理事が4名の場合には、理事会決議には3名の賛成が必要ということになります。

(3) 特別利害関係を有する理事

理事会で決議すべき事項について、特別の利害関係を有する理事は、議決に加わることができません（法37条2項）。「特別の利害関係を有する」場合としては、たとえば、理事が利益相反取引の承認（法35条の5）を求めようとする場合などが挙げられます。

4 理事会の議事録

理事会の議事録は、書面または電磁的記録で作成しなければならず、記載事項も法定されています（法37条の2第1項、施行規則24条）。具体的には、理事会が開催された日時および場所、議事の経過の要領およびその結果ならびに議長が存するときは議長の氏名等の事項を記載します（詳細は施行規則24条3項）。

そして、議事録が書面で作成された場合には当該理事会に出席した理事および監事全員がその議事録に署名または記名押印し（法37条の2第1項）、議事録が電磁的記録で作成された場合には電子署名をする必要があります（同条2項、施行規則9条）。

議事録をいつまでに作成すべきかについては、法令に明確な定めはありません。しかし、理事会の決議内容によっては、議事録を登記申請書に添付する必要のある場合がありますから、そのような場合には、遅くとも2週間以内（法66条1項参照）には作成する必要があるといえるでしょう。

なお、このようにして作成される理事会議事録は、理事会の日から10年間、金庫の主たる事務所（本店）に備え置かなければならず（法37条の2第3項。なお、Q194参照）、また、一定の場合には会員や金庫の債権者にも開示されることになります（詳しくはQ193参照）。

（注）　他方、定款で方式を定めた場合に、その方式に違反した理事会の効力については争いがあります。この点については、株式会社に関する事案で、「（取締役会規程は）取締役会の招集通知をする場合には、開催日時、場所及び

会議の目的事項を記載した書面をもってすべきことを要求しているけれども、他方、取締役会において右招集通知に記載されていない事項について審議又は決議することを禁じているものと解することはできない」として定款で定められた方式に違反があった場合でも「取締役会決議をしたことが違法ということはできない」と判示した名古屋高判平成 12・1・19 金判 1087 号 18 頁が参考になります。

（麻生裕介）

Q191

内部統制システムの構築

　理事会がその決定を理事に委ねることができない事項の1つとして、いわゆる内部統制システムの構築が掲げられていますが、理事会は内部統制システムの構築に関する決議をしなければならないのでしょうか。また、仮に決議をするとすれば、どのような内容を定めればよいのでしょうか。

A　　会社法における一定の場合（会社法362条5項）とは異なり、金庫の理事会は、必ずしも内部統制システムの構築に関する決議をする必要はありません。しかし、このことは、理事の「内部統制システムの構築義務」を否定するものではありませんので、その点に留意してください。

　また、理事会において内部統制システムの構築に関する決議をする場合には、以下の事項について定めることになります（法36条5項5号、施行規則23条）。

① 理事の職務の執行に係る情報の保存および管理に関する体制

② 損失の危険の管理に関する規程その他の体制

③ 理事の職務の執行が効率的に行われることを確保するための体制

④ 職員の職務の執行が法令および定款に適合することを確保するための体制

⑤ 金庫およびその子法人等から成る集団における業務の適正を確保するための体制

⑥ 監事がその職務を補助すべき職員を置くことを求めた場合における当該職員に関する事項

⑦ 上記⑥の職員の理事からの独立性に関する事項

⑧ 監事の上記⑥の職員に対する指示の実効性の確保に関する事項

⑨　理事および職員ならびに金庫の子法人等の取締役等が監事に報告をするための体制その他の監事への報告に関する体制

⑩　上記⑨の報告をした者が当該報告をしたことを理由として不利な取扱いを受けないことを確保するための体制

⑪　監事の職務の執行について生ずる費用の前払または償還の手続その他の当該職務の執行について生ずる費用または債務の処理に係る方針に関する事項

⑫　その他監事の監査が実効的に行われることを確保するための体制

解 説

1　内部統制システムとは

　そもそも内部統制は「適正な財務報告を確保するための一連の仕組み」として、主として会計・財務情報に関する概念としてとらえられていましたが、現在では、「企業が、その業務を適正かつ効率的に遂行するために、社内に構築され、運用される体制及びプロセス」とも定義（経済産業省・リスク管理・内部統制に関する研究会『リスク新時代の内部統制　リスクマネジメントと一体となって機能する内部統制の指針』〔2003 年 6 月〕）されるように、会計・財務情報に限らない広範な概念として考えられています。

　信金法における内部統制システム（理事の職務の執行が法令および定款に適合することを確保するための体制その他金庫の業務の適正を確保するために必要なものとして内閣府令で定める体制）も、基本的には後者の概念に従ったものといえます。

2　内部統制システムの構築義務

　会社法は、一定の規模以上の大会社に対して、内部統制システムの構築に関する決議をする義務を課しています。他方、信金法にはそのような規定はありませんから、理事会として、必ず内部統制システムの構築に関する決議をしなければならないわけではありません。

　もっとも、組織の規模に応じて内部統制システムを構築する義務自体は、理事の善管注意義務の内容として、個々の理事に課せられているということができます（注）。したがって、信金法に内部統制システムの構築に関する決議をする義務が規定されていないからといって、個々の理事が内部統制システムの構築義務を負わないことを意味するものではないという点に、注意する必要があります。

3　内部統制システムの構築に関する決議内容

　それでは、理事会が内部統制システムの構築に関して決議する場合には、どのような事項について決議をすればよいのでしょうか。この点は、施行規則23条が細かい項目を規定しており、具体的には、A（アンサー）の①から⑫に掲げる事項について決議をする必要があります。

　まず①については、理事の業務執行が適切であったかどうかを後から検証することが可能なように、たとえば、稟議書や会議の議事録といった情報を保存する方法等を定めるものです。できれば、検索性の高い方法で、かつ、長期間保存することが望ましいといえます。

　次に、②は、損失の危険の管理（リスクコントロールあるいはリスクマネジメント）に関する事項を定めるものです。具体的な手法としては、金庫についてどのようなリスクが生じるかを特定・把握し、それらのリスクに対する対応策をあらかじめ考えておくというものになります。

　③としては、たとえば、権限分掌規程を定めるなどの方法により理事の職務執行の効率化を図ることが考えられます。金庫の規模が大きければ大きいほど、理事自身が金庫の日常的な事務や取引の判断をいちいち行うことは困難といえますが、他方で、それらをすべて従業員に任せるということになれば、今度は不祥事を誘発する可能性があります。そこで、適切な限分掌規程を定めて、一定額以下の取引については権限を従業員に委譲するなど、理事の職務の効率化を図ることが期待されています。

　④は法令遵守体制、いわゆるコンプライアンスプログラムともいわれるものです。理事自身が、善管注意義務の内容として法令遵守義務を負っていることはいうまでもありませんが、従業員にも法令を遵守させるよう、その体制づくりをしておくことが重要です。

⑤は金庫に子法人等がいる場合に、金庫と当該子法人等を含めた全体（一般企業であれば企業グループに相当する）の業務の適正を確保するための方策を定めるもので、施行規則 23 条 5 号では、金庫が整備すべき体制として、次のような例示がされています。

　イ　金庫の子法人等の取締役等の職務の執行に係る事項の当該金庫への報告に関する体制

　ロ　金庫の子法人等の損失の危険の管理に関する規程その他の体制

　ハ　金庫の子法人等の取締役等の職務の執行が効率的に行われることを確保するための体制

　ニ　金庫の子法人等の取締役等および使用人の職務の執行が法令および定款に適合することを確保するための体制

⑥～⑫は、監事による監査の実効性を高めるための事項です。監事による監査権限の強化は、近年の法改正における 1 つのテーマであり、この⑥～⑫が独立した事項として掲げられているのも、そのテーマに沿ったものであるといえます。

4　内部統制システムに関する若干の留意点

以上の①から⑫の項目について、信金法は、必ずしもある一定の内容を定め、あるいは決議するように求めるものではありません。すなわち、内部統制システムは、あくまで組織の規模や性格等に応じて構築するものですので、一概に「こうしなければならない」というものはないといえます。

また、一度体制を定めたとしても、そのやり方が組織に合わないことや、年月の経過とともに陳腐化して実効性を有しなくなることもあります。そういった場合には、適宜内容を改定していくことも必要といえます。

このように、内部統制システムについては、①それぞれの組織に応じた内容とすること、②導入後も検証と見直しを怠らないことが重要であると考えられます。

（注）　この点に関しては、株式会社の取締役に関する裁判例ですが、①健全な経営を行うには、リスク管理が欠かせず、会社が営む事業の規模、特性等に応じたリスク管理体制（いわゆる内部統制システム）を整備することを要する、②この内部統制システム整備の大綱決定と執行は取締役会が決定

すべき、③取締役は、取締役会の構成員として、また代表取締役または業務担当取締役として、リスク管理体制を構築すべき義務を負い、さらに代表取締役または業務担当取締役がそのリスク管理体制構築義務を履行しているかどうかを監視する義務も負う、④大会社の監査役には業務執行の監査権限もあるのであるから、取締役がリスク管理体制の整備を行っているかどうかを監視すべき義務を負う、⑤どのようなリスク管理体制を整備するかは経営判断の問題であり、会社経営の専門家である取締役に広い裁量が与えられている、⑥取締役には、自ら法令を遵守するだけでなく、従業員が違法な行為に及ぶことを未然に防止するための法令遵守体制を確立すべき義務がある、として取締役に内部統制システムの構築義務を認めた大阪地裁平成12年9月20日判決（金判1101号3頁）が参考になります。

（麻生裕介）

Q192

理事会の書面決議

　以前は理事会の持回り決議は禁止されていたとのことですが、会社法が施行された際にそれが可能になったと聞きました。どのような場合に持回り決議をすることができるのでしょうか。また、その際に留意すべき点はありますか。

A　会社法の施行に伴い、株式会社における取締役会と同様に、金庫における理事会についても、以前は認められていなかった書面決議（電磁的記録による場合を含む。以下同じ）の制度（細かくいえば、理事全員の書面による同意により、理事会決議があったものとみなされる制度）が認められるようになりました。このような書面決議を利用するには、まず、あらかじめ定款に定めをおいたうえで、議案（会議の目的である事項に関する提案理事の提案内容）について理事全員の書面または電磁的記録による同意を得る必要があります。

　なお、仮に理事全員が書面または電磁的記録により同意をしたとしても、監事が1人でも反対した場合には決議があったものとは認められませんので、その点に留意する必要があります。

解 説

1　書面決議の制度の概要

　いわゆる書面決議の制度は、実際に理事会という会議を開催することなく、理事会の決議があったのと同じ取扱いを認めるものです（法37条3項）。会社法で、取締役会についてこの書面決議の制度が認められたことに伴い、金庫についても認められることになりました。

2　書面決議の要件

　書面決議の制度を利用するには、そもそも、そのことを金庫の定款に定

めておく必要があります。

　次に、具体的にある事項について書面決議を得るためには、理事が会議の目的である事項について提案し、それに他の理事全員が書面または電磁的記録により同意の意思表示をする必要があります。これらの意思表示がすべて提案者に到達した時点で、理事会が実際に開催されていなくても、理事会決議があったものとして取り扱われることになります。

3　監事の異議

　もっとも、以上のような書面決議の効力は、監事が異議を述べた場合には失われてしまいます。なお、監事としては、異議を述べる際に特に理由を述べる必要はありません（何らの理由もなく異議を述べることも可能）。したがって、提案をする理事としては、理事だけでなく、監事にも当該提案の内容を十分に説明し、監事が異議を述べるかどうか（異議を述べないのであれば、異議を述べないこと）を確認しておく必要があるといえます。

4　実務上の留意点

　まず、書面決議の制度が導入されたとはいっても、すべての決議を書面決議により行うようになっては、活発な議論や意見交換が行われず、理事会という機関そのものが形骸化してしまう可能性があります。法令上は、書面決議を用いる回数や頻度について制限はありませんが、やはり理事会という会議を開催することを原則とし、書面決議を利用するのは一定の場合に限るなどの工夫が必要といえます。ちなみに、理事が職務執行状況の報告を省略することは認められていませんので、法36条6項との関係上、少なくとも3か月に1回以上は理事会を開催する必要があります。

　次に、書面決議を行った場合にも、議事録を作成する必要がある（法37条の2、施行規則24条4項）点に留意が必要です。記載内容も理事会が開催された場合とは多少異なりますので、あわせて留意してください。

（麻生裕介）

Q193

理事会議事録の閲覧請求

....

　会員や金庫の債権者は、理事会の議事録を自由に閲覧することができるのでしょうか。自由に閲覧することができないとすれば、どのような要件や手続を経て閲覧することができるのですか。

A　会員は、その権利を行使するために必要があるときは、金庫に対して、理事会議事録の閲覧や謄写等を請求することができます。

　他方、金庫の債権者は、裁判所の許可を得なければ、理事会議事録の閲覧や謄写等を請求することはできず、また、その閲覧や謄写等により金庫またはその子会社に著しい損害を及ぼすおそれがあると認められる場合には、裁判所による許可を得ることもできません。

 解 説

1　会員による理事会議事録の閲覧・謄写

　会員は、その権利を行使するため必要があるときは、金庫の業務取扱時間内であればいつでも、金庫に対して議事録の閲覧や謄写等を請求することができます（法37条の2第4項）。

　「権利を行使するため必要があるとき」とあるように、理由もなくみだりに請求することはできません。「権利を行使するため必要があるとき」には、たとえば、役員等の責任を追及するために、理事会における役員等の発言や賛否の意見等を確認したい場合などが考えられます。

2　金庫の債権者による理事会議事録の閲覧・謄写

　上記のように、会員であれば「権利を行使するため必要があるとき」はいつでも議事録の閲覧・謄写を請求できますが、金庫の債権者が同様の請求を行うには、まず裁判所の許可を得る必要があります（法37条の2第5項）。理事会の議事録には秘密の情報や、外部への開示を前提としてい

ない議論が含まれている可能性もあり、単に債権者というだけでこれらの情報の開示を認めては金庫に損害を及ぼす可能性が高いといえるからです。このようなこともあり、裁判所は、債権者への開示が「金庫又はその子会社に著しい損害を及ぼすおそれがあると認めるとき」は、開示許可の申立を却下しなければなりません（法37条の2第6項）。

　また、金庫の債権者が理事会議事録の閲覧・謄写を請求できるのは、そもそも「役員の責任を追及するため必要があるとき」に限られます。したがって、単に金庫に対する債権回収の目的（たとえば、理事会議事録の記載から金庫の資産に関する情報を得たい場合など）で閲覧・謄写を請求することは認められないというべきでしょう。

（麻生裕介）

理事会議事録等の作成方法および備置場所

当金庫は、本部の場所と本店（主たる事務所）の所在地が異なるため、理事会議事録の原本については本部で保管し、本店では理事会議事録をデジタルデータ化したものを閲覧可能にしておくことで対応しようと考えているのですが、そのような対応をすることは可能でしょうか。同様に、総㈹会議事録についてはどうでしょうか。

A まず、理事会議事録が当初から電磁的記録により作成されている場合には、質問のような対応をすることも可能と考えられます。また、当初は書面により作成されていた場合であっても、一定の方法で電磁的記録に変換して保存することにより、質問のような対応をすることが可能と考えられます。なお、これらの点については、総㈹会議事録についても同様です。

 解 説

1 理事会議事録の作成および備置方法

⑴ 理事会議事録の備置

金庫は、書面または電磁的記録により作成した理事会議事録（Q190〔理事会の運営〕参照）を、理事会の日から10年間、主たる事務所（本店）に備え置く必要があります（法37条の2第3項）。

なお、理事会議事録が書面により作成されている場合には、当該書面の正本（原本）を物理的に主たる事務所に備え置く必要がありますが、電磁的記録により作成されている場合には、主たる事務所において「電磁的記録に記録された事項を紙面または映像面に表示する」こと（施行規則3条）が可能であれば、電磁的記録（あるいはその媒体）そのものを物理的に主たる事務所に備え置く必要は必ずしもない（電磁的記録自体は主たる事務所とは別の場所にあるサーバーのハードディスク等に記録されている場合

であっても構わない）と考えられます（注1）。

(2) 一度書面により作成された議事録の電子化の可否

　理事会議事録を電磁的記録により作成する場合には、当初から電磁的記録により作成する必要があり、以前は、一度書面により作成した議事録を後にスキャナで読み取るなどして電磁的記録に変換すること（電子化）は認められていませんでした（注2）。

　もっとも、現在では、民間事業者等が行う書面の保存等における情報通信の技術の利用に関する法律（いわゆるe－文書法）3条の規定および同条の委任を受けた内閣府の所管する金融関連法令に係る民間事業者等が行う書面の保存等における情報通信の技術の利用に関する法律施行規則3条および別表一の規定により、以下の方法で書面により作成された理事会議事録を電磁的記録に変換して保存すること（注3）が認められています（同施行令4条1項2号）。

〈書面を電磁的記録に変換する方法〉

　書面に記載されている事項をスキャナ（これに準ずる画像読取装置を含む）により読み取ってできた電磁的記録を金庫の使用に係る電子計算機に備えられたファイルまたは磁気ディスク等をもって調製するファイルにより保存する方法

2　質問に対する回答

(1) 理事会議事録が電磁的記録により作成されている場合

　理事会議事録が当初から電磁的記録により作成されている場合、上記1(1)でも述べたとおり、主たる事務所において電磁的記録に記録された事項を紙面または映像面に表示することが可能とされていれば、当該電磁的記録そのものは主たる事務所以外の場所(本部)にあるサーバーのハードディスク等に記録しておくことも可能であり、質問のような対応をすることも可能であると思われます。

(2) 理事会議事録が書面により作成されている場合

　理事会議事録が当初は書面により作成された場合であっても、上記1(2)で述べたとおり、当該書面の記載内容をスキャナで読み取るなどして電磁的記録（デジタルデータ）に変換して保存することが可能とされています

ので、上記(1)と同様、質問のような対応をすることは可能であると考えられます。

(3) 総(代)会議事録について

　総(代)会の議事録についても、当初書面により作成されたものを電磁的記録に変換して保存することが認められており（内閣府の所管する金融関連法令に係る民間事業者等が行う書面の保存等における情報通信の技術の利用に関する法律施行規則3条および別表一）、上記(1)および(2)と同様、質問のような対応をすることは可能と考えられます。

（注1）　理事会議事録の備え置きは、会員等による閲覧謄写請求（法37条の2第4項・5項）に対応するために金庫に義務づけられるものであるところ、主たる事務所において「電磁的記録に記録された事項を紙面または映像面に表示する」ことが可能であれば、会員等による閲覧謄写請求に対応することが可能であるためです。なお、株式会社における電磁的記録の備え置きに関するものですが、太田洋「会社関係書類の電子化等について」法律のひろば2002年4月号36頁参照。

（注2）　株式会社における取締役会議事録等の作成方法に関するものですが、相澤哲・郡谷大輔編『立案担当者による新会社法関係法務省令の解説（別冊商事法務（300））』147頁、前掲（注1）・太田36頁参照。

（注3）　なお、書面により作成された理事会議事録を電磁的記録により保存する場合には、書面の正本（原本）は破棄することも可能です（内閣官房情報通信技術（IT）担当室編『逐条解説e−文書法』26頁）。

（麻生裕介）

Q195

利益相反取引と理事会の承認

••

　理事が一定の取引を行うには理事会の承認が必要と聞いていますが、どのような場合に理事会の承認を必要とするのでしょうか。また、実際にそれらの取引を行う場合、どのような手続を踏めばよいのですか。

A　　　理事が、金庫との間で直接取引を行う場合や、金庫と利益が相反するような取引を行う場合には、理事会の承認が必要となります。

　具体的な手続としては、理事がこれらの取引を行う前に、重要な事実を開示したうえで理事会の承認（出席理事の3分の2以上の賛成による特別決議）を得る必要があります。また、取引を実際に行った後遅滞なく、その取引に関する重要な事実を理事会に報告しなければなりません。

解説

1　利益相反取引の制限

(1)　原　則

　理事は、①自己または第三者のために金庫と取引をしようとする場合や、②金庫が理事の債務を保証することその他理事以外の者との間において金庫と当該理事との利益が相反する取引（以下、①の取引と②の取引を総称して「利益相反取引」という）をしようとする場合には、当該取引を行うことについて理事会の承認を得る必要があります（法35条の5第1項）。理事がこれらの行為を行う場合、金庫と理事の利害が衝突することになり、類型的に見て理事が金庫の犠牲のもとに自己や第三者の利益を図る危険性が高いといえます。そこで、信金法は、理事が金庫に対して忠実義務を負っている（法35条の4）ことにかんがみ、理事が上記のような取引を行う

場合には、原則として理事会の承認を要するものとしているのです。

⑵　制限される取引の具体例（直接取引と間接取引）

　理事会の承認を要する利益相反取引には、上記のとおり①の取引と②の取引の２種類があります。

　まず①の取引は、金庫と理事が直接取引をするもの（直接取引）で、理事が金庫に財産を譲渡したり、理事が金庫から借入をしたりするような取引をいいます。そして、「自己又は第三者のために」とあるように、直接取引には、理事が自ら当事者として金庫と取引をする場合だけでなく、金庫の取引の相手方の代理人や代表者として金庫と取引をする場合も含まれます。なお、このような取引に該当する場合には、金庫を誰が代表するかは問題にはなりませんが（注１）、当該理事が取引の相手方を代表しない場合（注２）には、金庫の理事会における承認は不要であると解されています（注３）。

＜利益相反取引と理事会または取締役会の承認の要否＞

	甲金庫の代表者	乙商事㈱の代表者	承認の要否
①	X	Y	甲金庫および乙商事㈱の両者において承認は不要。
②	A	A	甲金庫および乙商事㈱の両者において承認が必要。
③	X	A	甲金庫においては承認が必要。乙商事㈱においては承認が不要。
④	A	Y	甲金庫においては承認が不要。乙商事㈱においては承認が必要。

※Aのみ甲金庫の理事と乙商事㈱の取締役を兼任

　次に、②の取引は、金庫と第三者（理事自身や理事が代理または代表する者を含まない）との間で行われる取引で、金庫と理事との利益が相反するもの（間接取引）をいい、典型的には、金庫が理事のために理事の債務を保証する取引や金庫が理事の債務を引き受ける取引をいいます。直接取引に該当しない取引であっても、その取引によって金庫の犠牲のもとに理事が利益を得るようなものについては、直接取引と同様に金庫に損害を及

ぼす危険がありますから、同じように理事会の承認を得なければならない
ものとされているわけです。

(3) 例 外

直接取引の中でも、前述のような法の趣旨に照らし、金庫に損害を与え
るおそれのない取引、たとえば、理事が金庫に対して無利息・無担保の貸
付を行う取引などについては、特に理事会の承認を得る必要はないと解
されています（株式会社に関する最判昭和38・12・6民集17巻12号
1664頁参照）。

また、金庫とその完全子会社（ここでは、金庫が発行済株式のすべてを
保有している会社をいう）の間の取引についても、当該子会社の利害得失
は実質的には（完全親会社である）金庫の利害得失を意味し、両社の間に
利害相反する関係がないといえます。したがって、この場合には、実質的
には金庫と当該理事との間に利害相反する関係がなく、やはり理事会の承
認は不要であると考えられます。

2 承認の手続

(1) 承認の時期

後述のように、理事会による承認を得ないで行われた利益相反取引は無
効となりますから、理事会による承認は事前に行われるのが原則といえま
す。しかしながら、事後の承認（追認）も必ずしも許されないものではな
く、事後の承認により利益相反取引は当初から有効となります（株式会社
に関する大判大正8・4・21民録25輯624頁、東京高判昭和46・7・
14金判279号15頁等参照）。

(2) 理事会の承認手続

理事が利益相反取引を行う場合には、当該取引に関する重要な事実を開
示したうえで、理事会の承認を得る必要があります。この場合の承認決議
については、原則として出席理事の過半数（定款でこれを上回る割合を定
めた場合には、その割合）の賛成によりますが（法37条1項）、理事に
信用を供与する取引については、特に出席理事の3分の2（定款でこれを
上回る割合を定めた場合には、その割合）以上の賛成が必要となります（法
89条1項、銀行法14条2項）。なお、取引について承認を求める理事は、

原則として特別利害関係人に当たりますので、当該理事会において議決に加わることはできません（法37条2項）。

　これらの承認手続は個々の取引について行うのが原則的といえますが（株式会社に関する大判明治37・6・21民録10輯956頁参照）、取引の種類や数量、期間などを特定したうえである程度包括的に行うことは差し支えないと考えられています（注釈(6)247頁、吉原29頁、江頭461頁）。

(3)　報告義務

　利益相反取引を行った理事は、その取引後遅滞なく、取引に関する重要な事実を理事会に報告する義務を負います（法35条の5第3項）。

3　理事会の承認と取引の効力

(1)　理事会の承認を得ていない取引の効力

　理事会の承認を得ていない利益相反取引について、金庫は、原則としてその取引の無効を主張することができます（事後的に理事会の承認を得られた場合に、取引が当初から有効となることについては既述のとおり）。

　しかし、その無効を主張する相手方が理事等以外の第三者である場合には、取引安全の見地から、金庫は、当該第三者が、①取引が利益相反取引に該当すること、②理事会の承認を得ていないことのいずれについても悪意であったことを主張・立証しなければ、当該取引の無効を主張することができないと考えられています（注4）。他方、利益相反取引の制限は金庫の利益を保護するために設けられたものですので、取引を行った理事から取引の無効を主張することは許されないというべきでしょう（株式会社に関する判例として最判昭和48・12・11民集27巻11号1529頁参照）。

(2)　理事会の承認を得た取引の効力

　理事会の承認を得た利益相反取引は有効となり、また、自己契約や双方代理を制限する民法108条の規定が適用されないものとされます（法35条の5第2項）。

（注1）　たとえば、甲金庫が、甲金庫の代表理事Aが代表取締役を務める乙商事株式会社と取引をする場合に、甲金庫をAではなく、別の代表理事であるBが代表するとしても、やはり理事会の承認が必要となります。

（注2）　たとえば、取引の相手方である乙商事株式会社の取締役に止まる場合

や、代表取締役であっても当該取引については乙商事株式会社を代表しない場合を意味します。

（注3）　落合誠一編『会社法コンメンタール8－機関(2)－』81頁参照。これに対して、たとえば、甲金庫の代表理事Aが取引の相手方である乙商事㈱の代表取締役を兼任している場合において、Aが甲金庫を代表して取引を行った場合には、乙商事㈱をA以外の者が代表した場合であっても、Aは乙商事㈱をも代表したと見るべきであるとして、甲金庫において承認が必要であるとする見解もあります（江頭460頁）。

（注4）　株式会社の事案ですが、間接取引の相手方に対して取引の無効を主張した例として最判昭和43・12・25民集22巻13号3511頁、会社が取締役に振り出した約束手形の譲受人に対して無効を主張した例として最判昭和46・10・13民集25巻7号900頁があります。また、判例の分析については注釈(6)251頁以下参照。

（麻生裕介）

Q196

理事に対する預金担保貸付と理事会の承認

金庫が理事に対して預金担保貸付を行う場合、確実に貸付金を回収することが可能であり、特に金庫に損害を及ぼすおそれはないのではないかと思うのですが、それでも理事会の承認を必要とするのでしょうか。

A 　預金担保貸付であっても、原則として理事会の承認を受ける必要があると考えられます。

 解 説

1　理事に対する貸付と利益相反

　利益相反取引一般についてはQ195でも述べたところですが、法35条の5第1項は、①理事が自己または第三者のために金庫と取引をしようとする場合や、②金庫が理事の債務を保証することその他理事以外の者との間において金庫と当該理事との利益が相反する取引をしようとする場合に、理事会の承認を受けなければならない旨を規定しています。そして、金庫が理事に金員を貸し付けることは、まさに①の取引に該当しますから、原則として、理事会の承認を受ける必要があります。

2　預金担保貸付と利益相反

　それでは、理事に対していわゆる預金担保貸付（注1）を行う場合にも、同様に理事会の承認が必要でしょうか。

　この点、金庫の利益を害するおそれのある取引を制限するという法35条の5の趣旨からすると、特に預金の範囲内で行う貸付については、貸付債権がほぼ確実に回収できることが見込まれますから、金庫の利益を害するおそれがなく、理事会の承認を受ける必要はないとも思われます。

　しかしながら、「金庫の利益を害する」かどうかは、単に債権の回収可能性だけで決まるものではありません。仮に、ある理事に対して低利率か

つ長期間の貸付が行われれば（注2）、金庫は、その間の運用利益や運用の機会を喪失することになり、その分だけ金庫の利益を害するということができます。また、貸付の条件については通常の条件と同様であるとしても、貸付実行時における金庫の資力等によっては、そもそも貸付を行うこと自体が財産の散逸に当たる可能性もあり、金庫の利益を害する可能性が一般的に否定できるものではありません。

　また、法89条1項の準用する銀行法14条2項は、金庫が理事に対して信用を供与する場合に、理事会の承認決議の要件を通常よりも加重しており、信金法は、金庫が理事に対して貸付を行う行為についてより慎重にとらえているものと思われます。

　これらの理由に照らしますと、ほぼ確実に債権回収が見込める預金担保貸付であっても、それを理事に対して行うときは、原則として、理事会の承認を受ける必要があるといえます（注3）。

(注1)　ここでは、自金庫預金（定期預金）に（根）質権を設定する預金担保貸付を想定しています。なお、金庫が債権を回収する場合、（根）質権を実行することも可能ですが、対象が自金庫預金であることから相殺を主張することも可能で、実際、相殺の担保的機能を重視する判例（最判昭和45・6・24民集24巻6号587頁）に照らすと、相殺を主張する場面が多いと考えられます。

(注2)　なお、金庫が、理事に対して「通常の条件に照らして、当該銀行に不利益を与える」条件で貸付を行うことは、そもそも法89条1項の準用する銀行法14条1項で禁止されています。

(注3)　これに対して、定期預金の中途解約に代わる預金担保貸付については理事会の承諾は不要と考える見解もあります（吉原43頁）。この点、信金法が利益相反取引を制限する理由は、理事が取引について裁量をもつことに求められる（裁量があるからこそ、金庫の利益を害して自己または第三者の利益を図ることが可能となる）ところ、理事が裁量を有しない定型的な取引であれば、理事によって金庫に損害を及ぼすおそれはなく、理事会の承認を受ける必要もないと考えられます。そのため、定期預金の中途解約に代わる預金担保貸付の条件が定められており、一般的にそのような条件で取引を行っている場合であれば、理事会の承認を必要としないと解する余地もあるものと思料されます。　　　　（麻生裕介）

Q197

監事に対する貸付に際しての理事会の承認

金庫が理事に貸付を行う場合には理事会の承認が必要であることはよくわかりましたが、監事に対する貸付についても同様に理事会の承認が必要なのでしょうか。

A 監事に対する貸付については、理事会の承認は必要ありません。

 解 説

1 監事に対する貸付と理事会決議の要否

金庫と理事の間の利益相反取引とは異なり、金庫と監事の間の利益相反取引に関しては、信金法は特に規定を置いていません。

これは、理事が金庫の業務執行に関する意思決定に関与するため、自己や第三者のために金庫の利益を害する業務執行やその決定を行いうる立場にあるのに対して、監事の役割はあくまで理事の業務執行等を監査することにあり、理事のように業務執行それ自体に関与する立場にはないことによるものです（一般論として、監事は、金庫をして自己や第三者に有利な取引を行わせることができる立場にはないといえる）。

したがって、金庫が監事に対して貸付を行う場合であっても、理事会の承認を受ける必要はありません。

2 監事に対する貸付と理事および監事の責任

もっとも、監事に対する貸付について理事会の承認を要しないことは、当該貸付について理事や監事が一切責任を負わないということを意味するものではありません。貸付の条件や内容等によっては、貸付に関与した理事や貸付を受けた監事の善管注意義務違反を構成し、金庫に対する損害賠償義務を負う可能性もありますから、特に通常と異なる条件での貸付については、慎重に行う必要があるといえるでしょう。 （麻生裕介）

Q198

理事に就任する際の既借入住宅ローンについての理事会の承認

　今度、当金庫の理事に新たにＡ氏が就任する予定なのですが、Ａ氏には当金庫から過去に住宅ローンの貸付を実行しており、現在でも一定の残高があります。

　この場合、Ａ氏が実際に当金庫の理事に就任する前に、理事会の承認を得ておいたほうがよいのでしょうか。また、Ａ氏の住宅ローンは毎月返済をするタイプなのですが、返済を受けること自体も理事会の承認を要する取引に当たるのでしょうか。

A　　すでに実行済みの住宅ローンについて、理事会の承認を得る必要はありません。また、理事から返済を受ける行為については、金庫の利益を害することはありませんので、理事会の承認は不要です。

解説

1　新任理事の就任と既借入住宅ローンの取扱い

　利益相反取引に関する詳細はＱ195で述べましたが、理事の利益相反取引を制限する法35条の5第1項の趣旨は、金庫と理事との利益相反から金庫を保護することにあるといえます。そして、Ｑ197でも触れたように、特に理事の行う取引だけが理事会の承認を必要とする対象とされているのは、理事が、金庫において、業務執行に関する意思決定に関与できる立場にあるからです。これに対して、理事でない者、たとえば、理事以外の金庫の職員や監事が金庫と取引をすることについては、特に理事会の承認は必要とされていません。

　以上を前提として、質問について検討しますと、新任理事となるＡ氏は、住宅ローンの貸付を受けた際には理事ではなかったわけですから、その当時金庫の意思決定に関与することはできなかったはずです。そして、金庫

とA氏との取引に関する金庫の意思決定にA氏が関与していないことから、当該取引には、理事と金庫の間のような定型的・抽象的な危険（金庫の利益を害する危険）が存在しないといえます。このように、A氏の既借入住宅ローンの有効性に特に問題はありませんから、A氏が金庫の理事となった場合でも、改めて理事会の承認を受ける必要はないと考えられます。

2　債務の返済と利益相反

理事となったA氏が金庫に対して債務を返済していくことも、広い意味では金庫と理事との取引に該当しますが、かかる取引は類型的に見て金庫に損害が生じえない（金庫と理事との間に利害の衝突が起こりえない）取引であり、特に理事会の承認を受ける必要はありません（株式会社に関する大判大正9・2・20民録26輯184頁参照）。

（麻生裕介）

Q199

役員が総合口座取引を行う場合の理事会の承認

　理事や監事が金庫との間で総合口座取引を行う場合、他の会員と同様の取引をするだけなのですが、それでも理事会の承認を得る必要があるのでしょうか。もし必要な場合、預金の払戻し、当座貸越のたびに理事会の承認を得なければならないのでしょうか。

A　　　理事が金庫との間で総合口座取引を行う場合には、理事会の承認を要しないと考えられます。

 解　説

1　総合口座取引

　総合口座とは、①普通預金、②定期預金、②国債等の保護預り、④定期預金と国債等を担保とする当座貸越の4つを組み合わせた金融商品をいいます（小笠原浄二「基礎から学べる預金の法務第10回総合口座」手研474号46頁。また、総合口座取引規定ひな型参照）。

　総合口座取引の最大の特徴は、預金者が普通預金の残高を超えて預金を引き出そうとする場合や、口座振替の際に普通預金の残高が不足する場合などに、定期預金や国債等を担保として一定額まで自動的に貸付が行われ（貸付金は普通預金の口座に入金され、そのまま預金者に払い戻され、または公共料金等が自動支払される）、かつ、その後に普通預金口座に入金があると自動的に弁済に充当される（貸付の際と同じく、一度普通預金口座に入金されてから、弁済に充当される）といった利便性にあります。

2　総合口座取引と利益相反

　このような総合口座取引も、金庫と理事の間の取引に違いはありませんから、理事が自らが理事を務める金庫との間で総合口座取引を行うことは、形式的にみれば、法35条の5第1項1号の直接取引に該当するものと思われます。

しかし、仮に総合口座取引が利益相反取引に該当とすれば、預金の払戻し、当座貸越のつど理事会の承認を得なければなするらないことになり、きわめて煩雑であることは論を待たないところでしょう。

　この点、Q 198 でも触れましたが、そもそも金庫と理事の取引が制限される理由は、理事が金庫において業務執行に関する意思決定に関与できる立場にある（＝裁量を有する）ことによるものです。そのため、逆に、理事が裁量を有しないような類型の取引、たとえば、普通取引約款に基づいて行う定型的な取引や、一定の条件を満たせば誰とでも同様の条件で行う種類の取引については、理事が裁量権を濫用することによって金庫に損害を及ぼすおそれはなく、理事会の承認を受ける必要もないと考えられます（注釈 (6)234 頁、吉原 43 頁、小山＝二宮編集 156 頁等参照）。

　そして、総合口座取引における預金や払戻し、一定額内の当座貸越については、総合口座取引規定に従って機械的に行われるものであり、個別の取引について理事が裁量を有するものではないといえます。

　したがって、理事が総合口座取引を行う場合には、理事会の承認を要しないものと考えられます。

（麻生裕介）

Q200

理事会決議に基づく行為と連帯責任

....

当金庫では、以前に理事会の承認を得たうえで理事A氏が代表取締役を務める乙商事株式会社に対して貸付を実行しましたが、その乙商事株式会社からの返済が滞ってしまいました。調べてみたところ、乙商事株式会社はすでに事業を行っていない模様で、同社から貸付金を回収することは難しそうです。

そこで、当金庫としては、理事A氏ならびに理事会の承認決議に賛成した理事B氏および理事C氏に対して責任を追及しようと考えていますが、可能でしょうか。

A 金庫は、乙商事株式会社への貸付によって金庫が損害を被った金額について、理事A氏、理事B氏および理事C氏に対して損害賠償請求をすることが可能です。

 解 説

1 利益相反取引と理事の連帯責任

利益相反取引により金庫に損害が生じた場合、当該取引について任務懈怠のある理事は金庫に対する損害賠償義務を負います（法39条1項）。そして、①利益相反取引を行った理事、②取引をすることを決定した理事、③理事会における承認の決議に賛成した理事については、その任務懈怠が法律上推定されるものとされていますので（法39条2項）、これらの理事は、自らについて任務懈怠がないことを主張・立証しなければ、損害賠償義務を免れることはできません。さらに、自らが当事者となって金庫と取引をした理事については、その責任が無過失責任とされており、そもそも自らに帰責事由がないことを主張して責任を免れることはできません（法39条8項）。

したがって、金庫は、理事A氏、理事B氏および理事C氏に対して、乙

商事株式会社への貸出によって金庫に生じた損害の賠償を請求することが可能です。ただし、貸出実行時に十分な審査を行い、乙商事株式会社の返済能力を考慮したうえで決議に賛成した場合など、理事らが自己に帰責事由がないことを主張・立証できた場合には、当該理事に対する損害賠償請求は認められないことになります。

なお、任務懈怠の責任を負う理事が複数存在する場合、その責任は連帯債務となります（法39条の3）。そのため、金庫は、理事全員に対して、それぞれ全額の損害賠償を請求することが可能です。

2 理事の心構え

以上のように、利益相反取引に関する理事会決議については、承認を求めた理事だけでなく、承認決議に賛成した理事も原則として責任を負うことになります。そのため、利益相反取引に関して承認を求められた場合には、取引の内容や相手方についてよく吟味するとともに、賛成できない場合には明確に反対の意思を表明し、かつ、その旨を理事会議事録にとどめておくことが重要となります（なお、理事は理事会議事録に署名または記名押印しなければならないため、自分が反対を述べた場合にその旨が明記されているかどうかは署名または押印の段階でチェックすることが可能）。

（麻生裕介）

8

総代および総代会

Question & Answer

Q201

総代会制度と総代の選任方法

　金庫において、総代会とはどのような機関と考えればよいのでしょうか。

　また、金庫が総代会を設置する場合、その構成員である総代はどのようにして選任されるのでしょうか。

A　総代会は、金庫が定款により設置することのできる総会に代わる意思決定機関であり、その構成員が会員ではなく総代となる点を除き、基本的には総会と同様の権限を有する会議体です。総代の選任方法については、会員のうちから公平に選任される必要があるほかは定款の定めに委ねられていますが、会員の中からあらかじめ選考委員を選任し、当該選考委員が一定の基準に基づいて総代候補者を選出する方法が一般的です。

 解 説

1　総代会制度

　総代会とは、金庫が定款の定めにより任意に設置することのできる金庫の最高の意思決定機関です（法49条）。総代会は「総会に代わる」機関ですので、総代会が設置された場合には、金庫の最終的な意思決定は総会ではなく総代会が行うことになり、原則として総会が開催されることはありません。

　このように、金庫が総代会を設置した場合、総会が開催されなくなり、それによって個々の会員が本来有する議決権が剥奪される結果となりますが、それにもかかわらず総代会のような制度が法律上許容されているのは、会員が多数となる会員制組織においては、そもそも総会を開催することが困難ないし不便であることによると考えられます（注1）。

　総代会制度は、金庫だけでなく、労働金庫や信用組合、相互会社といっ

た会員制組織においても、定款で定めることにより設けることが可能とされています（労働金庫法 55 条、中小企業等協同組合法 55 条、保険業法 42 条など）。このうち労働金庫や信用組合においては、会員（組合員）数が一定以上である場合に限って総代会を設けることができるとされていますが、金庫については特にそのような制限がなく、すべての金庫が任意に総代会を設置することが可能です。

　現在では、ほとんどの金庫において総代会が設置されており、総会を開催する金庫はごく少数にとどまっています。

2　総代の選任方法

　総代会の構成員である総代は、法律上、「会員のうちから公平に選任」される必要があります（法 49 条 2 項）（注 2）。その具体的な選任方法は定款の定めに委ねられていますが（法 49 条 3 項、施行令 6 条）、一般的には、一定の選任区域ごとに定員を定めたうえで、選任区域ごとに会員の中からあらかじめ選考委員を選任し、当該選考委員が一定の基準に基づいて当該選任区域の総代候補者を選出した後、当該総代候補者について異議の申出をする会員が一定割合に達しない場合には、当該総代候補者を総代として選任するという方法（定款例 26 条～ 30 条）が採用されています。

　このような一般的な総代の選任方法については、立候補が認められていない点や総代候補者の選任基準が不透明である点、事実上特定の者が長期間総代を務めることがあるといった点において、金庫のガバナンス上、改善の余地があるのではないかという指摘がなされているところです（注 3）。具体的な改善策としては、立候補制度の導入や総代の定年制の導入などが考えられますが、いずれにせよ、金庫ごとに工夫して総代会の機能強化を図っていくことが望まれているといえます（注 4）。

（注 1）　宮村健一郎「協同組織金融機関におけるコーポレートガバナンス－「世襲」と「長期政権」の問題－」経営論集第 51 号 260 頁脚注 16、逐条解説 165 頁参照。なお、電子的方法による議決権行使が可能となっている現代においては、全メンバーの招集や収容する会場確保の困難さを理由として総代会制度を維持する根拠は乏しくなっているとの指摘もあります（前掲・宮村 254 頁）。

（注2）　総代が会員であることは法律上の要件ですので、総代が脱退するなど
　　　　して会員資格を喪失した場合には、その時点で当然に総代の地位も喪失
　　　　することになります。

（注3）　金融審議会金融分科会第二部会協同組織金融機関のあり方に関する
　　　　ワーキング・グループ「中間論点整理報告書（案）」8頁参照。

（注4）　この点、信用金庫業界全体としては、平成15年9月19日付「総代会
　　　　機能向上策の関する業界申し合わせ事項等について」（社団法人全国信用
　　　　金庫協会）により、総代選任手続の透明性の向上や一般会員の意見を反
　　　　映した総代会運営を行うことなどの取組みが進められていますが、これ
　　　　らの取組みの方向性は、総代会制度の基本的部分は維持しつつ、会員に
　　　　対する説明や開示の制度を充実させることによって会員の参画意識の向
　　　　上を図ろうとするものであると思われます。これに対して、前掲（注3）
　　　　の報告書（案）は「総代の選出について、会員・組合員が立候補する機
　　　　会が与えられるような工夫が図られることが望ましい」として選任手続
　　　　そのものの改善を求めている点で特徴的といえます。

　　　　　　　　　　　　　　　　　　　　　　　　　　　　　（麻生裕介）

Q202

総(代)会の権限

・・

　信金法には総(代)会の権限についての規定がありませんが、総(代)会は、金庫の組織や運営等に関するあらゆる事項について決議をすることができるのでしょうか。

A　　　　総会は、金庫の組織や運営、管理等に関するあらゆる事項について、決議をすることが可能であると考えられます。金庫が総代会を設置している場合には、総代会も基本的には総会と同様の権限を有しますが、金庫の解散、合併または事業の全部の譲渡について決議をする場合には、その権限に一定の制約があります。

 解 説

1　総会の権限

　信金法には総会の権限を明記した規定はありませんが、総会は、金庫の最高の意思決定機関であり、金庫の組織・運営および管理等のあらゆる事項にわたって決議することができるものと考えられます（注）。もっとも、このことは、金庫のあらゆる事項について、総会の決議がなければ業務執行を行うことができないことを意味するものではありません。金庫の業務執行に関する決定権限は、法律上、理事会に委ねられていますので（法36条3項1号）、

　信金法に特別な規定がある場合（事業の譲渡または譲受けなど）を除いて、業務執行に関する事項につき総会決議を要するものではありません。

　ただし、総会が業務執行に関する事項につき特に決議をした場合には、理事は、当該決議に拘束され、その決議内容に従って業務執行を行う義務があります（法35条の4）。

2　総代会の権限

　総代会も、基本的には総会と同様の権限を有し（法49条5項）、総代

会の決議があった場合には、総会の決議があった場合と同様の効果があります。

　ただし、総代会が金庫の解散、合併または事業の全部の譲渡の決議をした場合、会員の請求により臨時総会が招集されることがあり（法50条1項）、当該臨時総会において上記総代会の決議が承認されなかった場合には、当該決議の効力は失われることになります（同条2項）。このような点で、総代会の権限には一定の制約があるといえます。

（注）　法48条の2第2項は「総会においては、45条の規定によりあらかじめ通知した事項についてのみ決議をすることができる。ただし、定款で別段の定めをしたときは、この限りでない」と規定し、総会の決議範囲を制限していますが、同項は、総会を欠席した会員に対する不意打ちとならないよう、総会においては原則としてあらかじめ通知した事項以外の事項について決議することができない旨を規定したものにすぎず、総会の権限そのものを制限したものではありません。

（麻生裕介）

Q203

総(代)会の決議の要件

．．．．．．．．．．．．．．．．．．．．．．．．．．．．．．．．．．．．．．．

　総(代)会の決議の要件について教えてください。特に、信金法は、総会が特別決議をする場合については「総会員の半数以上の出席」が必要であるとして定足数を規定する一方で、通常の決議については定足数の定めを置いていません。通常決議については、特に定足数の要件は定められていないということなのでしょうか。

A　　　総(代)会の決議は、原則として出席した会員（総代）の議決権の過半数の賛成により決しますが、特別決議については、総会員（総総代）の半数以上が出席し、その議決権の3分の2以上の賛成により決します。なお、特別決議以外の通常決議については、質問のとおり、特に定足数の要件は定められていません。ただし、定款において通常決議の要件を加重し、定足数を通常決議の要件として定めることは可能です。

解 説

1　通常決議の決議要件と定足数

　総(代)会が特別決議以外の事項（金庫の組織や運営、管理等の事項のほか、議事運営に関する事項も含まれる）を決議する場合には、出席した会員（総代）の議決権の過半数の賛成により決します（法48条の2第1項）。

　なお、通常決議に関する法48条の2第1項の規定は、後述する特別決議の規定（法48条の3）とは異なり、定足数に関する定めを置いていません。したがって、通常決議については、特に定足数は決議の要件とはされていません（注1）。もっとも、金庫が、定款において決議の要件を加重し、通常決議についても定足数を要件とすることは可能です（注2）。

2　特別決議の決議要件

　総(代)会が以下の事項について決議をする場合には、総会員（総総代）の

半数以上が出席し、かつ総会員（総総代）の３分の２以上の賛成により決します（法48条の３）。

① 定款の変更

② 解散または合併

③ 会員の除名

④ 事業の全部の譲渡

⑤ 役員等の責任の免除

（注１） 株式会社については、通常決議についても定足数の要件が定められています（会社法309条１項）が、定款で排除することが可能であり、また、実際に排除していることが多いといわれています。

（注２） 通常決議についてこのような定款の規定を設けるべきであるとする見解（森井編189頁）もありますが、会員数が多い場合には、必ずしも定足数を充足できるとは限らず、通常決議をすることが非常に困難な状況となる可能性があるように思われます。

（麻生裕介）

Q204

会員（総代）による議決権行使の方法

　会員（総代）は、書面やインターネット等による議決権行使ができるのでしょうか。また、代理人による議決権行使は可能でしょうか。

A　会員（総代）は、定款に定めがある場合には、その定めるところにより書面や電磁的方法により総㈹会における議決権を行使することが可能です。また、定款に定めがある場合には、代理人により議決権を行使することもできますが、その代理人は他の会員であることが必要です。

 解 説

1　書面または電磁的方法による議決権の行使

　会員（総代）は、定款に定めがある場合には、実際には総㈹会に出席せず、書面または電磁的方法（インターネット等）によって議決権の行使（投票）をすることが可能です（法12条2項・3項。なお、電磁的方法については施行規則2条）。なお、具体的に書面やインターネット等による議決権行使を認める場合には、理事会における総㈹会の招集決議においてこれらの議決権行使を認める旨を定め、その旨を総㈹会の招集通知に記載する必要があります（法45条1項3号・4号）。また、会員（総代）数が1,000名以上である場合には、書面による議決権行使を認める必要があります（法45条2項）ので、そのような場合には、書面による議決権行使の方法等をあらかじめ定款に規定しておく必要があります。

2　代理人による議決権の行使

　会員（総代）は、定款に定めがある場合（注1）には、自らは総㈹会に出席せず、代理人により議決権を行使することが可能です（法12条2項、定款例9条）。この場合、代理人となることができるのは法律上会員に限

られますので、会員以外の者を代理人とすることはできません（法12条2項ただし書）。

なお、会員が法人である場合、その職員や従業員を代理人として総(代)会に出席させたいというニーズもあると思われますが、上記のとおり代理人となることのできる者が会員に限定されていることからすると、職員や従業員を代理人とすることは法律上認められないものと思われます（逐条解説49頁参照）。

また、金庫が総代会を設置している場合、代理人となることができるのは「他の会員」であるのか、それとも「他の総代」であるのかが問題となります（金庫が総代会を設置している場合、基本的に、信金法における総会に関する規定については「会員」を「総代」と読み替えることになるため）。この点、協同組織金融機関としての性格（注2）から、代理人となることのできる資格を会員に限定している信金法の趣旨に照らしても、総代でない会員が総代会に出席して議決権を代理行使することについて特に支障があるとは思われませんので、「他の会員」であれば、総代の代理人となることができると考えられます（ただし、定款の規定により代理人となることのできる者の範囲を「他の総代」とすることは可能）。

(注1) 法12条2項は「会員は、定款の定めるところにより、……書面又は代理人をもって議決権を行使することができる」と規定していますが、同項と条文の構造および文言がほとんど同じである中小企業等協同組合法11条2項については、「組合員に対して法律が与えた権利であると解されるから、組合は、必ずその組合員権の行使の手続を定款に記載しなければならず、したがって、……絶対的記載事項と同様の性格を有するものであり、この手続を記載せず、又はこの組合員権を否定した規定を設けることは、法令違反となる」とする見解（中小企業庁組織課編著『二訂 中小企業等協同組合法の解説』196頁）があります。しかしながら、少なくとも金庫については、①法12条2項は、代理人による議決権行使のみならず、書面による議決権行使も規定しているところ、少なくとも後者については原則として任意の制度と考えられること（法45条2項参照）、②法12条2項と同様の条文構造である同条3項も、電磁的方法による議決権行使を認めるよう金庫に義務づけるものとは到底考えられず、

任意の制度と考えられること、③信金法は、代理人となることのできる者を会員に限定し、総（代）会に会員以外の者が出席することをあえて法律の明文をもって禁止しており、代理人による議決権行使を会員（総代）の当然の権利であるとは考えていないと思われることなどの点に照らし、定款に定めがない場合には、代理人による議決権行使は認められないものと考えられます。

（注2）　株式会社（ただし、小規模閉鎖会社は必ずしもそのようにいえない）においては、株主はいわば非個性的な存在であり、それ故に第三者（代理人）による議決権行使も当然のこととして許容されているのに対して、金庫においては、会員（総代）は個性的な存在であり、会員（総代）自身によって金庫の運営等に関する審議が行われることに総（代）会の意義があるといえます。

（麻生裕介）

Q205

総代の定数に欠員が生じた場合の措置

....

　当金庫では、定款において、総代の定員を 90 名以上 110 名以内と定めていますが、もし総代の員数が 90 名を下回った場合には、直ちに総代を補充選任する必要があるのでしょうか。また、定款において地区ごとに一定の定員を割り振ることとしている場合に、当該定員に欠員が生じた場合についてはどうでしょうか。

A　　　いずれの場合についても、法律上は特に定めがありませんので、定款に定めがあれば定款の定めに従い、定款に定めのない場合には慣習等に従うべきことになります。なお、一般論としては、定款で定めた定数を欠く状態が長期化することは望ましくありませんので、速やかに補充の総代を選任する方が望ましいと思われます。また、そもそも定款において、総代の定数に欠員が生じた場合の措置をあらかじめ規定しておくことが望ましいと考えられます。

 解　説

1　欠員が生じた場合の対応

　信金法は、金庫が総代会を設置する場合、総代の定数、総代の選出方法、総代の選任に関して会員から異議があった場合の措置を定款に定めるべきことを規定しています（法 49 条 3 項、施行令 6 条）が、それ以外については特に定めていませんので、総代の定数に欠員が生じた場合の措置についても、一次的には、定款自治に委ねられているといえます。そのため、質問のように総代の全体の定数に欠員が生じた場合および選任区域ごとの定数に欠員が生じた場合のいずれの場合についても、定款に定めがあれば定款の定めに従い、もし定款に定めがない場合には、慣習等に従って処理すべきことになります。

2 定款の定め

定款例30条1項ただし書（注1）は、総代候補者について会員から一定以上の異議があった場合において「当該総代候補者（注：会員から一定以上の異議があった総代候補者）の数がその選任区域の総代の定数の2分の1に満た代の定数の2分の1未満については、選任されないことが定款の規定上も許容されていると解することができるように思われます（森井編191頁）。

したがって、定款例と同様の定めを置いている金庫においては、欠員が定員の2分の1に満たない場合（たとえば、定員が10名の場合であれば、欠員4名までは許容されることになる）であれば、必ずしも直ちに補充の総代を選任する必要はないということができます。

3 定款に定めがない場合

定款に上記のような規定がない場合を考えますと、上述のとおり慣習等に従うことにはなりますが、一般論としては、定款で定めた定数を欠く状態が長期化することは望ましくありませんので（注2）、速やかに補充の総代を選任する方が望ましいと思われます。また、そもそもこのような問題が生じることを避けるために、定款において、総代の定数に欠員が生じた場合の措置についてあらかじめ規定しておくことが望ましいと考えられます（たとえば、保険業法42条2項および保険業法施行規則4号では、定款において「総代に欠員が生じた場合の措置」を定めることが義務づけられている）。

(注1　定款例30条にはA案とB案がありますが、30条1項ただし書の文言は両者ともほとんど同じですので、ここではA案とB案のいずれの条文も含みます。

(注2)　信金法には、中小企業等協同組合法55条3項のように総代の定数に関する規制はありませんが、一般論としては、総代の数をあまりに少ない人数とすることは、金庫のガバナンス上好ましくない面があるように思われます（このことは、特に特定の者が長期間にわたって総代に選任されるような場合に顕著といえる）。定款における総代の定数が、このような観点も踏まえて定められるとすれば、定款で一定数以上の総代を予定しているにもかかわらず、その定数を下回る状態が長期化することは、

少なくとも望ましくはないということになります。もっとも、仮にその
ように考えるとしても、定款に特に定めのない限り、総代の定数に欠員
が生じたまま行われた総会の決議の有効性が直ちに失われるものではな
いと考えられます。

（麻生裕介）

Q206

法人総代の代表者の異動

法人が総代である場合において、その法人総代の代表者が変更となった場合には、総代として総代会に出席して議決権を行使するのは新代表者となるのでしょうか。代表者が変更となった場合でも、引き続き旧代表者が総代会に出席して、議決権を行使することはできないのでしょうか。

A 　質問の場合、会員であり、かつ総代であるのはあくまでも法人であり、その代表者は、法人を代表して総代会に出席しているにすぎません。

　したがって、旧代表者が当該法人の代表者ではなくなった場合には、総代会に出席して議決権を行使するのは新代表者ということになり、旧代表者が引き続き総代会に出席することはできないことになります。

 解 説

　信金法は、法人が金庫の会員（総代）となることを許容しています（法10条1項参照）ので、法人が会員や総代となった場合には、会員や総代の地位にあるのはあくまでも当該法人ということになります。この場合、実際には当該法人の代表者が総(代)会に出席することになりますが、当該代表者は、法人を代表して総(代)会に出席するにすぎず、個人として会員や総代の地位を有しているわけではありません。

　したがって、質問の場合において、旧代表者が代表者でなくなった場合には、総代会に出席して議決権を行使するのは新代表者ということになり、旧代表者が引き続き総代会に出席することはできません（法人が会員（総代）である場合に、代表者以外の者が総(代)会に出席できないことについては、Ｑ204参照）。

なお、旧代表者が、たとえば社長等の地位から退くとしても、代表権を有する取締役の地位にとどまる場合であれば、引き続き、法人の代表者として総代会に出席することが可能です。ただし、この場合でも、法人である総代が誰を代表者として出席させるかは当該法人自身が決すべき問題であり、金庫から指定できるわけではありません。

（麻生裕介）

Q207

総代会議長の権限

....

　総代会の議長に関して、信金法には、株式会社における株主総会の議長のように権限に関する明確な規定がないように思いますが、総代会の議長にはどのような権限があるのでしょうか。

A　信金法には総代会の議長の権限に関する明確な規定はありませんが、一般論としては、株式会社における株主総会の議長と同様に、秩序維持権限と議事進行権限を有するものと考えられます。なお、議長がいかなる権限を有するかについては、慣行や会議体である総代会の意思にも左右されますので、あらかじめ規則化しておくことが望ましいといえます。

 解 説

1　権限の一般的内容

　信金法は、株式会社における株主総会の議長の権限を定めた会社法315条を準用しておらず、そのほかにも総代会の議長の権限について明確な規定を置いていません（注1）。そのため、議長がいかなる権限を有するのかについては、会議体の一般原則や個々の金庫における慣行、議長を選任する総代会の意思（注2）により考える必要があります。

　この点、一般論としては、会議に議長を置く目的は、適法かつ公正な審議を行うとともに、議事を予定どおり終わらせるために、総会を指揮運営させるという点にあるといえます。これを言い換えれば、総代会の議長には、適法かつ公正な審議と円滑な議事運営を行う職責があるということができます。したがって、議長の権限も、これらの職責を果たすことができるだけのものである必要があります。

　このような観点から考えますと、総代会の議長には、株式会社における株主総会の議長と同様に、開会から閉会に至るまでの議事進行そのものを

行う権限である議事進行権限と、円滑かつ公正な議事進行を行うために、会議の秩序を維持する権限である秩序維持権限があると考えられます。

2　権限の具体的内容

具体的な権限の内容としては、総代会の開会や閉会を宣言する権限、総代でない者の傍聴を許可する権限、議事の整理をする権限等があります（注3）。総代会の議長が退場命令（会社法315条2項参照）をなしうるかについては、これを否定的にとらえる見解（森井編195頁）もありますが、実際に総代会の秩序を乱すような者が現れるかどうかは別論として、そうした者が現れた場合においても、最終的にその場から退場させる権限がないというのでは、総代会の秩序を維持し、議事を予定どおり終わらせるという議長の職責を果たすことができないことにもなりかねません。当然のことながら、総代会への出席を否定し、その議決権行使も拒む結果となる退場命令については、慎重に行われる必要がありますが、議長がそうした命令を出す権限を有することについては、必ずしも否定されるものではないと考えられます。

一般論として、総代会の議長は上述のような権限を有していると思われますが、議長の権限については、冒頭でも述べたとおり、個々の金庫における慣行や総代会の意思にも左右されますので、あらかじめ定款または運営規則等により議長の権限を定めて明確化しておくことが望ましいと思われます（注4）

(注1)　総（代）会の議長について触れられた条文としては、わずかに施行規則48条3項5号があるのみです。なお、同号は、総（代）会議事録の記載事項として「議長が存する場合には、議長の氏名」を挙げており、総（代）会に議長を置くことが必ずしも必要的ではないことを示しています。しかしながら、会議の議事進行役として議長を定めることは事実上必須であり、議長が選任されない総（代）会は考え難いと思われます。

(注2)　総代会の議長の選任方法については、特に信金法に定めはありませんので、定款に定めがあれば定款の定めに従い、定款に定めがない場合には総代会において選任されることになりますが、いずれの場合であっても、議長の権限は、最終的には総代会の権限に由来するものと思われます。なお、議長が行使する個別の権限については、最終的には総代会に帰属

するとする見解と、あくまでも議長自身に帰属する（したがって、総代が議長の議事進行に不服がある場合でも、議事進行そのものについての動議を出すことはできず、議長不信任動議を提出すべきことになる）とする見解があります（中村直人編『株主総会ハンドブック第4版』380頁参照）

（注3）　これらの個別の権限については、株式会社における株主総会の議長と同様に考えてよいと思われます。なお、個別の権限の詳細については、注釈(5)165頁以下、前掲・中村編380頁以下等参照。

（注4）　定款に議長の権限に関する定めがあれば、少なくとも総代会の意思に沿ったものといえますし、また、運営規則等で議長の権限を定めた場合でも、ある程度の期間当該規則に従って総代会の運営が行われれば、それが慣行となり、または総代会の黙示の意思に沿ったものと評価することが可能であると考えられます。なお、定款または規則等により権限を明確化しておくといっても、どのような場面にどのように処理するかを事前に網羅的に定めておくことは不可能であり、また、かえって柔軟な処理を妨げることにもなりかねませんので、ある程度包括的な定めで足りると思われます。

（麻生裕介）

Q208

総代の任期

総代の任期は法律上「3年以内において定款で定める期間」とされていますが、3年を超える場合でも総代会が終了するまでは任期が満了しない旨を定款で定めることはできますか。

A 　総代の任期を3年以内と定めるべきことは法律で規定されているため、定款に質問のような規定を設けることはできません。

💡 解 説

　法49条4項は、総代の任期について「3年以内において定款で定める期間」と明確に定めており、役員の任期のように「任期中の最終の事業年度に関する通常総会の終結の時まで伸長する」ことを許容する規定がありません。

　そして、一般に、組織に関する信金法の規定は強行法規であると考えられていますので、「3年以内」とする信金法の規定を超える期間を許容するような規定（たとえば、質問のように3年を超える場合でも定時総代会が終了するまでは任期が満了しないといった内容の規定）を定款に設けることはできない（仮に規定したとしても、効力を有しない）と考えられます。

（麻生裕介）

Q209

会員による総代会の傍聴

・・

　会員に総代会の傍聴を許可することは可能でしょうか。また、逆に会員の傍聴を拒むことはできるのでしょうか。

A　　　　会員に総代会の傍聴を認めることは可能ですが、傍聴を認める場合でも、総代会の適正な運営に支障を来すことがないかという観点から配慮が必要です。いずれにせよ、総代会に出席する権限を有しない者の傍聴を認めるかどうかは議長の裁量に属する事項であり、傍聴を認めないとすることも可能です。

 解 説

　総代として総代会に出席する権限を有しない会員を総代会に出席させることはできませんが、議長（注１）の裁量により、傍聴を認めることは可能です（反対に、傍聴を認めないことも可能である）。もっとも、総代会は、あくまでも総代を構成員とする会議体であり、出席した総代によって十分な審議が尽くされる必要があります。したがって、傍聴希望者が会員である場合でも、総代会の適正な運営に支障を来すことがないかといった観点から配慮が必要といえます（注２）。

　具体的には、仮に傍聴を認める場合でも、傍聴する会員に発言（野次等を含む）や議決権の行使をさせないことは当然として、状況等に応じて、傍聴者の存在や行為が審議に影響を及ぼすことのないよ、傍聴者の人数や傍聴場所を制限する（注３）などの対応をとる必要があると考えられます。

（注１）　傍聴を許可する権限については、議長にあるとする見解のほか、代表者（株式会社であれば代表取締役、金庫であれば代表理事）にあるとする見解や、会議体である総代会自体にあるとする見解もあります。なお、議長にあるとする見解においても、総代会が開会される前の段階においては、金庫が傍聴の許否を決め、開会後に議長が改めて判断をすること

になります。

(注2) この点については、会員による傍聴を断る積極的な理由はなく、（可能な限り）傍聴を認めることが妥当とする見解（森井編200頁）もあります。このような見解は、会員が単なる第三者ではなく、本来は会社の最高意思決定機関である総会の構成員であるという点から相応の合理性を有していますし、また、現状の総代会制度が金庫の経営に対するチェック機能を果たしているのかという観点からも重要な示唆を含むものといえます。

　現に会員による傍聴を認めている金庫も多く、そのような取組みは、総代会の設置により議決権を喪失している会員に対するフォローアップとしてだけでなく、総代会の機能向上にとっても一定の効果があると思われます。もっとも、総代会の設置が認められている趣旨（会員が多数存在する場合における金庫の対応の困難さや適正な人数の構成員による審議の充実および実質化）に照らすと、少なくとも現行の法制度の下においては、総代会を設置する金庫において、会員の傍聴を認めることが積極的に求められているとまでは言い難いように思われます。

　もちろん、会員に対して総代会の議事の内容や経過、結果を開示し、十分な説明を行っていくことは、金庫の業務について会員の理解や協力を得ていくという点や総代会の機能向上（金融庁「中小・地域金融機関向けの総合的な監督指針（令和4年8月）」V－2－2－1－1（1）参照）という点から重要といえますが、これらの点については、総代会を傍聴させる方法以外の方法（たとえば、会員向けの通知または広報誌等を活用する方法やウェブサイト上で議事経過等を事後報告する方法、インターネット上で会議の様子を動画で配信する方法などが考えられる）により達成することも可能ではないかと思われます。

　また、仮に総代会制度が金庫の経営に対するチェック機能を果たしていないという問題があるとすれば、それは、総代の選任方法を含めた総代会制度そのものに問題（Q201参照）があるか、または法制度を含めて見直しの必要があるということにほかならないのではないかと考えます。

(注3) 審議に影響を及ぼさないという観点からは、たとえば、傍聴場所を総代会の開催場所とは別室とする（当該別室から総代会の様子を中継で見学できるようにする）といった方法も考えられます。

（麻生裕介）

9

その他

Question & Answer

Q210

独立行政法人と大口信用供与規制

....

独立行政法人に対する貸付で政府が元本の返済および利息の支払について保証しているものは、同一人に対する信用供与等の限度額を算定する場合、すべて信用供与等の額から除外して差し支えないのでしょうか。

A 独立行政法人のうち、①勤労者退職金共済機構、②住宅金融支援機構、または③沖縄振興開発金融公庫等に対する勤労者財産形成促進法 11 条に規定する資金の貸付については、同一人に対する信用供与の限度額を算定する場合、信用供与の額から除外して差し支えありません。ただし、上記以外の独立行政法人に対する貸付は、政府が元本の返済および利息の支払について保証している場合を除き、信用供与等の限度額に含めて計算しなければなりません。

 解 説

1 独立行政法人とは

独立行政法人とは、法人のうち「国民生活及び社会経済の安定等の公共上の見地から確実に実施されることが必要な事務及び事業であって、国が自ら主体となって直接に実施する必要のないもののうち、民間の主体にゆだねた場合には必ずしも実施されないおそれがあるもの又は一の主体に独占して行わせることが必要であるものを効率的かつ効果的に行わせることを目的として、この法律及び個別法の定めるところにより設立される法人」（独立行政法人通則法 2 条 1 項）を指します。

独立行政法人は特定独立行政法人と特定独立行政法人以外の独立行政法人（非特定独法）の 2 つに分類されます。特定独立行政法人とは、「業務の停滞が国民生活又は社会経済の安定に直接かつ著しい支障を及ぼすと認

められるもの」であり（同条2項）、役員および職員は国家公務員の身分
が与えられるとされています（同法51条）。国の独立行政法人は12省庁
が所管する87法人があります。このうち特定独立行政法人は国立公文書
館など8法人があります（令和4年4月1日現在独立行政法人一覧：総務
省HP）。

2　独立行政法人への貸付の限度

⑴　一般の独立行政法人への貸付

　金庫が業務として行うことができる資金の貸付および手形の割引（以下
「貸付等」という）は、会員に限るとされています（法53条1項2号・3号）。
会員以外の者への貸付等は、地方公共団体、金融機関など施行令8条1項
に規定された会員以外の者に行うことができ（施行令8条1項1号～10
号）、金庫の貸付等は独立行政法人および地方独立行政法人に対して行う
ことができますが（同項5号）、施行令8条1項1号から6号までおよび
9号に掲げる者への貸付等の合計額は、当該金庫の貸付等の総額の100
分の20に相当する額を超えてはならないとされていますので（施行令8
条2項）、注意が必要です（Q102参照）。

⑵　独立行政法人勤労者退職金共済機構等への貸付の特例

　上記⑴とは別に、①独立行政法人勤労者退職金共済機構、②独立行政法
人住宅金融支援機構、③沖縄振興開発金融公庫、④勤労者財産形成促進法
12条1項に規定する共済組合等に対する同法11条に規定する資金の貸
付（施行令8条1項8号）に限って、

　　イ　貸付の合計額は、当該金庫の貸付等の総額の100分の20に相当す
　　　る額を超えてはならないとする規定から除外（同条2項）
　　ロ　同一人に対する信用供与の限度額から除外（法89条、銀行法13
　　　条3項1号、施行令11条12項）
することとされています。

　したがって、独立行政法人勤労者退職金共済機構等（上記①②③）への
貸付等にあたっては、当該金庫の貸付金額の総額規制に該当しないことは
もちろん、同一人に対する信用供与等の限度額（自己資本の一定限度額）
を算定する場合の規制にも該当しないので、すべて信用供与等の額から除

外して差し支えありません。なお、他の法人であっても、政府が元本の返済および利息の支払について保証している場合は信用の供与も除外されます（法89条で準用する銀行法13条3項1号）。

3　大口信用供与規制の目的

　大口信用供与規制とは、同一人に対する信用供与等の額を規制することにより（法89条で準用する銀行法13条）、一定の範囲で貸付等を行うことで、金庫の業務の遂行を妨げないようにするとともに（法53条2項）、金庫の資産の健全性を確保するとともに、融資の均てんを図ることによって中小企業金融の円滑化を期するために設けられている規制です（立原130頁）。

4　大口信用供与規制の内容

　金庫の信用供与の限度額は特殊の関係にあるものを除いた同一人自身に対する場合と、特殊の関係にある者を含めた場合に区分して、下記のとおりとされています（法89条で準用する銀行法13条、施行令11条、施行規則114条以下）。

【同一人自身（特殊の関係のある者を含む）に対する信用供与等の限度額】

①　金庫が同一人自身に信用供与する場合の限度額は、金庫の自己資本の額の100分の40に相当する金額

②　金庫および金庫の子会社等が同一人自身に信用供与する場合の限度額は、金庫および当該子会社等の自己資本の額の100分の25に相当する金額

5　特殊の関係のある者

　特殊の関係のある者とは、下記に掲げる者をいいます（施行令11条の2、施行規則117条）。

①　金庫の子会社その他の子法人等および関連法人等

②　当該金庫を所属金庫とする金庫代理業者ならびに当該金庫代理業者の子法人等および関連法人等（①に掲げる者を除く）

③　②の金庫代理業者を子法人等とする親法人等ならびに当該親法人等の子法人等および関連法人等（当該金庫および①②に掲げる者を除く）

④　当該金庫を所属金庫とする金庫代理業者（個人に限る。以下「個人

金庫代理業者」という）に係る次に掲げる会社、組合その他これらに
準ずる事業体（外国におけるこれらに相当するものを含み、①〜③に
掲げる者を除く。以下「法人等」という）

イ　当該個人金庫代理業者がその総株主等の議決権の 100 分の 50
　　を超える議決権を保有する法人等（当該法人等の子法人等および
　　関連法人等を含む）

ロ　当該個人金庫代理業者がその総株主等の議決権の 100 分の 20
　　以上 100 分の 50 以下の議決権を保有する法人等

（岡野正明）

Q211

金庫傘下の子法人、関連法人等の業務範囲

・・

　当金庫傘下の子法人、関連法人等の業務範囲を整理しようと思います。それぞれの法人の意義と可能な業務範囲ついてどう考えればよいでしょうか。付随業務、従属業務等とともに整理して説明してください。

A　金庫は国内に限り、①従属業務を行う会社、②付随・関連業務を行う会社、③新たな事業分野を開拓する会社、④①から③の会社のみを子会社とする持株会社を子会社とすることができます。

　なお、子会社を設立・廃止した場合は届出事項となり（法87条1項2号・3号）、持株会社を設立しようとするときはあらかじめ認可が必要となります（法54条の21第3項・4項）。また、会社の形態によって業務範囲が異なりますので、以下、概要について解説します。

 解 説

1　金庫の子会社の範囲

　金庫は国内の会社に限って子会社とすることができます（法54条の21）。

　具体的には、

①　従属業務を行う会社（法54条の21第1項1号イ）

②　付随・関連業務を行う会社（同項同号ロ、施行規則64条5項）

③　新たな事業分野を開拓する「特定子会社」（同項2号・54条の22第1項）

④　①から③の会社のみを子会社とする持株会社（同項3号）

を「子会社」とすることができます。

2　子会社、関連会社とその業務範囲

⑴　従属業務を行うことができる子会社

以下の者の行う業務のために従属業務を行う会社が条件となります。

①　当該金庫（法 54 条の 21 第 1 項 1 号）

②　当該金庫およびその子会社の集団（以下「金庫集団」という。施行規則 64 条 1 項）……ただし、金庫本体の収入基準 50％以上が条件

③　当該金庫または当該金庫の金庫集団および、イ 信用金庫等、ロ 信用金庫等集団、ハ 銀行等持株会社集団（施行規則 64 条 1 項）

通常はいわゆる「ビジネスサービス」など、100％子会社が従属業務対象会社となります。

従属業務に含まれる業務は、金庫のグループ外にも提供されることとなるので、従来定められていた収入依存度規則は撤廃されました。したがって、従属業務を行う子会社の要件は、「信用金庫等」のためにその業務を営んでいることのみとされました。

また、金庫グループの範囲について、金庫とその子会社から、「子法人等・関連法人」まで拡大されています（同条 1 項）。

従属業務対象会社が営むことのできる業務は、事業用不動産の管理、福利厚生事務取扱業務、物品購入・管理業務などをはじめとする 26 業務です（同条 2 項各号）。

⑵　付随・関連業務を行うことができる子会社（施行規則 64 条 3 項各号）

本体との業務割合等の制限はありません。通常、「リース会社」、「保証会社」などが該当します。営むことができる業務は、リース業務のほか、信託業務、クレジットカード業務などです（施行規則 64 条 3 項各号）。

⑶　新たな事業分野を開拓する「特例対象会社」（施行規則 69 条の 2、法 54 条の 22 第 8 項）

「特例対象会社」とは、新たな事業分野を開拓する会社または経営の向上に相当程度寄与すると認められる新たな事業活動を行う会社で、その会社の議決権の 10％を超えて取得する会社をいいます。具体的には、いわゆる「ベンチャーキャピタル会社」がこれに該当します。

新規事業分野開拓会社とは、

① 上場会社または店頭登録会社以外の会社

② 中小企業者（中小企業の新たな事業活動の促進に関する法律2条1項）で設立後5年未満、かつ原則として、総収入金額の3％を超える試験研究費等を支出している者

③ 中小企業者（中小企業の新たな事業活動の促進に関する法律2条1項）で設立後1年未満、常勤研究者が2名以上かつ、常勤の役職員の10％以上である者

④ 中小企業の新たな事業活動の促進に関する法律11条1項に規定する認定を受けている者

を指しています。

なお、ある時点では上記に該当しない者であっても、その議決権取得時に上記基準を満たせば該当します（施行規則70条4項）。ただし、10年を超えて10％を超える議決権を有する投資を行うことはできませんので、注意が必要です。さらに、特定子会社はその取得した新規事業分野開拓会社の議決権を取得日から10年を経過する日までに議決権を10％以下になるよう処分することが必要です（同条5項）。

(4) **持株会社**

金庫は、①従属業務を行う会社、②付随・関連業務を行う会社、③新たな事業分野を開拓する会社の3類型の会社のみを子会社とする持株会社を子会社とすることができます（法54条の21第1項3号）。

この持株会社とは、傘下とする子会社の株式の取得価額の合計額が総資産の50％超を占める会社を指します（独禁法9条5項1号）。そして、金庫の子会社としての持株会社は、専ら当該子会社の経営管理を行う業務およびこれに附帯する業務等を営むものに限られます（施行規則70条7項1号）。なお、持株会社を子会社とする場合、その旨を定款で定めなければならず（法54条の21第7項）、あらかじめ財務局長の認可を受けなければなりません（同条3項）。

(5) **金庫の子会社の範囲の拡充**

信金法の改正によって、金庫は「一定の高度化等会社」を子会社とする

ことができるようになりました（法54条の21第1項5号、施行規則64条4項）。「一定の高度化等会社」とは、「情報通信技術その他の技術を活用した業務を行う会社」を指しています。

業務の具体的内容は、以下の①～⑨とされています。

① フィンテック業務

② 地域商社業務

③ 登録型人材派遣業務

④ システム設計・開発等

⑤ 広告・マーケティング・調査業務

⑥ ATMの保守等

⑦ 成年後見制度に係る相談・支援業務

⑧ ①～⑦の業務を行うのに必要となる業務で、金庫の従属業務子会社・金融関連業務子会社が営むことができる業務

⑨ 障害者の雇用の促進等に関する法律上の特例子会社が行う業務

なお、これらの「一定の高度化等会社」を子会社としようとするときは、当局の認可が必要とされています。また、金庫の定款にその旨明記することが必要となります（法54条の21第7項）。

3　担保権実行による例外

金庫またはその子会社は国内の会社（従属業務会社、付随・関連業務会社、持株会社を除く）の議決権について、10％を超える議決権を取得してはならないとされています（法54条の22第1項）。ただし、担保権の実行による株式または持分の取得する場合等（注）は適用されませんが（法54条の22第2項、施行規則67条）、その所有期間は取得しまたは保有することとなった日から1年を超えて所有することは、認可を得た場合などを除き、原則としてできません（法54条の22第2項、施行規則67条）。

(注)　担保権の実行によるほか、代物弁済の受領、議決権を行使できない株式または持分の取得、株式の転換、株式または持分の併合・分割・無償割当、定款変更による株式または持分の権利内容もしくは単元株式数の変更、当該会社による自己株式の取得が含まれます（施行規則65条1項1号～7号）。

（岡野正明）

Q212

信金法における支配人の権限・役割

・・

支配人と理事の違いはどの点にあるのでしょうか。現在当金庫では支配人を置いていませんが、位置づけをどう考えればよいでしょうか。

A 　理事は役員であり、金庫とは委任契約に基づく関係になりますが、支配人は、主たる事務所または従たる事務所で事業を行う金庫の「使用人」と解されており、この点、理事と大きく異なります。ただし、使用人という位置づけではあるものの、信金法では、支配人について「金庫に代わって、その事業に関する一切の裁判上、裁判外の行為をすることができる」としており、事業を行う事務所の範囲内に関するものという条件はありますが、代表理事に近い一定の権限を有しています。

解説

1　会社法の支配人と代表取締役

　会社法の定める支配人は、「本店または支店において、その事業を行わせることができ」（会社法 10 条）、「会社に代わって、その事業に関する一切の裁判上、裁判外の行為をする権限を有する」とされています（同法 11 条 1 項）。

　また、商業使用人の場合、「商人は、支配人を選任し、その営業所においてその営業を行わせることができ」（商法 20 条）、「商人に代わってその営業に関する一切の裁判上又は裁判外の行為をする権限を有」しています（同法 21 条 1 項）。

　また、会社法または商法上の支配人は、他の使用人を選任し、または解任することができるとされ（会社法 11 条 2 項、商法 21 条 2 項）、代表取締役に近い一定の権限を有しています。また、使用人でありながら重要な

権限を有しているため、登記が義務づけられています（会社法918条）。

　ただし、支配人はあくまで使用人として雇用された従業員にすぎません。本店または支店の事業についての代理権、業務執行権はありますが、代表取締役が有するような全社的な代表権はありません。そのため、支配人は競業避止義務を負っていますが、善管注意義務までは負っていません（同法12条、商法23条）（ただし、従業員として会社の就業規則に服する）。支配人の選任・解任は取締役会（取締役会設置会社の場合）にあり、従業員としての性格から株主に解任請求権はありません。

　一方、代表取締役は株主総会で取締役として選任されたうえで、取締役会で代表者に選任された会社の機関です。そのため、業務執行に係る一切の行為についての権限をもっています。

2　信金法上の支配人

　信金法における支配人の主な規定は、次のようになっています。

> 第40条　①　金庫は、理事会の決議により、支配人を置くことができる。
> ②　支配人については、会社法第11条第1項及び第3項（支配人の代理権）、第12条（支配人の競業の禁止）並びに第13条（表見支配人）の規定を準用する。（以下略）

　上記のとおり支配人は、金庫に代わってその事業に関する一切の裁判上または裁判外の行為をする権限を有していることになります（法40条2項、会社法11条1項）。一方、上記のとおり、信金法では、「本店（主たる事務所）または支店（従たる事務所）において、事業を行わせることができる」とする会社法10条が準用されていません。そのため、支配人の権限はどこまで及ぶのかという疑問が生じることになります。

　この点、①信金法には「その主たる事務所又は従たる事務所において、その業務を行わせることができる」旨の明文の規定はないが、表見支配人の規定（法40条2項、会社法13条）からもわかるとおり、この趣旨であることは疑いない（信用金庫法研究会編『最新　信用金庫法の解説』196頁（大成出版社））、②「支配人を置いた事務所」を登記しなければならず（法69条）、信金法は支配人の権限に応じてその範囲を公示することを予定している、③信用金庫全体の業務執行権を有するのは代表理事

だけである－といった理由から、会社法における支配人と同様に、信金法上の支配人の権限も特定の事務所の事業に限られると考えられます。

3　信金法上の支配人と会社法上の支配人の違い

　上述したように、信金法上の支配人と会社法上の支配人は、類似の権限を有しているということができますが、異なる部分もあります。1の会社法の支配人と代表取締役の項で述べたとおり、金庫の支配人については会員からの解任請求の手続が定められています。また、会社法11条2項が準用されていないことから、他の使用人を選任し、または解任できるかについては、原則としてその権限は有しないと考えられます。

＜株式会社と金庫の支配人の権限＞

	株式会社		金　庫	
名　　称	支配人	代表取締役	支配人	代表理事
代 表 権	なし	あり	なし	あり
業務執行権	なし	あり	なし	あり
権　　限	①本店・支店における事業 ②その事業に関する裁判上、裁判外の一切の行為 ③補助者となるべき使用人の選任・解任権	①株式会社の業務に関する一切の裁判上、裁判外の行為 ②重要な使用人（支配人含む）以外の使用人の選任・解任権	①その事業に関する裁判上、裁判外の一切の行為	①金庫の業務に関する一切の裁判上、裁判外の行為 ②重要な使用人（支配人含む）以外の使用人の選任・解任権
義　　務	競業の制限	競業の制限 忠実義務 利益相反制限	競業の禁止	競業の制限 忠実義務 利益相反制限
選　　任	取締役会	同左	理事会	同左
解　　任	取締役会	同左	理事会	同左
解任請求権	なし	取締役会	会員による 解任請求権	理事会
登　　記	必要	必要	必要	必要

（岡野正明）

Q213

執行役員制度

....

　当金庫では執行役員制度を採用していませんが、複数の金庫が採用していると聞きました。信金法上問題ないでしょうか。また、そのメリット・デメリット、制度採用の状況を教えてください。

A　　執行役員とは一般に、理事会（取締役会）が決定した経営方針を執行する権限を委譲された者で、法制化された制度ではありませんが、代表理事（代表取締役）の指揮監督の下にその業務執行を補助する者といえますので、会社法上も信金法上も制度を採用することに問題はありません。

　執行役員制度が金庫で採用されるようになったのはここ10数年で、金庫により制度の採用状況は異なります（『日本金融名鑑 中巻』日本金融通信社）。

 解 説

1　執行役員とは

　執行役員は、信金法上もしくは会社法上も制度の定義はないので、法律上のいわゆる理事ではなく、「代表理事の指揮監督のもと、業務を行う使用人」（法令用語研究会編『法律用語辞典〔第3版〕』612頁）と定義されており、現状では組織内における職制・呼称であると解されます。

　また、会社法に何らの根拠もない代わりに、特別の規制もなく、どんな会社でも採用することができます。一方会社法上「執行役」の制度がありますが、これは委員会設置会社にのみ認められた制度であって、ここでいう執行役員とは異なります。

　執行役員は、取締役会に専属する事項（会社法362条4項）、理事会に専属する事項（法36条5項）については権限の委譲を受けることはできません。

また、執行役員は代表取締役または代表理事がなしうる業務の一部を分担することになるのが通常です。

なお、執行役員は法で定められた機関ではないので、代表訴訟の対象とはなりません。ただし、従業員ですから就業規則に従う必要があり、場合によっては就業規則により責任を負うことになります。

任期についてはなくてもよく、何年と決めてもよいと考えられています（浜辺陽一郎『執行役員制度：導入のための理論と実務第4版』398頁、東洋経済新報社・2008年）。

「取締役会が決定した経営方針を執行する権限を委譲され、代表取締役または代表理事の指揮監督の下にその業務の執行をするわけですが、取締役が執行役員を兼務する場合もある」とされています。

金庫の場合、理事会で選任され、代表理事の指揮のもと、業務執行を行う者ということになります。

また、「役員」という用語は、信金法上、理事・監事を指す言葉として使われていますが（法32条）、執行役員は、信金法上の役員として定義された役職ではありません。しかし、本制度を採用することは、信金法上もしくは会社法上も問題ないものとされています（前掲・浜辺151頁）。

2　会社法との関係

現在の執行役員制度は、平成14年商法改正による「委員会等設置会社」制度にも、また平成18年4月施行の会社法の双方ともに規定はありませんが、本制度は従来どおりの運用で問題ないものとされています。

3　支配人との関係

支配人とは、信金法では、金庫に代わってその事業に関する一切の裁判上または裁判外の行為をする権限がある者とされています（法40条2項、会社法11条1項）。金庫を代理して行うために登記事項とされています（法69条）。

しかし、金庫の支配人は会社法の定める支配人と異なり、業務執行権、他の使用人の選任・解任権は準用されておらず、その権限は限られていると考えられます（Q212参照）。

この支配人に対し、執行役員は業務執行については実際には支配人より

広い権限を有すると考えられます（前掲・浜辺142頁）。

4　執行役員の法的地位、選任方法

(1)　法的地位

現在導入されている執行役員は信金法上（会社法上）の役員ではなく従業員（使用人）の一種とされるのが一般的ですが、雇用契約（従業員）、雇用に委任を重ねた契約（従業員）、委任契約（役員）の3種類の形態があるのが実態です。

制度を採用している金庫では、執行役員として選任するに際しては、職員としての身分はそのままとし、理事会の選任決議により、新たに委任契約を締結し、執行役員として選任する形式をとるのが通常です。したがって、執行役員の身分は職員ですが、理事会により選任され、代表理事の指揮・命令に従い特定の業務に従事するという、契約に基づき従業員として最高の地位（いわゆる重要な使用人）を与えられた者と定義されます。

なお、職員としては退職させ、新たに雇用契約を結ぶ形式の執行役員制度も考えられますが、身分の安定性から職員とすることが通常です。

(2)　選任方法

金庫が「支配人その他の重要な使用人の選任および解任をするには、理事会の決議が必要」とされています（法36条5項3号）。執行役員はこの重要な使用人に当たるとされています。また、新たに「執行役員制度」を設ける以上、「執行役員制度の採用」ならびに具体的な「執行役員の選任」の2点について、それぞれ理事会で決議をする必要があります。

5　執行役員制度採用の意義

(1)　迅速な経営環境変化への対応

少数の代表理事等により頻繁に開く経営会議の決定に基づき、「実際の業務執行の責任者」として「執行役員」が業務執行の役割を担うことで経営の意思決定を業務の執行に迅速に反映させることが可能となります。

(2)　職員のモチベーション

名称が「役員」であり、その名称のもつイメージは部長や支店長を超えることからモチベーションが高まるとともに、金庫内部や対外的評価が一段と高まることも業務遂行上の効果につながるものと考えられます。

以上2点が執行役員制度を採用する金庫の理由であると考えられます。

6　執行役員制度採用の具体的内容

過去の上場企業の制度の採用例では、執行役員制度の採用により、取締役の総数を減らす目的とする企業が多数を占めていましたが、信金の場合は理事定数の変更等に影響させている例はないようです。

＜支配人と執行役員の比較＞

名　称	会　社　法		信　金　法	
	支配人	執行役員	支配人	執行役員
代表権	なし	なし	なし	なし
代理権	一定範囲	なし	一定範囲	なし
業務執行権	部分的にある	委任される	部分的にある	委任される
使用人の選任・解任権	本店・支店における事業に関する自らの補助者となるべき使用人の選任・解任権	なし	なし	なし
義　務	競業の制限	就業規則	競業の制限	就業規則
選　任	取締役会	同左	理事会	同左
解任権	取締役会	同左	理事会	同左
解任請求権	なし	—	会員による解任請求権	—
登　記	必要	不要	必要	不要

7　金庫の執行役員制度の採用状況

⑴　制度採用状況等

金庫の執行役員制度は、平成12年に採用され（4金庫・21名）、その後、16年には16金庫・51名、21年には70金庫・359名、26年には86金庫・370名、令和3年（2021年）には85金庫・323名が採用しています（『日本金融名鑑・下巻』日本金融通信社参照）（全国254金庫中85金庫が採用）。

⑵　人数別選任状況

2021年度における執行役員採用金庫のうち、

①　5名以上の複数名を採用している金庫……22金庫

②　2〜4名の採用金庫……49金庫

③　1名のみの採用金庫……14金庫

となっています。

⑶　執行役員の役職・年齢等

執行役員採用金庫では、「主要な支店の支店長」ならびに「主要な部長職」を執行役員としています。

年齢層は50代を中心に採用されています。

執行役員の役職を見ると、支店長職、部長職が中心となっており、執行役員を業務遂行の責任者として、支店長・部長職の主要な職員を執行役員として処遇していることが特徴として挙げられます（前掲日本金融名鑑2022年版）。

執行役員制度を採用するには、地位や制度内容をより明確にするために、理事会決議により、「執行役員に関する規程」、「金庫と執行役員との雇用契約」等が通常定められています。

（岡野正明）

Q214

金庫の事業の追加（地域活性化等に資する事業）

　金庫本体で可能とされる新規業務が追加されたそうですが、具体的には何が変わったのですか。

A　金庫の本体業務として、デジタル化や地方創生などの「持続可能社会の構築に資する業務（いわゆる地域活性化等業務）が追加されました。

 解 説

1　地域活性化等業務

　地域活性化等業務とは、「信用金庫の保有する人材、情報通信技術、設備その他の金庫の事業に係る経営資源を活用して行う業務であって、地域の活性化、産業の生産性向上その他の持続可能な社会の構築に資する業務」とされています（法 53 条 3 項 20 号）。

　具体的には、以下の 5 業務が該当します（施行規則 50 条 13 項各号）。

① 　経営相談業務

② 　登録型人材派遣業務

③ 　システムの設計開発・保守・プログラムの設計・作成・販売・保守

④ 　広告・マーケティング・調査等業務

⑤ 　見守りサービス業務

　なお、これらの業務は金庫の本体業務となりますので、業務方法書に追加を行う必要があります。

2　経営相談業務

　経営相談業務とは、経営に関する相談業務の実施、業務に関連する事業者または顧客の紹介その他必要な情報の提供等、関連する事務の受託のことをいいます。

　経営相談業務の対象は、法人または個人事業主とされています。この対

象者は、金庫の取引先でなくても業務を行うことができるとされています。

この業務は、「事業者等の経営に関する相談の実施、業務に関連する事業者または顧客の紹介その他の情報の提供および助言業務」として明確に位置づけられ、具体的には、コンサルティング業務やビジネスマッチング業務のことを指しています。

これらの業務は、従前、その他の付随業務とされていましたが、施行規則の改正により、「他の事業者等の業務に関連する事業者等又は紹介」と定義されました。したがって、紹介できるのは取引先に限らず、事業者等や顧客（個人を含む）に拡大されています。

3　登録型人材派遣業務

金庫は、利用者に必要とされる場合は、いわゆる人材派遣業を行うことが可能となりました。具体的には、「高度の専門的な能力を有する人事その他の当該金庫の利用者である事業者等の経営の改善に寄与する人材に係る労働者派遣事業について、常時雇用される労働者でない派遣業務を行うことができることとされました（施行規則50条13項2号）。

4　システム・プログラムの設計等業務

他の事業者のために電子計算機を使用し、システムの設計、開発もしくは保守、またはプログラムの設計、作成、販売、保守（金庫が単独で、もしくは他の事業者と共同して設計し、作成するプログラム等に限る）を行うことを指します。なお、この業務の契約形態、プログラム等の所有権・知的財産権の帰属、他の事業者のプログラムのカスタマイズ、作成したプログラムの販売等については、業務内容に応じて決定することが可能とされています（施行規則50条13項およびパブコメ）。

5　広告・マーケティング・調査業務

他の事業者等の業務に関する広告、宣伝、調査、情報の分析または情報の提供を行う業務を指します。

(1)　業務の対象

他の事業者等の業務に関連する事業者等または顧客とされました。したがって、業務を行うことができるのは取引先に限らず、事業者等や顧客（個人を含む）が対象となります。

(2) **業務の手法の考え方（パブコメ）**

① **広告業務**

広告業務とは、いわゆる広告宣伝業務一般を指します。具体的には、ホームページの作成、DM の作成、広告専用のメール配信などが該当します。

② **調査業務**

調査業務とは、法人・個人顧客にアンケートやヒアリング調査をした結果を、顧客の同意のもと、事業者にその結果を提供することなどを指します。

③ **情報分析業務**

情報分析業務とは、事業者等からの依頼に基づき、地域産業や特定業種の調査・分析を行い、その結果を提供することなどを指します。

④ **観光支援業務**

自治体や各種観光協会等に対して、金庫が支援を行うために、観光業に該当する業務であれば、上記①〜③の各種情報の調査・分析、その結果を提供する業務はこれに該当するとされています。

6 見守りサービス業務

(1) **見守りサービス業務の定義**

直接利用者に対して訪問しまたは電話等により安否確認等を行い、その結果の確認内容を依頼者へ報告することをいいます。

(2) **利用者の定義**

見守りサービス業務の対象者は利用者（高齢者等）であり、契約者でないことになります。

(3) **巡回訪問とは**

巡回訪問を行う先は利用者の自宅に限定されません。利用者の就労する場所や入所する施設など、訪問対象先に制限はないとされています。

なお、巡回訪問業務はあくまで安否確認やその結果の依頼者への報告にとどまります。生活支援や家事支援は含まれません。それら業務は原則として巡回訪問とはならず、対象となる法律等に基づき各種専門業者が行うことができますので、注意が必要です。

（岡野正明）

【著者紹介】（五十音順）

麻生裕介　学習院大学法学部卒業。2004年弁護士登録。同年シティユーワ法律事務所入所、現在に至る。

岡野正明　中央大学法学部卒業。1978年埼玉縣信用金庫入庫、経営企画部、コンプライアンス統括部、事務集中部等歴任、2023年同金庫退職。

近藤祐史　東京大学法学部卒業。2005年弁護士登録。同年シティユーワ法律事務所入所、2017年より同事務所パートナー、現在に至る。

田中敏夫　中央大学法学部卒業。1973年朝日信用金庫入庫、2015年6月同金庫退職。同年7月より2021年3月まで一般社団法人全国信用金庫協会全国しんきん相談所勤務。

平野英則　明治大学法学部卒業。1974年東京銀行（現三菱UFJ銀行）入行。2001年筑波大学大学院（企業法学専攻）修了。2003年信金中央金庫に入庫。2008年より拓殖大学商学部非常勤講師。2010年より日本大学法学部非常勤講師。2012年西武信用金庫に入庫、2017年同金庫退職。

四訂 信用金庫法の実務相談

2008年6月10日	初版第1刷発行	
2010年12月25日	改訂第1刷発行	
2018年9月15日	三訂第1刷発行	
2018年11月1日	第2刷発行	
2023年6月15日	四訂第1刷発行	

編　者　　経済法令研究会
発行者　　志　茂　満　仁
発行所　　㈱経済法令研究会
〒162-8421　東京都新宿区市谷本村町3-21
電話　代表 03(3267)4811　制作 03(3267)4823
https://www.khk.co.jp/

営業所／東京03(3267)4812 大阪06(6261)2911 名古屋052(332)3511 福岡092(411)0805

カバーデザイン・本文レイアウト／牛込幸男
制作／船田　雄 組版・印刷・製本／音羽印刷㈱

ⒸKeizai-horei Kenkyukai 2023 Printed in Japan　　ISBN978-4-7668-2488-9

☆　**本書の内容等に関する追加情報および訂正等について**　☆
本書の内容等につき発行後に追加情報のお知らせおよび誤記の訂正等の必要が生じた場合には、当社ホームページに掲載いたします。
（ホームページ 書籍・DVD・定期刊行誌 メニュー下部の 追補・正誤表 ）